21世纪经济管理新形态教材·电子商务系列

DHgate平台运营

从基础到实战

程永伟　何　韩　余浩然 ◎ 编

清华大学出版社
北　京

内 容 简 介

作为各方面都比较成熟的老牌电子商务平台，DHgate 平台深受业界青睐。本书详细地介绍了 DHgate 平台的开店流程，主要内容包括平台的注册认证、选品技巧、产品发布、国际物流与 DHgate 平台海外仓、营销系统、交易管理、平台买家、售后服务与纠纷处理等一系列的运营知识和技巧。

本书注重实用性和操作性，既适合作为高等院校电子商务专业教材使用，又可作为跨境电子商务从业人士的参考用书。

图书在版编目(CIP)数据

DHgate 平台运营：从基础到实战 / 程永伟，何韩，余浩然编. —北京：清华大学出版社，2020.8
21 世纪经济管理新形态教材. 电子商务系列
ISBN 978-7-302-56020-3

Ⅰ. ① D… Ⅱ. ①程… ②何… ③余… Ⅲ. ①电子商务－商业经营－高等学校－教材
Ⅳ. ① F713.365.1

中国版本图书馆 CIP 数据核字 (2020) 第 127115 号

责任编辑：徐永杰　刘志彬
封面设计：李伯骥
版式设计：方加青
责任校对：王凤芝
责任印制：沈　露

出版发行：清华大学出版社
网　　址：http://www.tup.com.cn，http://www.wqbook.com
地　　址：北京清华大学学研大厦 A 座　　**邮　　编：**100084
社 总 机：010-62770175　　**邮　　购：**010-62786544
投稿与读者服务：010-62776969，c-service@tup.tsinghua.edu.cn
质 量 反 馈：010-62772015，zhiliang@tup.tsinghua.edu.cn
印 装 者：三河市国英印务有限公司
经　　销：全国新华书店
开　　本：185mm×260mm　　**印　　张：**17.5　　**字　　数：**367 千字
版　　次：2020 年 8 月第 1 版　　**印　　次：**2020 年 8 月第 1 次印刷
定　　价：52.00 元

产品编号：087858-01

前　言

近年来，随着国际贸易环境的恶化，以及欧美等地的消费需求呈现出持续疲软的态势，中国出口贸易增速出现了减缓。伴随着2013年“一带一路”合作倡议与2015年“互联网+”行动计划的提出与推进，以跨境电子商务为代表的新型贸易方式逐渐加快发展并成熟起来，正在成为对冲出口增速下滑的利器，并且有望成为中国贸易乃至整个世界经济的全新增长引擎。

自2014年以来，莆田学院外国语学院积极响应地方高校应用型本科的转型战略，适应地方经济发展对跨境电子商务人才的需求，遵循“以就业为导向、专业贴近产业”的转型原则，积极探索外语专业的人才培养新模式，设置了相关的跨境电子商务专业课程，使外语专业毕业生朝跨境电子商务方向转型。然而，与如火如荼的跨境电子商务实践相比，相关的教学资源却相对匮乏，且资源整合仍处于初级阶段，教材编写、教学模式、师资培训、校企合作等方面均亟待完善。

意识到跨境电子商务人才培养需要高质量的教材支持，我院于2017年组建了跨境电子商务系列教材编写团队，并与武汉楚马教育咨询有限公司就开发编写教材方面开展了深入的校企合作，希望借此思考和总结我院教师们在跨境电子商务教学实践中的经验与教训，同时为后续的跨境电子商务专业教学和人才培养的系统化提供理论依据与参照价值。《DHgate平台运营：从基础到实战》作为我院编写的跨境电子商务系列教材中的一本，以培养和提升读者的DHgate平台运营与实操能力为核心，旨在让读者对跨境电子商务平台的运营实操具备入门级的了解，并为其提供未来从事跨境电子商务行业的实践锻炼机会。

本书特别注重跨境电子商务理论与跨境电子商务实践相结合。早在2015年，我院跨境电子商务方向的专业教师就走进一些跨境电子商务企业，定期接受企业组织的行业理论培训，开展跨境电子商务行业实践，弥补了教师们行业经验不足的缺陷，也为本书的编写奠定了基础。在校企合作编写教材的过程中，我院邀请了业界的专家学者与行业人士对教材体系设置进行了深度论证。武汉楚马教育咨询有限公司的专业人员与我们进行多次深入沟通，从本书的最初章节编排到最终定稿，都为我们提供了大力的支持，特别为我们提供了DHgate平台的最新规则、翔实的卖家账号运营数据与丰富生动的案例。在这一过程中，我们不仅拓展了行业思维方式，也提高了自身的“双师型”能力。本书的项目 1 ～ 4 由程永伟老师与合作企业负责编写，项目 5 ～ 8 由何韩老师与合作企业负责编写。

本书在编写的过程中，参考了诸多相关的教材、论文与网站文章，特别是敦煌大学网站上的很多资源，由于时间仓促，所引用的文字无法一一列出原作者，在此一并表示由衷的感谢。鉴于编者的水平和经验有限，再者跨境电子商务行业的发展变化飞速，书中的纰漏在所难免，望读者不吝指正。

本书为使用者免费提供教学课件和相关教学文件，有需要的读者可以通过 shalacyw@163.com 与作者联系索取，或登录清华大学出版社网站 http://www.tup.tsinghua.edu.cn 下载。相关教材样书与出版咨询，可以通过 1330649777@qq.com 与编辑联系。

编者

目　录

学习项目1 认识并注册认证 DHgate 平台

近年来，全球跨境电商发展得如火如荼，我国跨境电商异军突起，虽起步晚但增速快。作为我国跨境电商行业的先行者，DHgate 平台凭借其核心竞争优势，一直是跨境电商从业人员不可多得的一个重要平台。

项目目标

1. 了解 DHgate 平台的基本信息和特点。
2. 熟悉 DHgate 卖家中心（后台）和买家中心（前台）。
3. 能够完成平台的注册认证。

3 学时。

学习任务 1　认识 DHgate 平台

1. 了解 DHgate 平台的基本信息。
2. 了解 DHgate 平台的特点。
3. 了解 DHgate 平台的核心竞争优势。
4. 掌握 DHgate 平台的运营数据。
5. 熟悉 DHgate 平台的前台页面和后台页面。
6. 熟悉 DHgate 平台的开店流程。

0.5 学时。

小李是一名商务英语专业的大学毕业生，他成功地应聘进入一家跨境电子商务公司。今天是他第一天上班，他的心情是既激动又忐忑，不知道迎接他的将会是什么。公司前台笑容满面地把他带到了业务部经理的办公室。经理向他介绍了公司的基本情况以及公司目前常用的跨境电子商务平台。

知识点 1：DHgate 平台的基本信息

DHgate 平台创立于 2004 年，以“促进全球通商，成就创业梦想”为使命，专注于小额 B2B 赛道，整合关检、物流、支付、金融等领域生态圈合作伙伴，打造集相关服务于一体的全平台、线上化外贸闭环模式，搭建简便、安全、高效的国际贸易通道，在帮助国内中小企业直连国际市场的同时，也帮助海外中小零售商获得质优价廉的货源，实现对供应端和采购端的双向赋能，让“买全球，卖全球”成为现实。

知识点 2：DHgate 平台的特点

1. 在线交易

DHgate 平台是提供第三方网络交易的平台，中国卖家通过商铺建设、商品展示等方式吸引海外买家，并在平台上达成交易意向，生成订单。买家可以直接批量采购，也可以先购买小量样品，再大量采购。DHgate 平台还提供货源、海外营销、在线支付、国际物流、保险、金融、培训等为一体的供应链整合服务体系，实现一站式外贸购物体验。

2. 网货中心

2013 年 11 月 26 日，义乌市政府和 DHgate 平台联合打造的“义乌全球网货中心”（Virtual Warehouse）正式上线。这被认为是区域政府和跨境电商平台合作，通过“帮、扶、带”的方式，推动当地企业实现转型，建立线上线下打通的全球渠道的一个创举。2013 年，网货中心模式推进到东莞、宁波等货源地。全球网货中心，旨在集合当地商务及商品信息，打造一个线上虚拟仓库、线下实体仓库及物流集散中心相结合的外贸货源开放库，并通过一系列技术手段将此开放库与以 DHgate 平台为代表的国内外各大电商平台相连接，依托各平台的巨大流量，实现开发库中商品和国内外市场的对接，并形成销售。

3. 完善的供应链金融服务

DHgate 平台贷款针对全平台企业和个人卖家开放。针对企业卖家，DHgate 平台先后推出与中国建设银行合作的“e 保通”、与招商银行合作的 DHgate 生意一卡通、与中国民生银行合作的 DHgate 新 e 贷白金信用卡等。除此之外，DHgate 平台还推出了不需要提供担保的信用贷款以及与 P2P 平台合作，针对 DHgate 平台卖家的 P2P 平台 DHgate 专属贷款。DHgate 平台供应链金融服务帮助 DHgate 平台卖家实现资金快速周转，不再出现货款压滞的情况。

4. 简便的在线物流业务

DHgate 平台于 2013 年上半年推出“在线发货”物流服务，通过线上申请、线下发货的方式，简化了发货流程，为外贸商家提供更为便捷的快递服务，妥投时间为 5 ～ 7 天，覆盖了全球 107 个国家及地区。DHgate 综合物流平台 DHLink 与全球四大物流公司签约，目前可覆盖 190 多个国家和地区，DHLink 在物流渠道、价格等方面均具有明显优势。

在线发货运输方式分为两种：仓库发货和国际 e 邮宝。仓库发货使卖家享受低廉的物流折扣，卖家将货品发往指定仓库，在线支付物流费用后，仓库将统一调配，集中发货。国际 e 邮宝是针对轻小件物品的一款全新的经济型国际空邮产品，采用国际 e 邮宝发货有上门揽货或卖家自送到指定营业网点两种交运方式。

5. 线上线下结合

DHgateDTC（数字贸易中心）是 DHgate 平台打造的集展示、交易、营销、售后和培

训等多种服务于一体，线上线下结合的数字贸易旗舰店模式，目前已在匈牙利、澳大利亚、西班牙、美国、土耳其、俄罗斯、秘鲁和阿联酋等 8 个国家落地，凭借其线下口碑，配合线上辐射可快速迎合当地市场需求，一直被卖家誉为能够获得线下优质流量的最佳模式。

2019 年，DHgate 平台强势推进与俄罗斯、欧洲、中东，以及其他亚洲国家知名电商平台的战略合作，协助卖家根据自身需求，打造多形式、多流量入口，整合线上线下营销方案，精准、快速地融入当地市场。

知识点 3：DHgate 平台的核心竞争优势

自成立以来，DHgate 平台已经建立起了在品牌优势、技术优势、用户优势和运营优势四大维度上难以复制的核心竞争优势。

1. 品牌优势

DHgate 平台拥有 16 年国内外品牌认知、50 多个国家清关能力、200 多个物流专线、17 个海外仓，海外线下实时品牌渗透。

2. 技术优势

历经 16 年的技术沉淀，DHgate 平台年均实现近万个迭代优化，已建立起数字贸易智能生态体系。

3. 用户优势

目前，DHgate 平台拥有 2 100 多万个买家，200 多万家供应商，用户覆盖 222 个国家和地区。

4. 运营优势

DHgate 拥有 1 000 多个运营模块，尽享高度跨界的人才，具有典型的电子商务基因。

知识点 4：DHgate 平台的运营数据

每 1.6s 产生 1 笔订单，24h 不间断，无缝对接 1 900 万海外买家；每小时超过 10 万个买家在线；采购商遍布全球超过 222 个国家和地区。

知识点 5：DHgate 平台的前后台页面介绍

1. DHgate 卖家中心（后台）

网址：http：//seller.dhgate.com。

DHgate 平台有中小商家的快速外贸平台——全球领先的跨境电商外贸 B2B 平台，如图 1-1 所示。

图　1-1

2. DHgate 买家中心（前台）

网址：https：//www.dhgate.com。

Wholesale——Buy China Wholesale Products on DHgate.com，如图 1-2 所示。

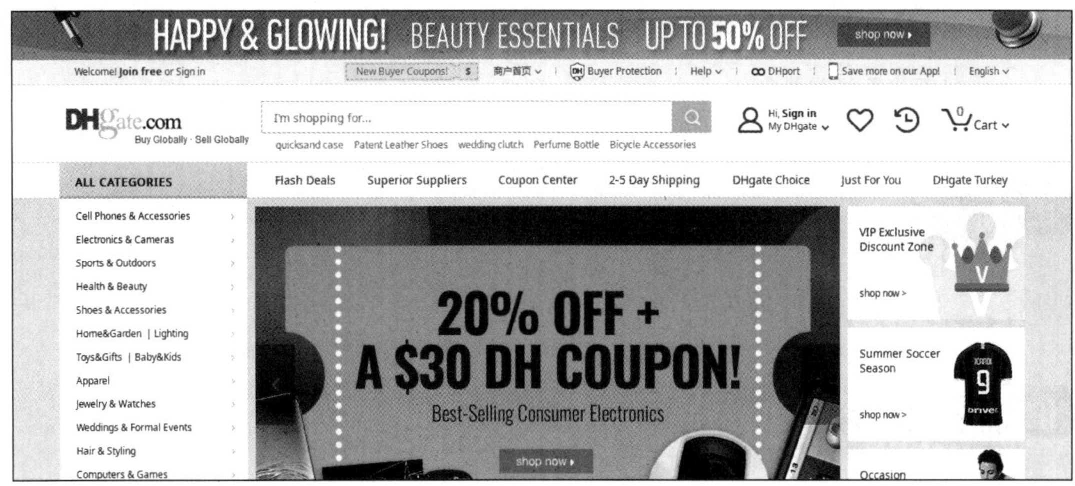

图　1-2

知识点 6：DHgate 平台的开店流程

DHgate 平台的开店简易流程，如图 1-3 所示。

图 1-3

学习任务 2　注册认证 DHgate 平台

任务目标

1. 注册一个 DHgate 平台卖家账号。
2. 进行卖家身份认证。
3. 绑定主营类目。

建议学时

1.5 学时。

企业情景引入

业务部经理给小李介绍完了公司使用的跨境电子商务平台之后，叫小李先熟悉平台，了解平台的注册流程以及注册注意事项，并要求小李自己试着在平台上注册一个卖家账号。小李知道这是开展跨境电子商务的第一步。

知识点 1：注册 DHgate 平台

第一步：找到注册入口。

登录卖家中心（http：//seller.dhgate.com），单击左上角的“轻松注册”，如图 1-4 所示。

图　1-4

第二步：填写商户信息。

按照页面提示，填写真实的注册信息，如图 1-5 所示。

图　1-5

填写商户信息时，应注意以下事项。

（1）注册表单页面中带 * 号的内容为必填项。

（2）卖家在 DHgate 平台的登录名不得包含以下内容。

1）违反国家法律法规、涉嫌侵犯他人权利或者干扰 DHgate 平台运营秩序等的相关信息。

2）不能含有 DHgate 平台的官方名称、不文明词汇、品牌词汇、名人姓名、联系方式（包括邮箱地址、网址、电话号码、QQ 号、MSN 地址和微信号等）等词语。

3）DHgate 平台会对注册用户名进行巡检，违规情况一经发现，有权收回该用户名的使用权。

（3）用户名一经注册，则无法修改，建议谨慎填写。注册邮箱必须是注册人本人的邮箱，DHgate 平台会对用户的邮箱随时进行验证。每个卖家账号只允许选取一个经营大类，因经营大类绑定后不可修改，卖家一定要慎重选择；建议卖家将重心放在经营大类的销售上，以便于提高店铺的专业度和客户的满意度。

（4）所有注册信息均需真实，以便顺利通过认证。为了保障交易安全，用户填写的姓名将会默认为银行账户的开户人姓名，请保证注册人的姓名与身份证的姓名相同。

（5）DHgate 平台有权终止、收回未通过身份认证以及连续一年未登录 DHgate 平台的用户。

（6）注册用户名后，超过 120 天未完成手机验证和邮箱验证的账号，系统将自动视为放弃注册，不予开通。

（7）DHgate 平台规定个人类卖家最多只能注册一个账号，企业类卖家最多可以注册 10 个账号。如用户的账号有严重违规行为而被关闭，那么将不得再重新注册新账号，如被发现重新注册了新账号，DHgate 平台有权关闭该用户的关联账号。

第三步：手机和邮箱验证。

在提交信息后，DHgate 平台会要求用户进行手机验证和邮箱验证，如图 1-6 所示。

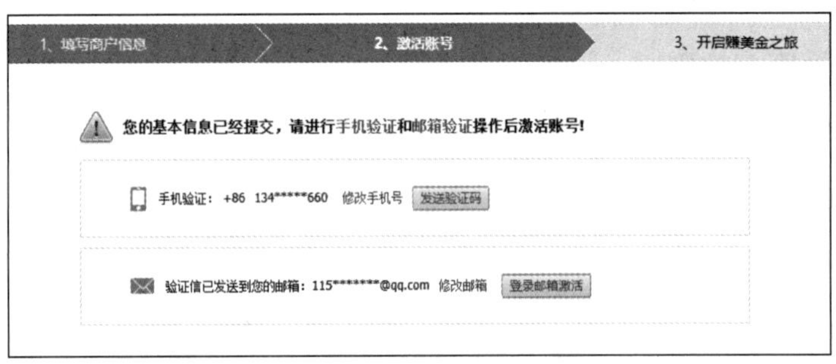

图 1-6

手机验证只需要回填 DHgate 平台发送的验证码即可。用户的注册邮箱会收到一封激活邮件，用户登录到该注册邮箱并打开邮件，单击激活链接，即可完成邮箱验证，如图 1-7 所示。

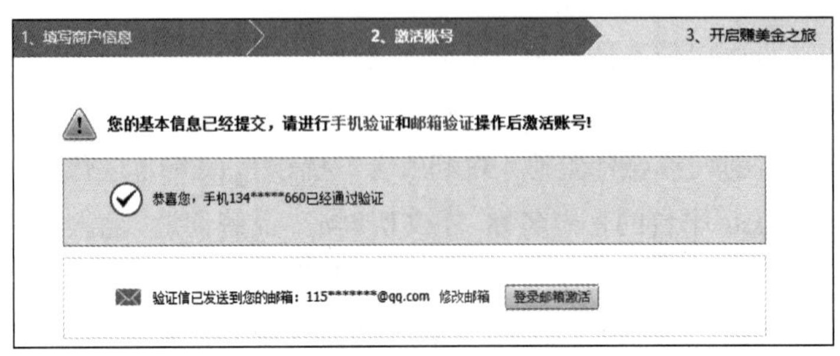

图 1-7

第四步：缴费。

通过验证后，下一步要缴纳平台使用费。账户通过手机和邮箱认证激活后，页面自动提示“立即缴费”，也可以进入到“我的 DHgate—待操作”中查看缴费提醒，或者进入后台“我的 DHgate—设置—平台使用费—缴纳平台使用费”中进行操作，如图 1-8 所示。

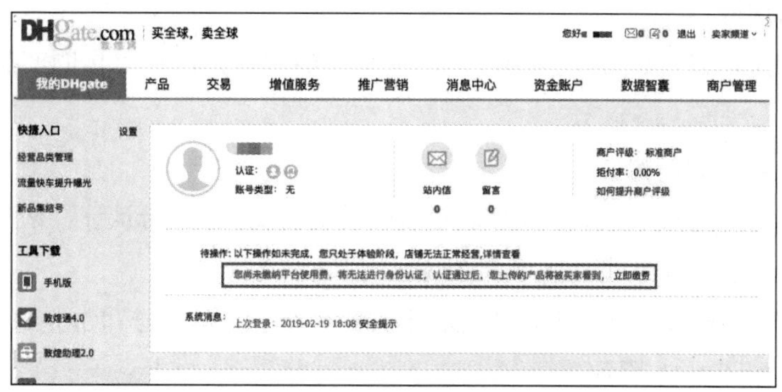

图　1-8

平台使用费针对的是 2019 年 2 月 20 日之后注册的新账户，在此之前注册的账户暂时不需要缴纳平台使用费。

缴费完成之后就成功开通了卖家账户。为更好地保障卖家在网络交易中的安全，防止网络交易欺诈，卖家应进行身份认证。如果没有进行身份认证，DHgate 后台会做出提示，如图 1-9 所示。

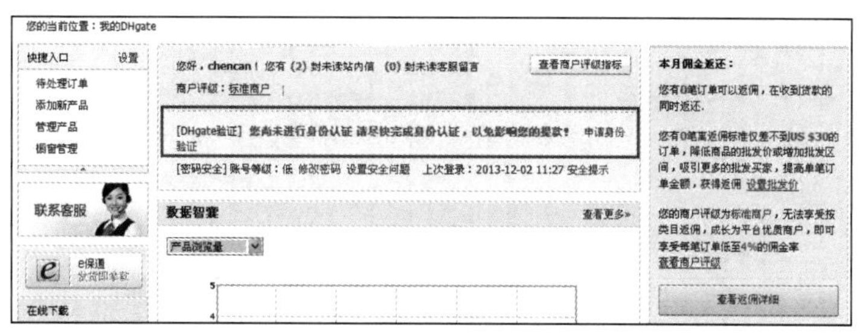

图　1-9

知识点 2：身份认证

1. 进行身份认证的必要性

在当前的电商发展环境下，身份认证尤为重要。一方面，具备网络交易的真实身份，是交易安全和有效防止网络交易欺诈的重要保障；另一方面，国家工商总局也出台过相关规定：通过网络从事商品交易及有关服务行为的自然人，应当向提供网络交易平台服务的经营者提出申请，提交其姓名和地址等真实身份信息。

之前的商户在注册阶段只需提供姓名和身份证号，并且平台对其身份认证信息没有有效的验证措施，在平台遇到交易纠纷时，不能保证其应有的权益，可能还会造成一定的损失。因此，商户进行身份认证，使其具备网络交易的真实身份，保证了网络交易的安全。完成企业身份认证后，更加容易获得买家的信任，企业类卖家最多可申请 10 个账号经营，也会得到更多的扶持。

值得注意的是，只有进行了身份认证，买家才能搜索到用户上传的产品，否则是搜索不到的。

2. 进行身份认证的步骤

进入“我的 DHgate”后，平台会给予提醒：您尚未进行身份认证，请尽快完成身份认证。单击“申请身份认证”即可进行身份认证。

进入认证页面，选择认证类型，填写联系人的姓名、身份证号和常驻地信息，单击“开始认证”按钮，如图 1-10 所示。

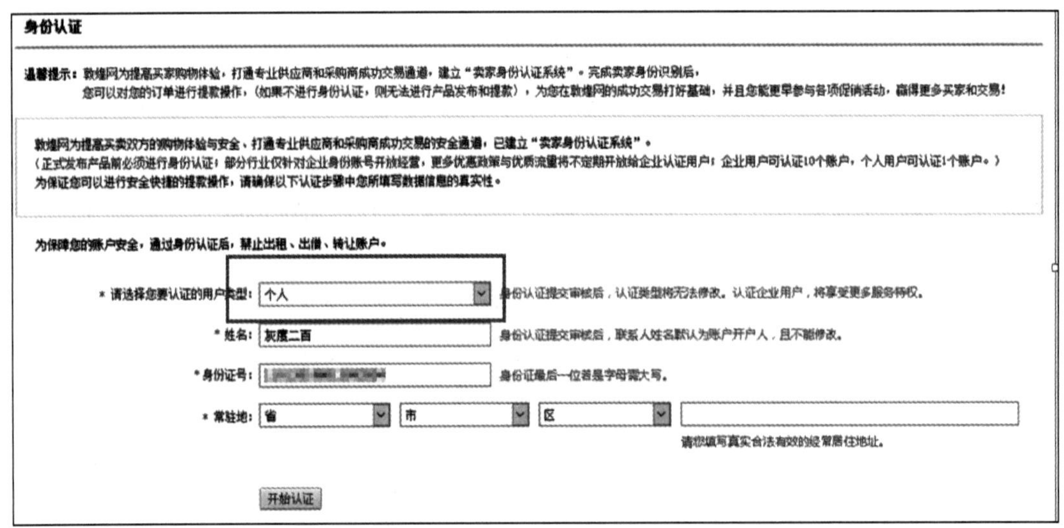

图 1-10

上传 DHgate 平台用户手持身份证正面及反面的照片，照片清晰不含水印，保证放大后能看清身份证上的个人信息和身份证号，图片大小控制在 2MB 以内，尽量为 JPG 格式，如图 1-11 所示。

身份认证审核通过后，姓名默认为人民币账户开户人，且不能修改。

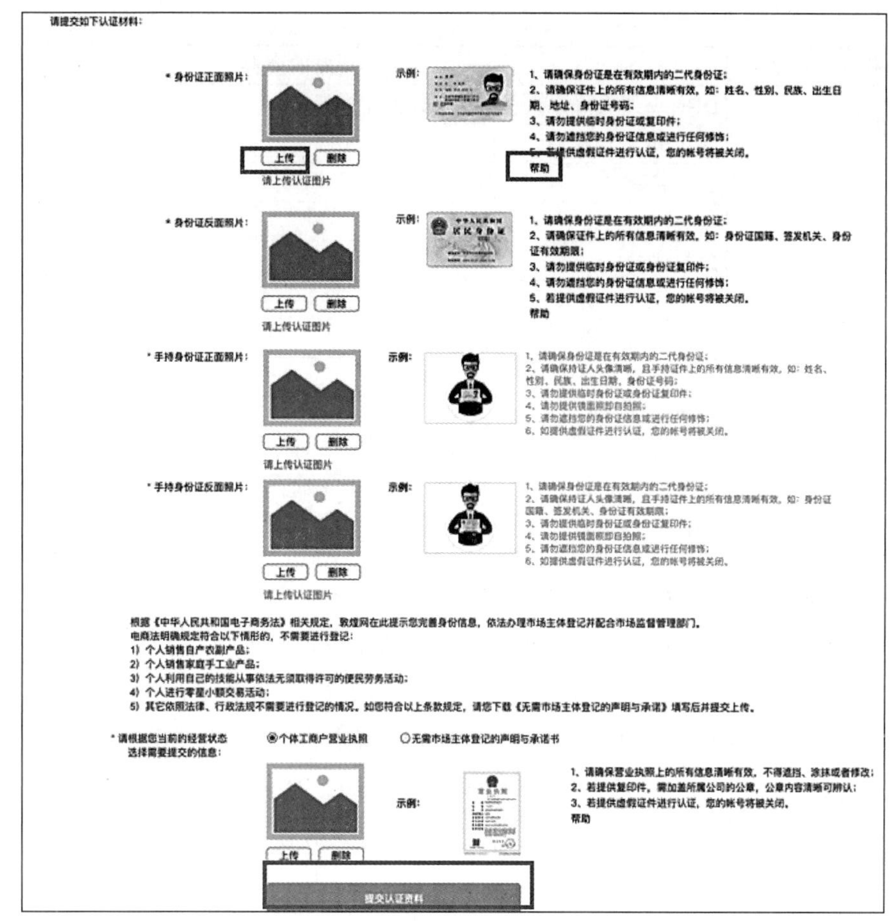

图　1-11

3. 申请认证需要提交的资料

卖家可根据不同的身份类型进行身份认证，不同的身份类型提交的资料是不同的，见表 1-1。

表　1-1

卖家身份认证类型	需要提交的资料
个人卖家	DHgate 平台联系人手持身份证正面头部照
	DHgate 平台联系人手持身份证反面头部照
大陆企业	公司名称
	企业法人
	营业执照号
	营业执照副本照片
	法人手持身份证正面头部照
	法人手持身份证反面头部照
	带有企业门牌及企业名称的照片

续表

卖家身份认证类型	需要提交的资料
大陆企业	DHgate 平台联系人手持身份证正面头部照
	DHgate 平台联系人手持身份证反面头部照
香港企业	公司名称
	董事姓名
	公司编号
	公司注册证明书
	香港公司注册处法团成立表第四页
	董事手持身份证正面头部照
	董事手持身份证反面头部照
	带有企业门牌及企业名称的照片
	DHgate 平台联系人手持身份证正面头部照
	DHgate 平台联系人手持身份证反面头部照

4. 申请认证资料的要求

（1）营业执照号：营业执照号是指营业执照的注册号，而并非是营业执照编号。

（2）营业执照副本图片：需提供有年检章的营业执照正本或者副本，要求注册号、公司名、法人、经营范围以及年检章清晰可辨，无修改、遮挡、涂抹、PS 或污渍等痕迹。

（3）法人手持证件照（正反面）：需为营业执照上登记的法人证件照，务必是手持证件的头部照，而且需要身份证正反面各一张。身份证信息要清晰可辩，无修改、遮挡、涂抹、PS 或污渍等痕迹。

（4）联系人手持证件照（正反面）：需为在 DHgate 平台上现有联系人的证件照片，务必是手持证件的头部照，而且需要身份证正反面各一张。身份证信息要清晰可辩，无修改、遮挡、涂抹、PS 或污渍等痕迹。

（5）带有贸易公司门牌及公司名称的图片：实体外贸公司和工厂类的商家需提供此项图片，为公司或工厂带有公司名称的门头照或者前台的图片。如不能实现应提供手持营业执照在办公场所内的照片，不可盗用其他公司的图片，无修改、遮挡、涂抹、PS 或污渍等痕迹。

（6）外商独资企业：以中国台湾或境外国家地区籍贯为法人的国内企业，亦应提供法人的入境证件以及营业执照以供核实身份。

5. 身份认证注意事项

（1）每种资料只允许上传一张照片；文件大小为 2MB 以内；上传格式为 jpg、gif、jpeg、png 或 bmp。

（2）证件需要彩色原件扫描件或者数码照片。

（3）如果用户的身份证丢失，可提交护照的个人信息页。

（4）个人类卖家在提交认证申请后的 3 个工作日内完成审核。

（5）大陆企业、香港企业审核时间稍长。

（6）关联账户将会被连带认证或者连带取消认证资质。

知识点 3：绑定主营类目

1. DHgate 平台的经营大类划分

DHgate 平台目前主要的经营大类有 14 类，所有用户都必须按照这些经营类目进行经营，见表 1-2。

表　1-2

主营类目	一级类目
A	Computers & Networking
	Cell Phones & Accessories
	Electronics
	Camera & Photo
	Game & Accessories
	Security & Surveillance
	Household Appliance
B	Apparel
C	Watches
	Jewelry
	Fashion Accessories
D	Shoes & Accessories
	Bags, Luggages & Accessories
E	Wedding & Events
F	Health & Beauty
	Hair Products
G	Toys & Gifts
	Baby, Kids & Maternity
H	Sports & Outdoors
	Tatical Gear
I	Home & Garden
	Business & Industrial
J	Lights & Lighting
K	Automobiles & Motorcycles
L	Musical Instruments
M	Everything else
N	Food & Beverage

每个商户账号只允许选取一个经营大类，因经营大类绑定后不可修改，所以用户一定要慎重选择。

2. DHgate 平台主营类目的绑定方法

进入“我的 DHgate—产品—经营品类管理”，选择要经营的品类进行绑定，如图 1-12 所示。

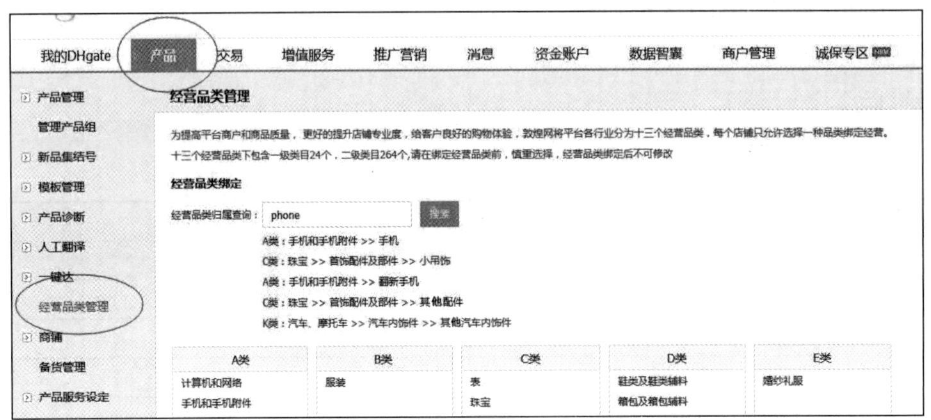

图 1-12

成功故事分享

平台为王，开启货通海外市场梦想之门

选择了一条正确的道路，避开所有来自生活的暴击，站在巨人的肩膀，才能打得赢怪兽，做得了留到最后的佼佼者。今天要介绍的主人公是勇敢打破安逸的 DHgate 平台卖家——刘建青。

刘建青的梦想是有一天能建立自己的大平台，实现“货通全球”的梦想。为此，他放弃大众眼中的好工作、好公司，选择从零开始创业。

刘建青一直是父母口中“别人家的孩子”，名校硕士毕业后，成为全球最顶尖的信息与通信解决方案企业的一名海外销售，拥有高薪的工作和让人羡慕的生活。但是，这样的安逸生活，无法获得更多的成就感。他心里明白，要想实现梦想，只能打破这份稳定，主动出击。因此，刘建青不顾家人的和朋友的反对，放弃原有的高薪工作，毅然选择辞职创业。

创业之初，刘建青基于原来的工作积累，果断决定在线下创建公司，目标投向海外市场。然而，初涉海外市场就遭受重挫，初期一个月的亏损竟达 30 万之多。此时，在家人的极力反对声中，他回到了原来的生活。但是，反复斟酌后，回归原有的生活仅一个月，不甘心的他决定再次出发，继续在找寻机遇的路上探索。

就在深耕线下海外市场四处碰壁、苦苦挣扎的同时，他通过与同行、朋友交流，了解到和他在同一领域创业的前同事已通过 DHgate 平台获得了不小成就。

刘建青带着困惑、不解开始了解 DHgate 平台，他发现 DHgate 平台精准的定位、成熟的 B2B 供应链资源、直连海外大小市场、专业的培训服务体系等优势，对于他的创业而言，是最佳选择。于是刘建青于 2016 年成为 DHgate 平台卖家，开启其线上销售之路，成功迈出货通海外市场的第一步。

刘建青说道："如果上天能够给我一个重来一次的机会，我会在创业初期直接选择 DHgate 平台。公司这两年的业绩增长更让自己觉得创业的前两年走了不少弯路。"

刘建青谈到，在出海的过程中，其实还有不少困难，但是因为有 DHgate 平台对自己的帮助和扶持，自己才能挺过来。比如，在销售下滑或者业绩不理想的时候，他会和 DHgate 平台的职业经理人沟通求教，而 DHgate 平台的职业经理人会耐心地给予意见和建议。当遇见问题的时候，他们也会及时地帮助卖家总结问题所在。

借助 DHgate 平台，刘建青的第二次创业成功了。

此外，为了进一步实现"货通全球"的梦想，通过跨境电商，建立全球品牌的先锋，是刘建青正在和即将要做的事情。

刘建青说，现在的每一步都让自己离梦想又近了一步。

资料来源：http：//seller.dhgate.com/story/c_41101.html。

一、选择题

1.DHgate 平台的特点有（ ）。

A. 在线交易平台　　B. 提供供应链金融服务的平台

C. 拥有在线物流业务的平台　　D. 线上线下结合

2. DHgate 平台的核心竞争优势有（ ）。

A. 专注性：在线交易模式　　B. 专业性：专业打造中小企业国际交易平台

C. 丰富性：丰富的资源优势　　D. 创新性：行业发展各方面取得突破

3. 下面关于 DHgate 平台的说法中，（ ）是正确的。

A. 第一家成立诚信安全部，建立完善的风险控制体系

B. 第一家对接全球 30 多家物流提供商，提供多条海外专线

C. 第一家上线全球支付系统 Alipay，对接全球 30 多种支付方式

D. 第一家联合银行推出针对中小企业的互联网金融贷款产品 e 保通

4. 卖家在 DHgate 平台的登录名不得包含（ ）。

A. 卖家的 qq 网名　　B. 卖家的 qq 号码

C. DHgate　　D. 网址

5. DHgate 平台身份认证的卖家类型有（　　）。

A. 个人卖家　　B. 企业卖家

C. 欧美卖家　　D. 香港卖家

二、简答题

1. 与其他跨境电商平台相比，DHgate 平台有哪些优势？

2. DHgate 平台的特点有哪些？

3. 在 DHgate 平台注册的时候，为什么要进行身份认证？

4. DHgate 平台的创新性体现在哪些方面？

5. 简述 DHgate 平台的开店流程。

三、案例题

在我国，跨境电子商务的出现让很多企业看到全球化的曙光。近年来，通过跨境电子商务将产品成功地推向国际市场的中国卖家数量直线上升。对于今后的跨境电子商务进入该怎么走这个问题，许多行业人士在接受采访时表示多渠道、多平台操作将成为趋势。而提到多渠道、多平台，大家的第一反应都是速卖通、亚马逊等 B2C 领头羊，但事实上有不少后起之秀正纷沓至来，以它们的特色服务给企业带来多样化的选择。试分析跨境电子商务多渠道、多平台运营的优势。

四、实训题

分组完成 DHgate 平台的账号注册和认证。

认识并注册认证 DHgate 平台考核评价表

序号	评价内容	得分 / 分			综合得分 / 分
		自评	组评	师评	
1	对 DHgate 平台的了解程度				
2	对身份认证步骤的了解程度				
3	完成主营类目绑定				
合　计					

注 综合得分 = 自评 ×30%+ 组评 ×30%+ 师评 ×40%。

学习项目 1　总结与评价

建议学时

1 学时。（用来总结本学习项目各任务的学习、总结等情况。）

总结与评价过程

一、汇报总结

序　　号	汇　报　人	值得学习的地方	有待改进的地方
1			
2			
3			
4			
5			
6			

二、综合评价

1. 专业能力评价

序　　号	项 目 名 称	得　　分
1	学习任务 1	
2	学习任务 2	
综合得分		

注 综合得分为本学习项目中各学习任务得分的平均值。

2. 职业素养能力评价

序号	评 价 内 容	评 价 标 准	得分 / 分			综合得分 / 分
			自评	组评	师评	
1	平台的熟悉度	能否详细介绍平台的各项信息				
		能否熟练掌握平台的各模块内容				
2	平台实操能力	能否熟练完成平台注册				
		能否熟练完成身份认证以及完成主营类目的绑定				
3	学习态度	上课能否认真听讲、勤于思考、独立钻研				
		课后能否认真完成老师布置的各项任务				
4	团队合作能力	能否积极配合团队其他成员				
		能否对团队做出积极的贡献				
综 合 得 分						

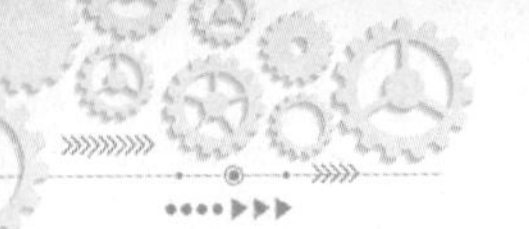

3. 综合得分

学习项目 1 综合得分 = 专业能力评价得分 ×60%+ 职业素养能力评价得分 ×40%+ 创新素养能力评价得分。

注：创新素养能力是指学生在学习的过程中提出具有创新性、可行性的建议的能力；创新素养能力评价得分，满分 10 分（由老师根据表现评定），为加分项。

2 学习项目 2 熟悉 DHgate 平台选品技巧

跨境之路从选品开始，选择了开始就等于选择了结果。选品要遵循一定的原则和方法。选品的渠道很多，可以从各大跨境电商平台获得选品思路，也可以利用一些工具进行选品。选品结束还要分析目标市场、找好供应商，这样一个产品才算是准备好了。

项目目标

1. 了解选品的基本知识。
2. 利用 DHgate 平台进行选品。
3. 利用其他渠道选品。
4. 利用工具选品。
5. 学会分析目标市场。
6. 了解如何寻找供应商。

7 学时。

学习任务 1　了解选品的基本知识

1. 熟悉两个基本概念。
2. 掌握选品的方向。
3. 了解选品雷区。
4. 熟悉适合在 DHgate 平台销售的产品的特点。

0.5 学时。

经过一段时间的工作，小李对公司的情况和业务有了基本的了解。他已经成功地注册了 DHgate 平台的卖家账号。这时，经理告诉他，下一步工作是要选择一款合适的产品在平台上销售，至于如何选品，里面的学问很大、方法也很多，首先要了解一下选品的基本知识。

知识点 1：认识红海和蓝海

1. 红海

红海：经济名词，指竞争相当激烈的市场。

在红海中，产业边界是明晰和确定的，游戏的竞争规则是已知的。身处红海的企业试图表现得超过竞争对手，以攫取已知需求下更大的市场份额。

2. 蓝海

蓝海：经济名词，指未知的市场空间。

企业要启动和保持获利性增长，就必须超越产业竞争，开创全新的市场，这其中包括突破性增长业务（旧市场新产品或新模式）和战略性新业务开发（创造新市场、新细分行业甚至全新的行业）。相对于蓝海是指未知的市场空间，红海则是指已知的市场空间。[①]

知识点 2：选品的方向

方向 1：具有创新性质的产品。平台上销量好的，不一定是最实用的，但肯定是具有创意的。消费者越来越追求个性化，新鲜感、创新是突破口。

方向 2：具有资源优势的产品。不管是质量优势、货源优势还是价格优势，都能让产品在平台上脱颖而出。例如，深圳的卖家应该选择电子类产品，因为深圳是电子类产品的聚集地；而义乌是国内做小商品的领头羊，义乌的卖家则应该选择小商品，如玩具类产品。

方向 3：质量过硬的产品。质量和性能过硬的产品，一定是好的选择。观察一下各大电商平台，销量高的产品一定是质量评价很不错的产品，质量是一个产品最核心的价值。通常来说，人们都喜欢物美价廉，但首先是物美，其次才是价廉。

方向 4：关于“美丽”“健康”“便利”的产品都可以考虑。随着生活质量的提高，人们对精神的需求更加重视，对健康的意识越加强烈。因此，具有这些品质的产品的销量一直呈现上升趋势。

方向 5：利润绝对值高的产品。很多电商喜欢做快消品，因为容易把销量做起来，但同时也出现了“卖很多却没赚到钱”的情形，如一个手机壳，成本 3 元，卖出去 10 元，利润率达到 200%，但利润绝对值只有 7 元。选品并不是考虑利润率，而是考虑利润绝对值。

方向 6：竞争少的冷门产品。避开红海市场，进入蓝海市场，也不失为良策。当多数人在快消品市场“挤破头”的时候，往往有一些做冷门产品的电商反而很赚钱，因为缺少竞争者，或竞争者很少。冷门不是说没有需求，只是不像快消品那样人人都需要而已。

方向 7：不易损坏、易运输和存储的商品。选品一定要考虑物流运输的问题。不易损坏的商品能够减少因为运输问题而导致的客户退款和投诉，否则将影响产品甚至整个店铺的等级以及信誉度，影响产品的销量。另外，还要考虑运输成本，如果一款产品价格较低，但是物流成本却很高，这样的产品也是不适合进行售卖的。

方向 8：不受季节变化影响的商品。这类产品能够长期销售，不受季节变化的影响。相反，季节性产品一年只能销售一小段时间，如泳衣在北半球的国家大概只能从 5 月份销售到 9 月份。

方向 9：市场容量大的产品。产品的现有需求量必须大，这样才能够保证有足够的购买者，以降低库存风险。

---

① 此定义来源于百度百科。

方向 10：售后简单的产品。物流是跨境电商最大的痛点，售后则不仅涉及物流，还涉及货损，严重的时候还有可能影响到店铺信誉。总之，做跨境电商，售后越简单越好，最好不要影响二次销售。

上述这些选品方向在选品的时候都可作为参考，但并不是绝对的一概而论。假如一个卖家有很好的泳衣货源，质量价格都有巨大的优势，那他当然可以选择这个产品进行销售。

知识点 3：选品的雷区

雷区 1：依照国内的电商热销款选品。

例如，某款凉鞋在国内各大电商平台卖得风生水起，于是就有人搬到国外电商平台上去卖，结果效果平平。适合国人的审美不代表一定适合其他国家人民的审美，不提前做目标市场分析，就盲目上架，很难走得长远。

雷区 2：跟风售卖国外很火的产品。

例如，曾经的指尖猴子、指尖陀螺等，因为侵权问题，下架封店的无数。大部分产品火爆的时间是有限的，跟风售卖一定要考虑产品的周期以及有没有侵权的问题。

雷区 3：售卖仿牌、山寨产品。

跨境电商对于产品的品牌、商标、专利等的要求会越来越高，如果售卖仿牌、山寨产品，迟早会被平台封杀。

雷区 4：售卖质量很差的产品。

跨境电商跟国内电商一样，将会越来越重视买家的反馈和评价，质量差的产品，也许因为价格低廉暂时会获得一定的销量，但是一定不能走得长久。

知识点 4：适合在 DHgate 平台销售的产品的特点

热销产品一定是好卖的产品，但不一定是适合自己的产品。很多卖家在选取产品时，都会人云亦云地进行挑选，还会参考其他平台的热销产品，这样没错。然而，从产品排名和进货渠道上来说，中大型卖家早已占据了优势，新卖家的竞争力极其有限。因此，一定要选择适合自己的产品。这并不是说新卖家就不能销售热销产品了，一个比较好的做法是利用热销产品的优势引导流量，拉动其他产品的曝光。

什么样的产品才是适合自己的产品呢？以下几点均值得考虑。

1. 自己感兴趣

自己感兴趣的产品才会花时间去研究、去了解，也才会更了解这类产品的特性、优势、市场需求和价值，在日后的交易过程中不会出现不了解产品特性丢单或者引发买家不满的问题。

2. 产品的重量和体积

外贸中产品的价格和重量 / 体积的比例数值越大越好。因为产品的实际价格是由物品的价格和运费构成的。在选品时，应尽量选择重量轻、体积小而价值高的商品。例如，体育用品中的哑铃，任何卖家都不会在跨境电商平台中销售，因为这类商品的运费可能比其本身的价格还要高很多。

3. 工业化水平高的产品

虽然有卖电子产品赚钱的，但建议一般人，尤其是新手卖家不要做，因为国外的工业化水平普遍较高，制造工艺先进，除了人工成本，我们没有更多的优势，加上运费，我们的成本和发达国家基本持平，此类产品利润不高。

4. 是否侵权

销售品牌的东西会涉及知识产权侵权和销售侵权的问题。现在，知识产权越来越得到世界的重视。有些品牌需要许可销售代理权，有的是一般代理，有的是独家代理。例如，Apple、LV、NIKE 等一些国际大牌是绝对的高压线，不要去碰。这些国际大牌大家都很熟悉，至于一些大家不怎么熟悉的品牌，选品前一定要调研产品是否为其他公司的品牌，以免给自己带来无妄之灾。

5. 政策和法规

跨境电商中有很多产品是不能售卖的，所以卖家首先要了解目标地区的相关政策法规，如澳大利亚不允许进口任何电池。

6. 目标客户群

从目标客户的需求出发，选择迎合客户需求的产品，这就需要调查目标地区的文化及消费习惯等。例如，要做鞋子，需要对目标地区的气候、喜好和尺码等都要非常熟悉。

7. 创意产品

把握流行趋势，就抓住了商机。任何一个新的时尚都会引发一次新的产品热潮。如何做到独具慧眼把握流行趋势呢？可以调研各大电商平台的新、奇、特产品，经常浏览各大网站的时尚频道，关注一些时尚博主，了解国内的创意产品是不是适合目标地区的客户需求。

8. 特产和手工艺品

例如，杭州盛产丝绸和西湖龙井，这两类产品深受国外客户的喜爱，所以很多浙江卖家都在做有关这两种产品的生意。同时，丝绸可以做成唐装、手工艺品，如十字绣颇受欧洲人欢迎、苏绣颇得美国人的喜爱。再如，莆田具有特色的产品，如字画、木制工艺品、假发和鞋子等，都是很不错的选择。

9. 优质货源

选品一定要选一手货源且产品质量要过关，国外退货不像国内退货那么方便，成本也是非常高昂的，所以不能以次充好，外国人对产品质量的追求远远高于我们，没有优质货源，建议别做。其次，一手货源的利润也是最好的。

10. 平台热销度

平台热销度一般的产品不是指不好卖的产品，而是指有潜力的产品，如鱼饵、渔轮等相关产品，并没有很强烈的品牌针对性，更关注的是性能、性价比上的优势，价格再有优势的话，就是非常具有销售潜力的产品了。

通过以上实例，新卖家可以利用二八法则选择产品：20% 的热销产品引流量，拉动 80% 主营产品的曝光量。综上所述，新手卖家一定要根据自身的情况来评定什么样的产品适合在平台销售，选择竞争力小的、具备潜力的产品才是新手卖家的最佳之选。

学习任务 2　利用 DHgate 平台选品

1. 利用卖家页面的行业分析、行业动态等进行选品。
2. 利用买家页面的产品类目、bestselling 等进行选品。

1 学时。

小李在经理的帮助下学习了一些选品知识后，他跃跃欲试，很想快速选出一款合适的产品来。经理告诉他，选品的方式有很多，第一步可以参考 DHgate 平台有哪些热销品，然后从中寻找灵感。

知识点 1：利用 DHgate 平台卖家页面进行选品

选品的方式多种多样，首先可以利用 DHgate 平台的大数据进行选品。DHgate 平台卖家页面就有很多有用的信息，这些信息在选品的时候都可以用来参考。具体有以下两种方式进行选品。

1. 浏览卖家页面的行业分析

卖家页面的行业分析有平台整理的行业概况、行业招募和行业数据等。行业招募都是平台行业热招的产品，通过行业资讯和行业报告可以了解现在的行业热销趋势，给选品带来灵感。如图 2-1~ 图 2-5 所示，是滚动呈现的卖家页面。

图　2-1

图　2-2

图　2-3

图　2-4

图　2-5

2. 浏览卖家页面的行业动态

卖家页面的行业动态涵盖了各行业的最新动态，包括行业资讯、行业报告、行业新品征集等，如图 2-6 所示。

图　2-6

知识点 2：利用 DHgate 平台买家页面选品

DHgate 平台买家页面也是一个重要的选品渠道。可以通过以下两种方式选品。

1. 利用 bestselling 选品

登录 DHgate 平台买家首页（http：//www.dhgate.com），在搜索框中输入想要查找的产品关键词，如 cellphone cases。单击“搜索”后，页面会出现平台中所有的手机壳产品。单击“bestselling”按钮后，手机壳产品将按照热销度从高到低进行排序，排在最前面的就是销售最好的产品了。具体操作如图 2-7、图 2-8 所示。

图　2-7

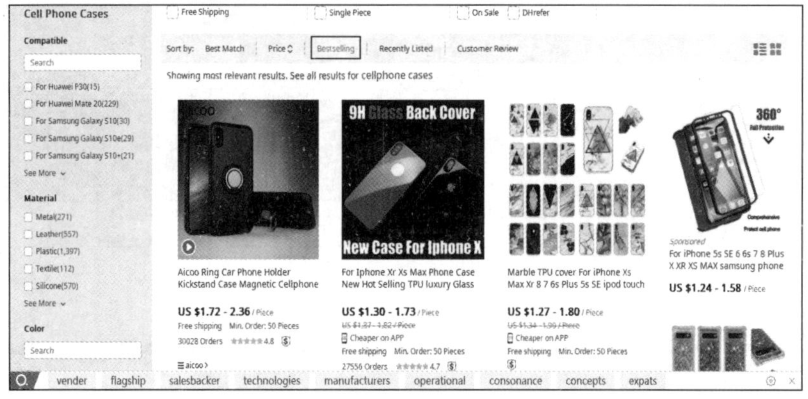

图　2-8

当然，也可以单击“price”按钮，产品将按照售价从高到低或者从低到高排序。单击“recently listed”按钮，产品将按照发布的时间进行排序，最新发布的产品排在最前面。单击“customer review”按钮，产品将按照买家的评价量进行排序，评价最多的产品排在最前面。

2. 分类查找

登录 DHgate 平台买家首页（http：//www.dhgate.com），在左侧“ALL CATEGORIES”

中选取需要找到的品类。假如要查找手机壳，先从“ALL CATEGORIES”中选取品类“Cell Phones & Accessories”，进入选取的首级品类中，再单击“Cases & covers”，进入次级类目后，单击“bestselling”，就可以看到这个次级类目中产品销售量从高到低的排序了。具体操作如图 2-9 ～图 2-11 所示。

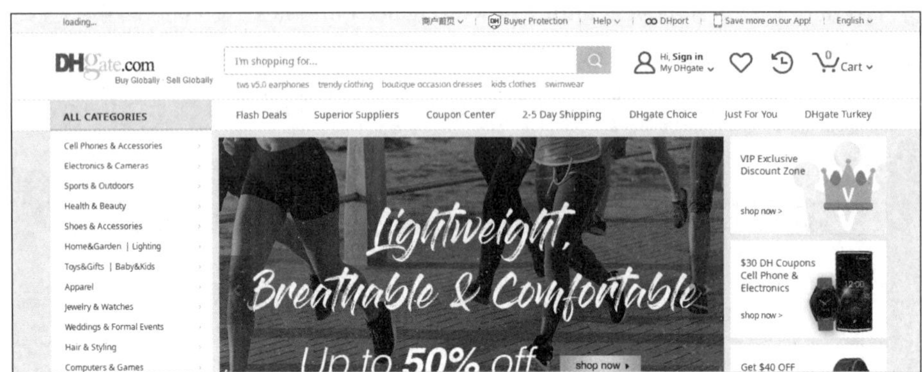

图 2-9

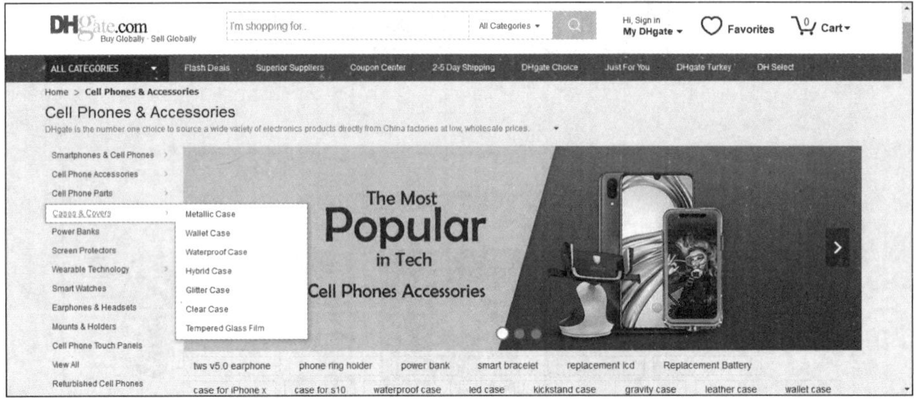

图 2-10

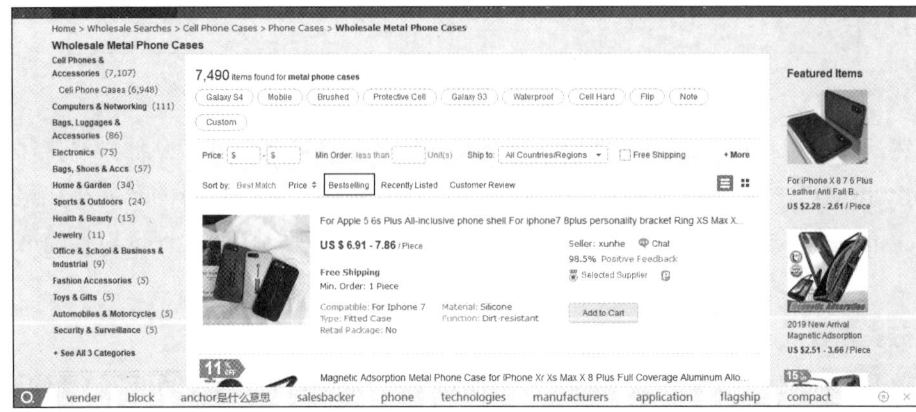

图 2-11

学习任务 3　利用其他渠道选品

任务目标

1. 利用亚马逊、eBay 等其他跨境电商平台进行选品。
2. 利用一些货源网站，如 1688 等进行选品。
3. 利用一些网络论坛、行业杂志等进行选品。

2 学时。

企业情景引入

在经理的指导下，小李很快熟悉了如何利用 DHgate 平台进行选品。这时，经理告诉他，除了 DHgate 平台还有很多其他的跨境电商平台，我们也可以利用这些跨境电商平台进行选品。除此之外，还可以利用一些货源网站、网络论坛、行业杂志、社交媒体等进行选品。

知识点 1：利用亚马逊 Best Sellers 选品

通过亚马逊官方的 Best Sellers，在自己熟悉的类目里面获得产品思路，这也是目前卖家使用最多的方法。由于亚马逊有科学的产品分类，很容易在里面发现自己感兴趣的细分领域的产品。

亚马逊 Best Sellers 网址：https：//www.amazon.com/gp/bestsellers。

如图 2-12 所示，网站的左侧列出了亚马逊所有产品的大类，每个类目里又有很多细分类目，找到自己感兴趣的细分类目，点进去就能看到亚马逊平台上卖得最好的相关产品了。

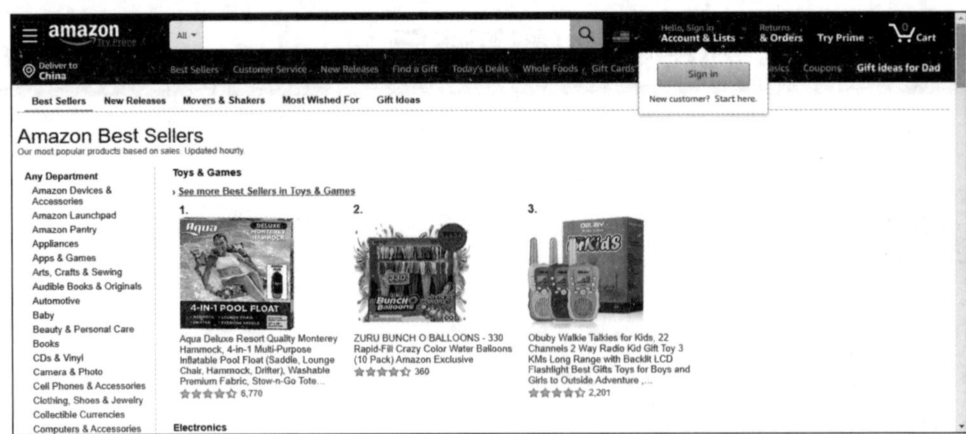

图 2-12

知识点 2：在亚马逊同行产品 listing 下选品

进入同行产品的“listing”中，下拉光标可以看到亚马逊推荐的“Compare with similar items”，这些都是类似产品的推荐，通过这些广告位推荐，可以一一查看是否有自己感兴趣的产品，如图 2-13 所示。

图 2-13

需要注意的是，如果那些类似的产品每个卖家的“review”数量都较多的话，几乎都达到 200 ～ 300 或更多的话，就不必去考虑这款产品了，因为“review”数量多说明该产品已经上架好几年了，而且市场容量也几近饱和状态。所以应找到相关的“review”数较少的产品，再用核心关键词去亚马逊首页搜索该产品是否可行。

在同行“listing”里面，找到“Product information”下的“Best Sellers Rank”，既可通过“see top 100”选品，也可通过“see top 100”下的小节点类目进行选品。通常情况下，

可以通过分析同行小节点类目排名来决定，如同行产品在小节点类目中排名前几名，而且小节点类目里面类似的产品也就十几种，这就说明这是一个比较合适的产品，如图 2-14 所示。

Product information

Product Dimensions	6.3 x 4.7 x 3.8 inches
Item Weight	13.8 ounces
Shipping Weight	13.9 ounces (View shipping rates and policies)
ASIN	B07B44GHMH
Manufacturer recommended age	3 years and up
Best Sellers Rank	#47 in Toys & Games (See Top 100 in Toys & Games) #4 in Kids' Drawing Chalks #13 in Preschool Art Toys
Customer Reviews	31 ratings 2.6 out of 5 stars

图　2-14

知识点 3：利用 eBay 选品

在 eBay 官网的各个类目下面，可以通过以上方法查看相关产品的销量排名，然后从最热销的产品上面获得选品思路。

另外，还可以通过一些工具网站来查看 eBay 网站上最受欢迎的产品。下面介绍一个这样的工具网站 http：//www.watchcount.com/#serp。

进入网站，在搜索栏输入“cellphone cases”，单击“Show Me！”按钮就可以看到 eBay 网站上最受欢迎的手机壳排名了，如图 2-15、图 2-16 所示。

图　2-15

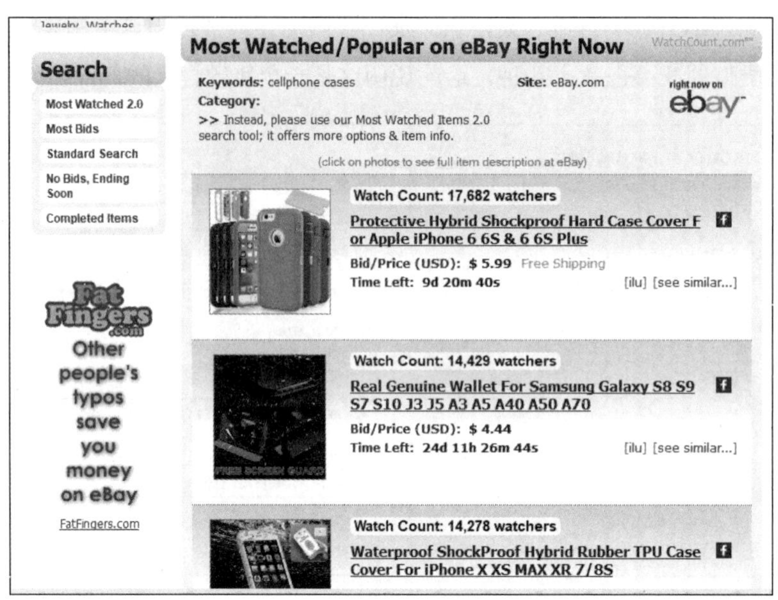

图 2-16

知识点 4：利用国内 1688 网站选品

阿里巴巴（1688.com）批发网是全球 B2B 电子商务的著名品牌，为天下电商提供海量商机信息和便捷安全的在线交易市场。从海量的商品中甄选热销新品、优质商品，为买家采购批发提供风向标。该网站的“跨境专供”里面的产品是专门针对出口的，因此也可以成为一个重要的选品思路，如图 2-17 所示。

图 2-17

此外，“跨境专供”里面还有很多小栏目，都是很实用的，比方说“国家馆”里面就有很多利用阿里大数据甄选出来的在全球各地热销的商品，如图 2-18、图 2-19 所示。

图　2-18

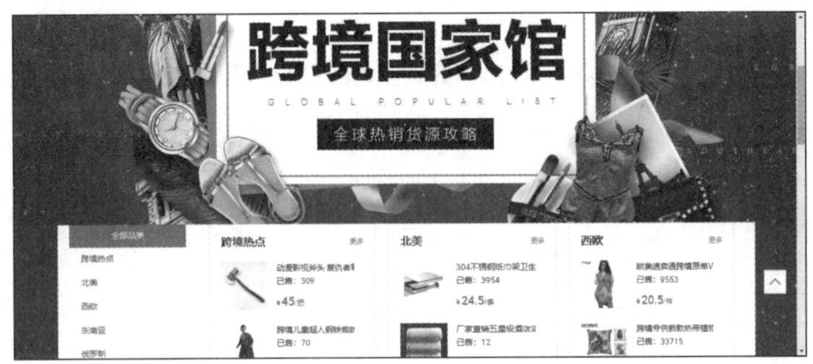

图　2-19

知识点 5：利用外贸分销网站 Chinabrands 选品

Chinabrands 是一个非常强大的外贸分销网站，里面有超过 50 万的精品 SKU（库存保存单位），价格也因为有分销直上通道的原因而相对低廉。随着 Chinabrands 的不断发展壮大，越来越多的人开始把 Chinabrands 作为一个重要的选品渠道了。

1. 利用 Hot Sale 选品

打开 Chinabrands，单击首页的“Hot Sale”，就能看到各个类目下面的热销产品，如图 2-20、图 2-21 所示。

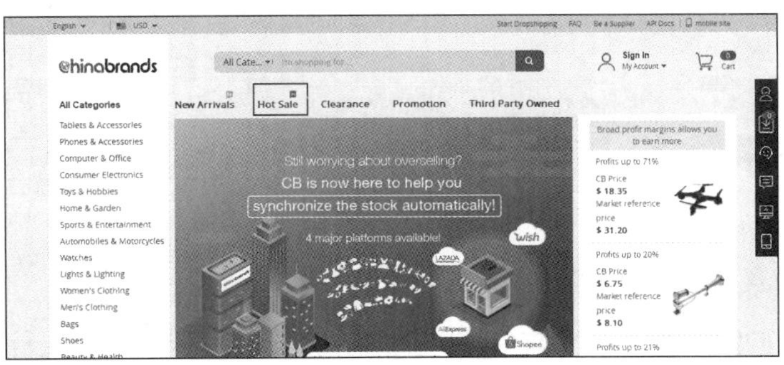

图　2-20

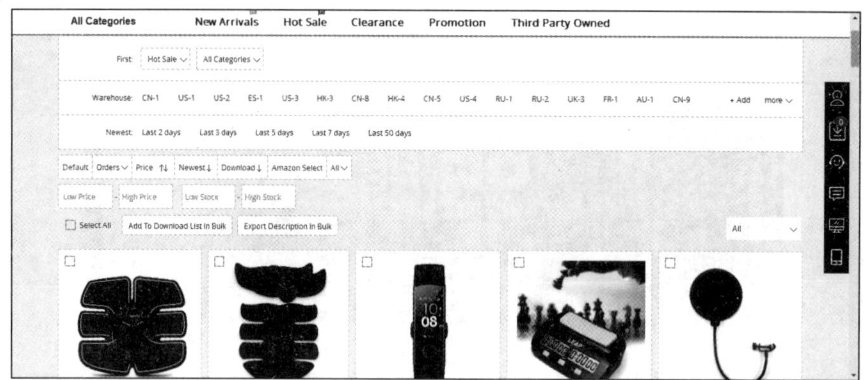

图 2-21

当然也可以单击自己感兴趣的类目，查看此类目下热销的商品，如图 2-22 所示。

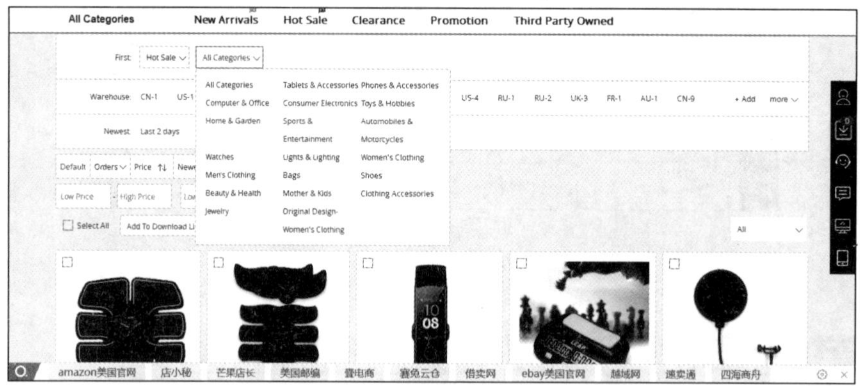

图 2-22

2. 通过查看回货率选品

打开 Chinabrands，单击“All categories”，打开自己感兴趣的类目，查看产品的回货率，一般来讲，一个产品库存越多或者下载次数越频繁，这个产品越热销，如图 2-23 所示。

图 2-23

3. 通过查看最新上架的产品来选品

打开 Chinabrands，单击“All categories”，打开自己感兴趣的类目，再单击“newest”，查看是否有平台有同类相似爆款或者一些新奇特的产品，如图 2-24 所示。

图 2-24

除了 Chinabrands 之外，还有很多其他分销平台，如冠通分销平台等。选品时这些分销平台都是不错的参考。

知识点 6：利用 BuzzSumo 选品

BuzzSumo 是一款互联网内容筛选收集的工具。它可以帮助用户筛选互联网中最流行的话题内容，还可以收集社会化媒体统计的内容数据，可以找到 Facebook、推特、领英和 Pinterest 上被分享得最多的内容，针对不同类型的内容进行过滤、排序等，非常适合跨境电商做数据选品分析。它能搜索到最受欢迎的内容，内容里面涉及的产品有可能打造为短期的热销款。只要输入产品关键词就能找到最热门的产品。

进入 BuzzSumo 首页，在搜索框输入关键词，以“cellphone cases”为例，如图 2-25 所示。

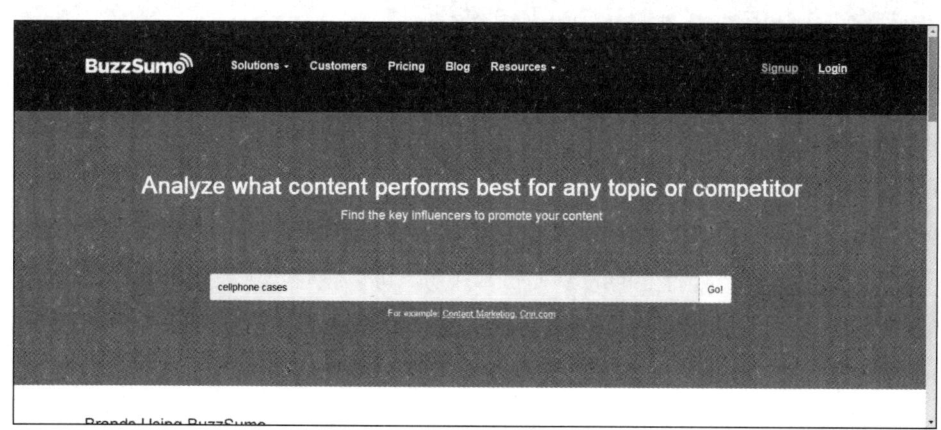

图 2-25

在搜索结果页面，一篇热度比较高的文章里面提到了 gun-shaped cellphone cases，如图 2-26 所示。

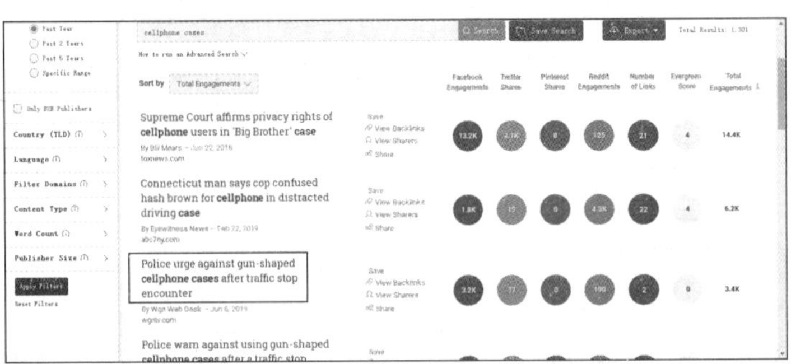

图 2-26

打开这篇文章，可以看到这篇文章的标题下面有一张配图，是一个手枪形状的手机壳，如图 2-27 所示。这篇文章十分火爆，因此这款手机壳也许就是一个潜在的爆款。这可为跨境电商选品提供一些思路。

图 2-27

知识点 7：利用行业杂志和各种媒体选品

跨境电商选品要善于发掘行业杂志和媒体报道里面最新的科技和最新的产品。如果通过新闻得知，世界知名设计师将在今年夏天采用银质的装饰品，那么银饰品也许很快就会热销起来。

另外，一些受大众欢迎的社交网站也是获取最新产品信息的途径，如 Youtube，留心观察自己所感兴趣的或者所处行业的大 V 的日常视频，可以挖掘出非常多的、有用的产品信息。

Reddit 论坛是网络新鲜事件和热点事件的源头，里面各种信息密集，几乎是互联网最有趣、最有组织的链接集中处，总有版块能提供有用的信息。同时，Reddit 是建立在投票机制上的，即人们可以对论坛中的帖子进行投票——赞或踩，继而通过排名，将点赞高的帖子排至首页，这也使得 Reddit 变成了一个信息不断移位和变化的网站，对于用户而言，也能在更短的时间里高效地获取有价值的信息。

除此之外，还有 Alltop，这是一个通过话题进行内容收集的博客分类信息网站，通过自己感兴趣和关注的话题，发现新的市场机会。

还有 Pinterest，Pinterest 是世界上最大的图片社交分享网站。在 Pinterest.com 的搜索框中输入要找的产品，结果页面会显示出最受欢迎的产品图片，这样就可以根据显示的图片设计产品，打造热销品。

学习任务 4　利用工具选品

1. 熟悉两款选品工具。
2. 利用这两款选品工具进行选品。

1 学时。

企业情景引入

经过几天的学习，小李熟悉了多种选品方法，如利用各种跨境电商平台、货源网站、网络论坛、行业杂志、社交媒体等进行选品，小李感觉自己收获很大。这时，经理告诉小李，除了这些选品方法之外，还可以利用一些选品工具进行选品。经理当即打开电脑，给小李介绍了两款选品工具。

知识点 1：SellerMoto

SellerMotor（http：//xp.sellermotor.com）依托大数据与人工智能，专业提供互联网大数据营销及解决方案，利用自主研发的核心算法为卖家从市场规模、流行趋势、竞争对手

等多个层面深度剖析所处行业，精准锁定行业发展趋势，发掘蓝海市场，帮助卖家发掘最具成长潜力的商品。这款软件还可以帮助亚马逊卖家防止跟卖，可以实时跟踪 8 个站点的“listing”页面，还会以微信方式通知卖家“listing”的跟卖情况。

1. SellerMotor 的特点

（1）简洁易操作的内嵌式界面：在浏览产品列表及“listing”页面时同步抓取、测算数据。

（2）自主研发核心算法模型：运用机器学习原理，根据市场动态不断更新数据，实时监控排名情况与潜力新品。

（3）精准预测销量：SellerMotor 自主研发的智能算法能够精准预测所售产品的实际销售数据，为销售决策提供强有力的支持。

（4）精准计算留评率：规避操作风险，打造安全的“listing”。

（5）产品利润计算器：精准测算回款率及毛利率，估算利润空间，有利于预算管理及采购决策。

（6）关键词搜索趋势：基于 Google Trends 实时数据，不需要翻墙，自动生成关键词搜索趋势。

2. 使用步骤和用途介绍

（1）注册账号：输入网址，显示注册界面，如图 2-28 所示。

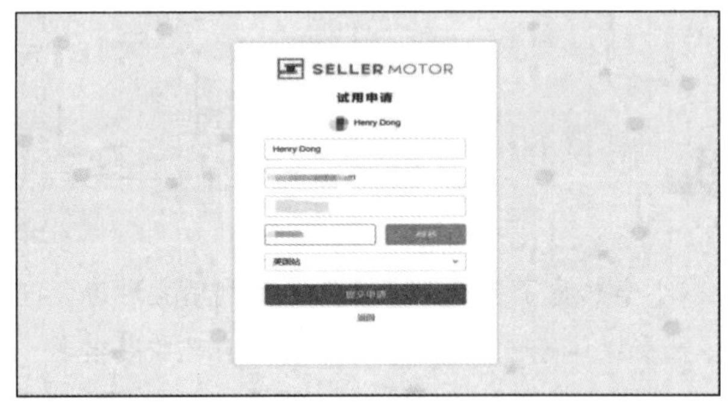

图 2-28

（2）注册完成后，登录该账号，即可进入后台，如图 2-29 所示。

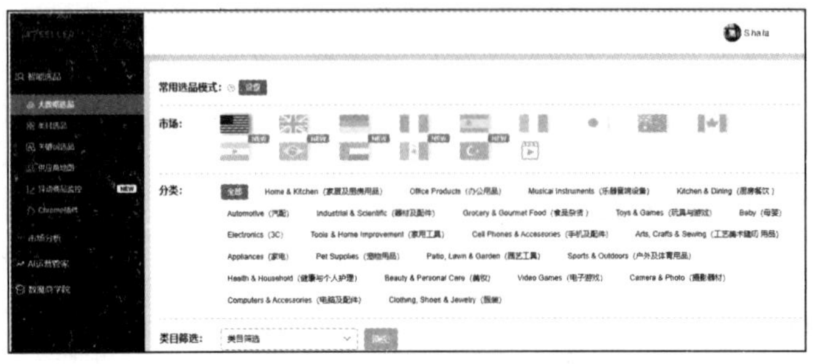

图 2-29

（3）选择一个市场站点和类目，如图 2-30 所示。

市场：

NEW NEW NEW NEW NEW

分类：

全部　Home & Kitchen（家居及厨房用品）　Office Products（办公用品）　Musical Instruments（乐器音响设备）　Kitchen & Dining（厨房餐饮）

Automotive（汽配）　Industrial & Scientific（器材及配件）　Grocery & Gourmet Food（食品杂货）　Toys & Games（玩具与游戏）　Baby（母婴）

Electronics（3C）　Tools & Home Improvement（家用工具）　Cell Phones & Accessories（手机及配件）　Arts, Crafts & Sewing（工艺美术缝纫用品）

Appliances（家电）　Pet Supplies（宠物用品）　Patio, Lawn & Garden（园艺工具）　Sports & Outdoors（户外及体育用品）

Health & Household（健康与个人护理）　Beauty & Personal Care（美妆）　Video Games（电子游戏）　Camera & Photo（摄影器材）

Computers & Accessories（电脑及配件）　Clothing, Shoes & Jewelry（服装）

类目筛选：　类目筛选　清空

Home & Kitchen（家居及厨房用品）

Office Products（办公用品）

图　2-30

（4）自定义选用的指标，然后完成搜索，如图 2-31 所示。

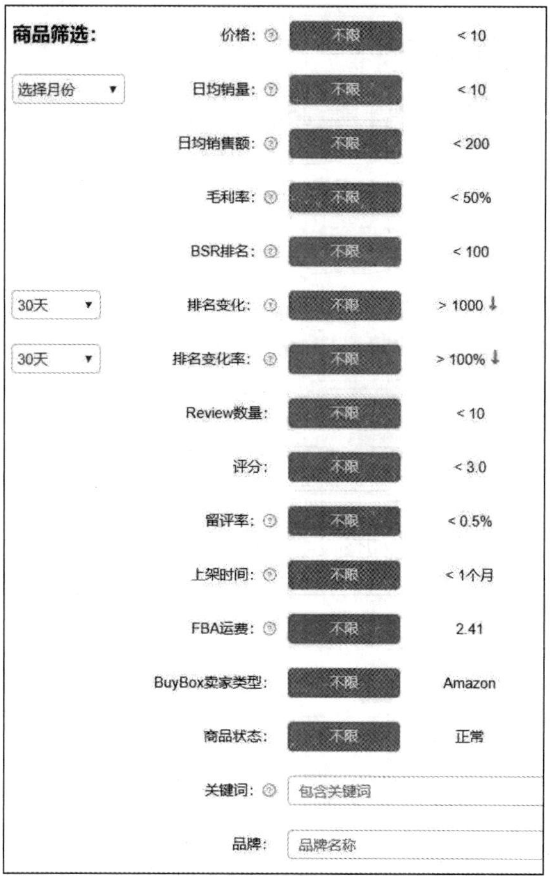

商品筛选：	指标		
	价格：	不限	< 10
选择月份	日均销量：	不限	< 10
	日均销售额：	不限	< 200
	毛利率：	不限	< 50%
	BSR排名：	不限	< 100
30天	排名变化：	不限	> 1000 ↓
30天	排名变化率：	不限	> 100% ↓
	Review数量：	不限	< 10
	评分：	不限	< 3.0
	留评率：	不限	< 0.5%
	上架时间：	不限	< 1个月
	FBA运费：	不限	2.41
	BuyBox卖家类型：	不限	Amazon
	商品状态：	不限	正常
	关键词：	包含关键词	
	品牌：	品牌名称	

图　2-31

（5）获取详细的产品信息，如图 2-32 所示。

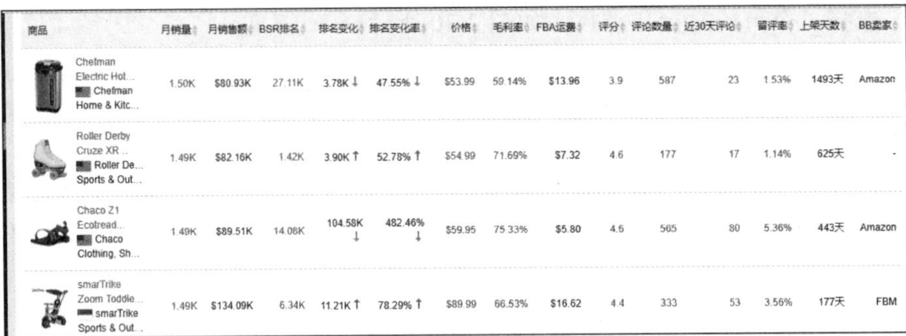

图　2-32

（6）所有产品信息可以自由导出，形成数据透视表，如图 2-33 所示。

图　2-33

（7）根据类目选品，如图 2-34 所示。

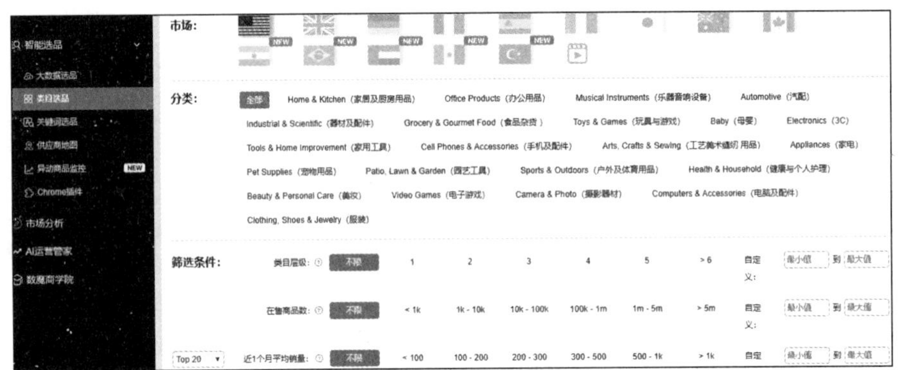

图　2-34

（8）选择类目获取其他数据，如图 2-35 所示。

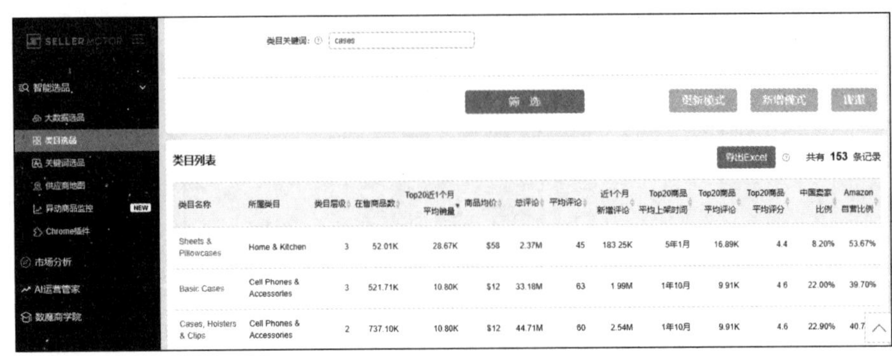

图　2-35

（9）利用关键词选品区块，如图 2-36 所示。

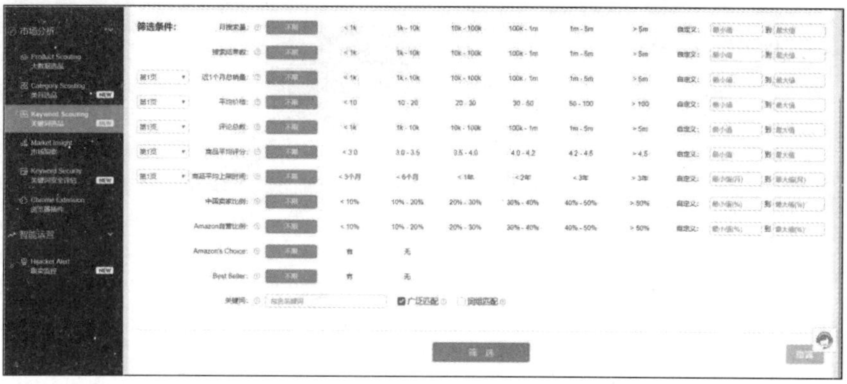

图　2-36

（10）对产品进行市场调查，如图 2-37 所示。

图　2-37

例如，输入关键词 case，可得到该产品的一些市场数据，如市场年龄、近一年月均销量、活跃竞品数量和销售毛利率等，如图 2-38 所示。

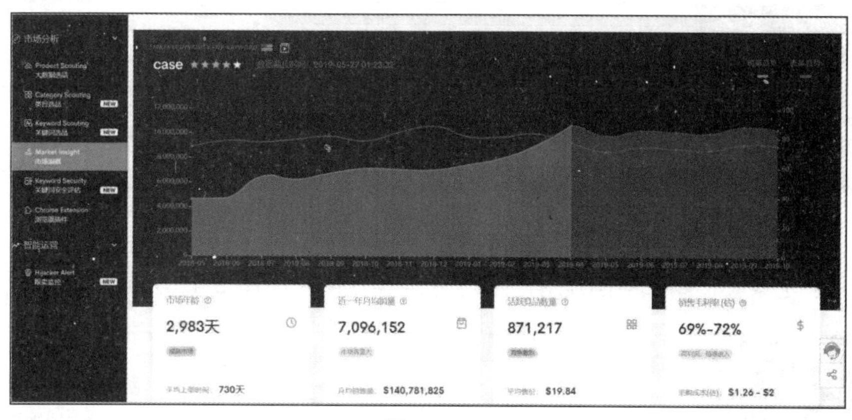

图　2-38

还可以了解类目 Top 10 品牌（见图 2-39）和 top 100 listings（见图 2-40）。

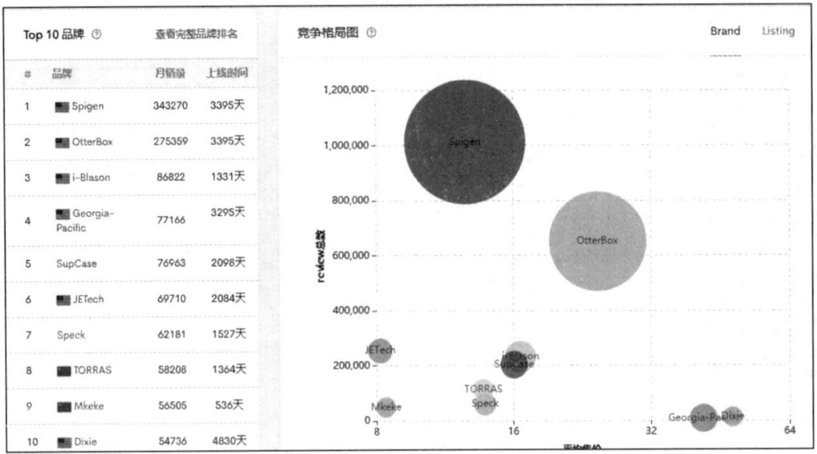

Top 10 品牌　查看完整品牌排名

#	品牌	月销量	上线时间
1	Spigen	343270	3395天
2	OtterBox	275359	3395天
3	i-Blason	86822	1331天
4	Georgia-Pacific	77166	3295天
5	SupCase	76963	2098天
6	JETech	69710	2084天
7	Speck	62181	1527天
8	TORRAS	58208	1364天
9	Mkeke	56505	536天
10	Dixie	54736	4830天

图　2-39

Top 100 Listings　导出Excel

排名	商品	品牌	分类	月销量	价格($)	评论数	评分	上架时间	BB卖家
1	B01LXZDPDR Ailun Screen Protector for iPhone 8 Plus/7 Plus/6s Plus/6 Plus-5.5 Inch 3Pack 2.5D Edge Tempered ...	Ailun	Cell Phon...	32410	7.99	35231	4.3	1273天 2016-10-20	FBA Siania
2	B07W4FMQ5Y Mkeke Compatible with iPhone 11 Case, Clear iPhone 11 Cases Cover for iPhone 11 6.1 Inch	Mkeke	Cell Phon...	26554	9.99	15232	4.8	223天 2019-09-05	FBA Mkeke
3	B01KNVY2FO JETech Screen Protector for Apple iPhone 8 Plus and iPhone 7 Plus, 5.5-Inch, Case Friendly, Temper...	JETech	Cell Phon...	23943	6.99	31372	4.4	1336天 2016-08-18	FBA JE Prod...
4	B001GI94SO Opti-Free Replenish Multi-Purpose Disinfecting Solution with Lens Case, Twin Pack, 10-Ounces Each	Opti-Free	Health & ...	19226	12.48	2009	4.8	2482天 2013-06-29	AMZ Amazon...
5	B07J4W49NG MIULEE Pack of 2, Velvet Soft Soild Decorative Square Throw Pillow Covers Set Cushion Case for Sof...	MIULEE	Home & K...	17233	0.06	8522	4.6	555天 2018-10-08	FBA Miulee ...

图　2-40

（11）对关键词进行评估，如图 2-41 所示。

图　2-41

（12）赶走跟卖，添加 ASIN 对产品进行跟卖监控，如图 2-42 所示。

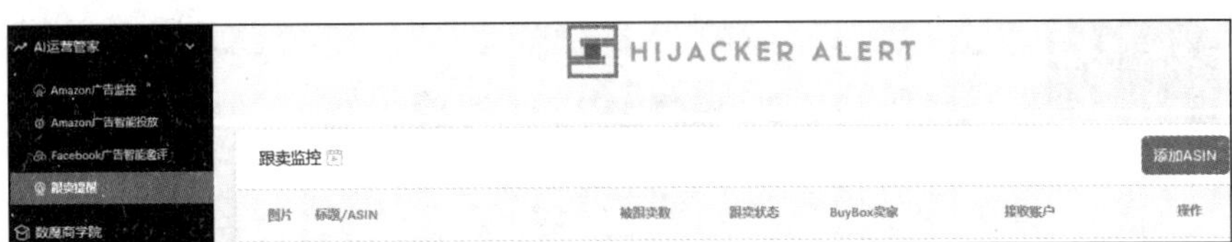

图　2-42

知识点 2：海鹰数据

1. 海鹰数据简介

海鹰数据是深圳友林信息科技有限公司推出的一款数据分析工具，目前主要为 Amazon、Wish 、eBay、shopee 四大跨境电商平台上的卖家提供大数据选品、数据监控、商品搜索等数据分析服务。

海鹰数据在跨境电商卖家中使用广泛的原因有两个：①可以免费使用大部分功能。②几乎所有的操作在不登录的情况下一样可以使用，非常简便。

2. 海鹰数据的使用方法（以 Wish 平台为例）

海鹰数据在 Wish 卖家中广受欢迎，目前海鹰数据抓取的 Wish 平台的数据是所覆盖的平台中最全面、最细化、最具体的。并针对 Wish 数据主要从商品分析和店铺分析这两个维度进行分析，如图 2-43 所示。

图　2-43

（1）商品分析。商品分析栏目下又分热销商品、商品飙升、热销新品、飙升新品、海外仓等栏目，如图 2-44 所示。

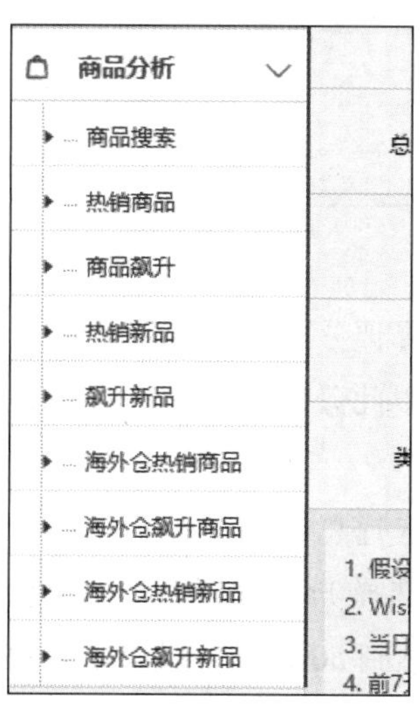

图　2-44

例如，热销商品栏目下，可以设置搜索参数，进而精确搜索自己需要的数据。可以设置的参数有：商品总价范围、商品上架时间 、总销售件数、每日销售件数、30 天新增评论数、是否是海外仓产品、商品是否有 PB、是否有 Wish 认证等，如图 2-45 所示。

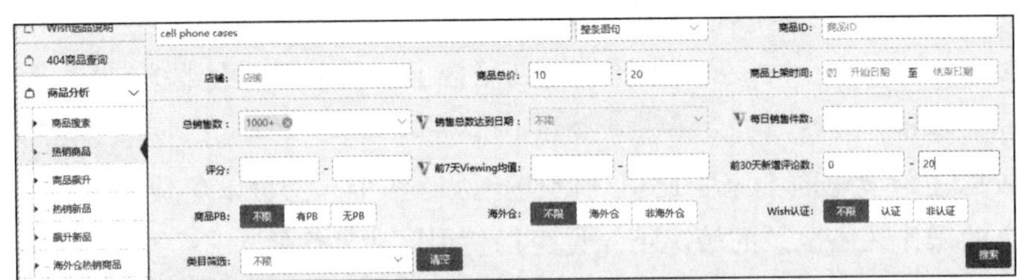

图 2-45

根据搜索结果，就可以很直观地分析所搜索的产品在某个时间段内有哪些卖家上架了这类商品、商品定价多少、时间段内的销量如何、当日和前 7 天 viewingnow 均值、前 30 天新增评论数多少等数据，并且可以直接在线浏览产品和下载数据。

除了热销商品，热销新品和飙升新品同样是两个重要的数据，在选品时不容忽视。

（2）店铺分析。店铺分析页面下包含：店铺搜索、店铺热销、店铺飙升、热销新店、飙升新店五个子类目。店铺分析的维度有：店铺链接、店铺评分、商品总数、销售总数、总评论数、前 7 天 viewing now 数据（均值，增幅）、前 30 天新增评论数、前 60 天新上架商品数、店铺开张时间，如图 2-46 所示。

图 2-46

店铺数据非常全面，可以选择评分高的店铺重点研究，参考目标店铺优化自己的店铺，包括产品图片、文字描述等，并以此分析自有产品的竞争力等。

（3）选品。

1）选择潜力热销品。优先选择总销售件数为 10+、50+ 的商品。例如，挖掘 Fashion 类目的潜力热销品，操作步骤为选择 Fashion 类目——总销售件数为 50+ ——商品在 2019-03-16 至 2019-03-18 总销售件数达到 50 件——搜索后，挑选符合条件的商品进行分析，如图 4-47 所示。

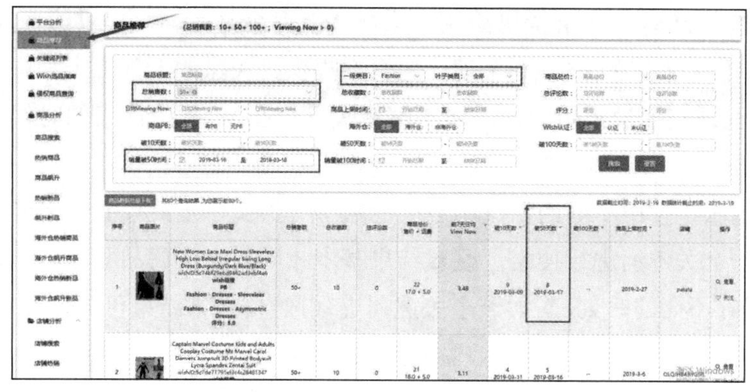

图　2-47

2）观察商品流量。Wish 商品详情页面的 viewing now 和商品的流量具有相关性。它们之间的比例关系大概是 1 ∶ 20 000，不同的类目可能存在差异。商品的 viewing now，每天会断续地、不规则地出现 8 个小时，如图 2-48 所示。

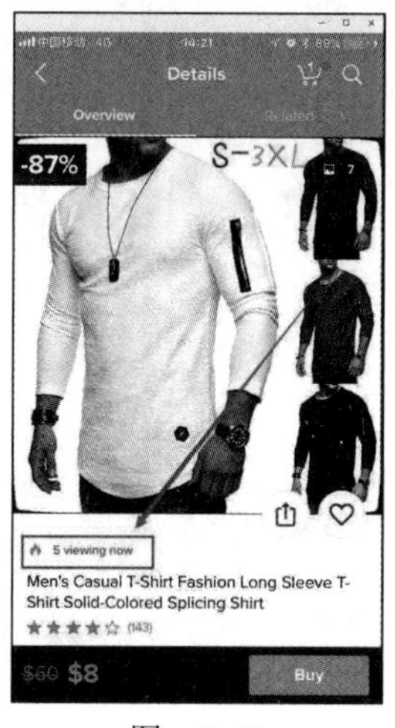

图　2-48

除此之外，还可以利用商品的 viewing now 实时走势图，观察商品的流量变化，如图 2-49 所示。

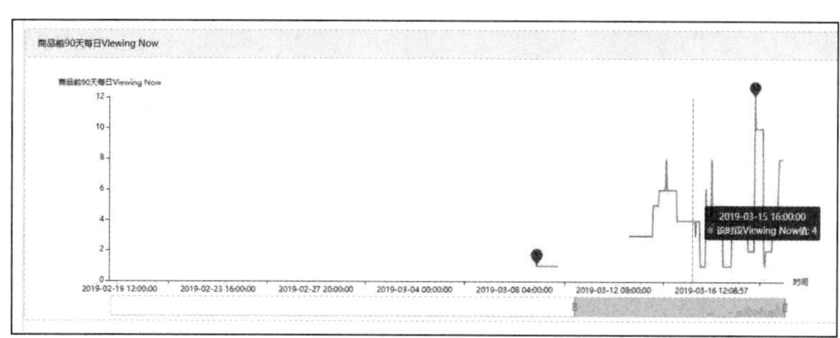

图　2-49

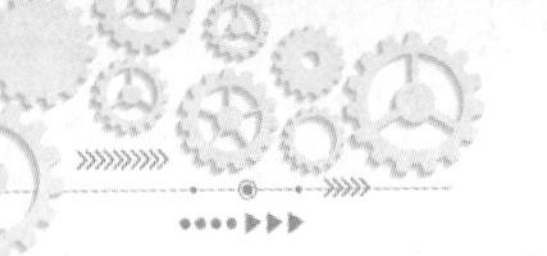

3）选择 PB 关键词。Wish 提供给买家大概 150 万个常用词，提供给商家 65 000 个词协助写 PB。 提供给商家的 65 000 个词，包含在提供给买家的 150 万个词中，所以可以认为这 65 000 个词是买家最常用的词。而买家用关键词在 Wish 中搜索的时候，可以获得广告商品的准确出价。

在不同的国家，使用不同的手机、不同的账号（男女、年龄等），在同一时刻或者相近时刻，对同一个关键词进行搜索，搜索结果基本相同，广告商品和非广告商品的排名也基本相同。但是在不同的时刻，对同一个关键词进行搜索，搜索结果可能会出现较大的差异。

商家在 PD 广告的出价，和商品在关键词搜索中的排名无关。Wish 根据商品在平台中的表现，经常调整商家自己填写的 PD 词。例如，商家为某一个商品写了 PD 词 a，那么在 Wish 中搜索关键词 a，以下 3 种可能都存在：找不到这个商品，这个商品是非广告状态，这个商品是广告状态。

海鹰数据，每天对 65 000 个词进行搜索，统计结果如图 2-50 所示。

商品在以下的关键词中以广告形式出现　一键复制(当前页的关键词)

关键词	可能到达率	最高出价/最低出价	最新出价	关键词排名	更新时间
vestidos de fiesta	25.2419	$0.51 / $0.23	$0.36	7	2019-3-19
wedding dress	24.9208	$0.91 / $0.23	$0.36	133	2019-3-19
prom dress	8.78116	$0.7 / $0.23	$0.36	63	2019-3-19
bridesmaid dress	5.55178	$0.7 / $0.23	$0.36	4	2019-3-19
robe de mariee	4.33827	$1.0 / $0.22	$0.36	213	2019-3-19

图　2-50

4）查看被 Wish 移除的商品。被 Wish 移除的商品的状态是 404。被移除的原因有：侵权、虚假宣传、误导、得分过低等。在选品时需剔除这些商品，如图 2-51 所示。

图　2-51

学习任务5　分析目标市场

任务目标

1. 了解如何分析产品的市场前景及竞争度。
2. 利用市场分析创造新品。
3. 在市场上快速验证自己的产品。

0.5 学时。

企业情景引入

学习了那么多的选品知识，小李很兴奋，感觉自己立马就可以打造出一个热销品，这时经理的一席话让小李冷静了下来。经理告诉他，即使利用各种方法选好了产品，这些产品也不一定就会卖得好，接下来需要做的就是对目标市场进行分析。

知识点1：市场前景及竞争度分析

无论想卖什么，如果该产品已市场饱和，就已经输在了起跑线上。因此，在决定把某产品作为意向产品前，先要分析该产品的市场前景及竞争的激烈程度，具体需要收集以下几点信息。

（1）产品的历史价格水平。通过了解产品的历史价格情况，可以辅助判断其未来价格走势。

（2）产品的销量情况。了解产品在整个市场中每个月大概的销量，了解整个市场的需求情况，可以预估能够获得的市场份额。进一步通过谷歌关键词工具和谷歌趋势去判断

这款产品的市场趋势和市场容量，了解该产品所处的阶段，以做出更好的判断。

（3）产品的销售排名情况。某产品排名越高意味着销售越好，当然也意味着竞争越激烈。

（4）产品的 review 数量。一个销量好、价格高的产品，review 数量越少，竞争越小，机会越大。针对高于 300 个 review 的产品，一般不建议参与竞争。

（5）卖家数量及库存情况。了解竞争对手的数量和实力，考虑是否与其竞争。最简单的统计方法是，在搜索框中直接搜索产品名称，统计这个产品有多少卖家。

由于数据比较多，为了更方便统计，也可以借助工具直接获得以上信息。Keepa、CamelCamelCamel、JungleScout 等，都是国外的软件。它们的中文使用指南有 Keepa 中文爱好者社区（http：//www.keepa.tech），CamelCamelCamel 中文爱好者社区（http：//www.CamelCamelCamel.tech）和 JungleScout 中文指引社区（http：//www.junglescout.tech）等可以获得更多的信息。

在进行对比研究后，如果发现自己的产品在价格、质量和服务方面拥有竞争优势，那么这个产品基本上就是一个不错的产品。

知识点 2：创造新品

由于以上步骤是通过存量市场的情况发掘的产品和市场机会，使用的方法和工具也是很多人知道的，那么长期下来必然会导致产品竞争力变弱。为了解决这一问题，下一步要做的就是把自己发掘的产品进行升级改良，以提高产品的竞争力。

最佳的做法是参考现有产品下面的 Review。通过 Review 发现一些客户抱怨的问题和提出的建议，通过解决和优化这些问题，就可获得一款改良的新产品。

知识点 3：快速验证市场

中国卖家有巨大的货源优势，如阿里、淘宝等，身边还能找到各种工厂。因此，找到某个产品的供应商或者生产厂家并不是问题。快速备一小批货上线，通过第一批产品的销售情况，可以快速知道用户对新产品的接受程度、销售周期和利润水平等，然后再决定是否进行大批量的备货，或者重新选品，或者优化升级产品。

学习任务 6　寻找供应商

任务目标

1. 掌握寻找供应商的两个方法。
2. 为自己选好的产品寻找供应商。

1 学时。

企业情景引入

小李在经理的指导下，终于选好了一款产品，准备上架销售。这时经理告诉他，现在还不能急着把商品上架，上架之前先得寻找货源、找好供应商。因为供应链也是产品销售重要的环节，如果供应链出现问题，对于产品销售来说是致命的打击。

知识点 1：寻找线下供应商

供应商是做跨境电商成功路上重要的一环。试想，产品一旦开始热销，如果出现供货不及时或者质量不稳定的问题，后果不堪设想，一个不小心可能就会被打回原点。

寻找货源一般分线上线下两种方式，但不管是何种方式，最优的途径就是直接跟厂家建立联系，拿到一手货源，避免徒增成本。可根据产品聚集的地区，从当地的专业批发市场进货，这样成本较低，货源也比较稳定。例如，福建莆田市是鞋类相关产品比较集中的地方，靠近莆田的卖家经营鞋类产品就能简单、方便地找到好的货源。

另外，还可以加入一些比较靠谱的行业信息群，了解最新信息的同时掌握一手货源。当然，外行寻找线下资源极其困难，效率也会很低，这时可以依靠强大的互联网。

知识点 2：寻找线上供应商

线上是跨境电商卖家尤其是新手卖家获取货源最方便、最直接的方式，通过网络寻找货源的效率非常高，先从网上获取信息后，再考察一番，就能轻松地找到供应商。

以下提供 3 个最常用的货源渠道网站，更多的货源渠道网站可扫描二维码查看。

1. 1688

1688 网站上品类全、商家多、信息展示全面，几乎全部产品都支持一件代发，给刚入行的新手卖家省去了囤货的风险，目前很多跨境电商卖家的货源地都是 1688。1688 上有厂家，也有货源分销商，厂家的价格更低，但是很多专业一点的分销商在选品和品控上做得更好。

网址：http：//www.1688.com。

2. 义乌购

义乌小商品市场线上平台，覆盖义乌国际商贸城一区至五区、篁园服装市场、义乌国际生产资料市场、义乌进口商品城等 7.5 万个商位、350 万种商品，线上线下相对应。

网址：http：//www.yiwugo.com。

3. 中国制造网

国内综合的 B2B 电子商务平台，覆盖全行业品类：工业品、原材料、家居百货和商务服务等。为供应商提供免费搭建企业展厅、免费发布产品、移动营销及深度推广服务，帮助供应商获取商机。为采购商提供采购寻源、采供协同、采购管理、在线交易、供应链金融等服务，帮助企业提升采购效率、降低采购成本。

网址：https：//cn.made-in-china.com。

更多线上供应商，请扫描右侧二维码。

知识点 3：分销平台

分销平台是跨境电商卖家，尤其是新手卖家不错的选择。卖家出单后，其他的事情都会交给分销平台处理，省时、省力、省心。大部分分销平台都支持一件代发，下面介绍 3 个不错的、常用的分销平台，更多的分销平台可扫描二维码查看。

1. 冠通分销平台

冠通分销平台是深圳前海冠通网络有限公司旗下专门做海外仓货源一件代发的分销平台，是国内独家全部海外仓现货分销平台。创始团队成员在 2007 年便进入跨境行业，2012 年开展海外仓分销业务，2018 年上线冠通分销平台网站，应该说是跨境行业的先行者，对跨境分销行业的痛点把握比较精准。

主营品类：家居园艺、户外、宠物用品、健康美容等。

发货仓库：美国新泽西海外仓、加州海外仓。

物流时效：24h 出库、2 ～ 8 个自然日妥投。

售后服务：长达 3 个月的售后服务期，售后比率小于 2%。

售后险：免费。

是否支持无理由退货：支持。

客服联系方式：电话、QQ、微信、邮件等。

会员服务费：免费。

订单处理费：免费。

注册是否要求身份证：否。

点评：冠通分销平台虽然在 2018 年 6 月上线，但凭借着超过 5 000 的优质海外仓货源，迅速积累了一大批分销商；平台上的商品都是海外仓一件代发，24h 出物流单号，2 ～ 8 个自然日妥投，时效也能满足各大电商平台对海外仓流量扶持的要求。针对家具等大件商品，冠通也能一件代发，比较完美地契合了北美市场日益增长的家具用品需求，也是其亮点之一。另外，冠通在业内一直践行“供应链服务商一体解决方案”，也为其带来了不错的口碑。

2. GET 货源分销平台

GET 全球电商分销系统，是中国支付通集团附属子公司——广州诚佰忆贸易有限公司创建的供应链品牌，是供应商和商户之间实现线上、线下贸易和拓展海外市场的重要服务平台和业绩增长支撑点。其核心内容贯穿了跨境电商供应链的各个关键环节，通过市场调研、供应链筛选、产品策略、订单管理、仓储统筹及分销代发等服务，将中国制造的优质产品推向全球，为广大供应商和商户在跨境电子商务领域的长远发展提供了积极助力。

主营品类：家居装饰、宠物用品、电工用品等。

发货仓库：中国本土直邮和美国海外仓。

物流时效：美国海外仓和国内直邮物流，网站并未体现时效天数。

售后服务：售后服务期是 14 天，产品外包装破损，买家一旦签收，分销商需要承担该订单破损的责任。

是否支持无理由退货：不支持。

客服联系方式：在线 QQ 客服。

会员服务费：无。

注册是否要身份证：否。

点评：注册为 GET 的会员是免费的，在线注册成功后，需要 1 ～ 2 个工作日完成审核。审核之后才能查看商品价格并下载资料，相对冠通、环球华品等其他分销平台，准入门槛较高，且后台功能有限，易用性没那么强。注册为 GET 的会员后，会根据会员所提供的资料分为个人会员和企业会员，并可根据权限下载相应数量的产品资料，整站的 SKU 数较少，可选品类不多，与账号权限有很大的关系。

3. 环球华品

环球华品为上市公司环球易购旗下的分销平台，是为跨境电商卖家提供海量优质外贸货源的分销平台，专业的产品描述及图片；亚马逊、速卖通、eBay、Wish、lazada 等多平台对接，支持一键刊登，一件代发至全球；实现零成本、无库存、低风险跨境出口分销服务。

主营品类：手机和平板的配件、消费电子、服饰箱包等。

发货仓库：以国内仓库为主，也有海外仓库。

物流时效：1 ～ 25 个工作日不等。

售后服务：使用平邮和平台专用线上物流发货的，若有丢包等问题，售后不处理。售后服务期非 3C 类是 15 天，3C 类是 30 天。

售后险：订单总金额的 2% 。

是否支持无理由退货： 不支持 。

客服联系方式：在线客服等。

会员服务费：免费。

订单处理费：免费。

注册是否要求身份证：否。

点评：环球华品是老牌分销平台，也是目前品类最全、SKU 最多的分销平台，网站界面展示量化、网站功能较多，且发货仓库众多。其主要以国内仓为主，海外仓占比比较低。其核心货源为 3C 类产品，其余品类货源质量相对弱势，其也做自营电商站点，分销价格相对较高，利润空间有限。加上目前平台上比较多的商品还是国内仓发货，时效上会受限；其平台用户众多，业务经理能做到一对一服务的有限。

更多分销平台，请扫描右侧二维码。

成功故事分享

选择产品是核心，产品质量是重点

看了论坛里的很多成长故事，大部分人都是半路出家开始 DHgate 平台的外贸旅程的，却做得有声有色，这真的让我有些羞愧。

我是一个纯外贸人（其实也就是个小小的外贸业务员）。2012 年国际贸易专业的大学生（高中学的理科，不知道自己怎么选的这个专业），对于我们这个专业毕业的大学生来说，没有工作经历找工作真的是很难。对于一个刚毕业的小女生来说，真的不知道自己能做什么，唯有一个英语六级证书可以让我坚持我自己的专业。毕业之后一直辗转在外贸的行业内一年多，做过单证员也做过外贸业务员，却从未真正接触到外贸业务。2013 年 8 月，我终于回老家了（相信很多人跟我一样），没想到的是去了一个做假发的外贸工厂工作，从此，我的 DHgate 平台旅程开始了……

这是第一次接触到外贸网站，首要任务是学习！

学习产品知识：产品的种类和规格、主要销往国家（对于假发自然是美国和一些欧洲国家）、如何销售等，对产品的认知是通向成功的大门。

学习网站操作：基于公司有老业务员，所以自然成为我们的培训老师，教我们如何上传产品，撰写产品名称、关键词、价格设置、运费模板、产品描述、产品修图等一系列的过程。上传产品是成败的关键，真的需要仔细进行研究。

接下来就要靠自己了。修图片、上传产品，很枯燥乏味的工作，但是先苦后甜嘛，一周之后出单啦。接着店铺慢慢步入正轨，基本上每天都有订单，但好景不长，问题出现了。越来越多的客户反映产品质量有问题，差评纠纷已阻止不了。原来我们做的是 50g 的产品，客户想当然地认为是 100g，肯定会不满意。因此，工厂开始提高产品的质量和幅度，价格也随之变动，店铺状况已经跌入低谷，于是又要从头开始，上传更多的新产品，希望扭转现在的情况。事实证明：选择产品是核心，产品质量是重点。

产品的正确选择决定发展方向，而产品质量的稳定是企业赖以生存和发展的基本要求，一旦产品出现问题，店铺严重受损，真的很难东山再起。

后来，通过不懈的努力，重新上传新产品，店铺有了一点起色，接着公司办了骆驼礼包，一定程度上提高了产品的曝光量，又开始看到一丝希望。现在只要有一丁点儿的希望可以让产品曝光，我都不会错过，流量快车、黄金展位、平台活动、Google 推广、广告等，只要有机会曝光，就会有机会出单。有一次参加 daily deal 平台活动，真的收获了一个客户，一次买了 10 包，而且还是个 VIP，这是我第一次碰到真正意义上的小型批发商，所以发货时更加仔细，而且送了一个小礼物给她。虽然没有跟她沟通很多，但是由于对产品满意，一大早又看到了她的返单。之后又有多次订单，可是突然收到客户留言说发错了货，我当时就蒙了，跟她解释了好久她也听不进去，最终补发了一些货。不久，客户又下了一次单，以为就此平息了，但谁知道那之后客户就再也没有消息了……事实证明：客户来之不易，维护客户很必要。

客户是善变的，而卖家竞争如此激烈，一旦客户有一点不满意，他会立马找到新的供应商。

虽然我的店铺只是个 P 级商户，算不上成功，但这些都是我在奔向成功路上的亲身体会，仅在此分享一下。我的目标是成为T级商户，希望很快可以实现。外贸之路虽然心酸，但有志者事竟成，相信努力一定会收获成功。

资料来源：https：//seller.dhgate.com/story/c_41248.html，有删改。

一、选择题

1. 利用 DHgate 平台卖家页面进行选品的方法有（　　）。

A. 浏览卖家页面的行业动态　　B. 利用卖家页面 bestselling 选品

C. 浏览卖家页面的行业分析　　D. 从卖家页面的产品类目选品

2. SellerMotor 的特点有（　　）。

A. 简洁易操作的内嵌式界面　　B. 自主研发核心算法模型

C. 精准预测销量　　D. 精准计算留评率

3. 在进行市场前景及竞争度分析的时候，应该考虑（　　）。

A. 产品的历史价格水平　　B. 产品的销量情况

C. 产品的销售排名情况　　D. 产品的 review 数量

4. 关于选择供应商，下面（　　）是可行的。

A. 去当地的专业批发市场进货　　B. 去商场问

C. 利用 1688 网站寻找供应商　　D. 利用分销平台寻找供应商

5. 创造新品最佳的做法是（　　）。

A. 参考现有产品下面的 review，通过 review 发现一些客户抱怨的问题和提出的建议，然后把这些问题进行解决和优化之后，就可获得一款新的产品

B. 去淘宝搜素哪些产品比较新奇

C. 咨询国外的朋友

D. 去同行的店铺学习

二、简答题

1. 什么样的产品适合在 DHgate 平台上销售？

2. DHgate 平台的站内选品方式有哪些？

3. DHgate 平台的站外选品方式有哪些？

4. 综合考虑比较适合新手卖家的分销平台是哪个？为什么？

5. 什么是红海？什么是蓝海？

三、案例题

阅读以下案例，试着从选品的角度分析 Figs 公司获得成功的原因。

一个由 2 位女性创业者于 2013 年在美国洛杉矶成立的电商服装公司，在 5 年的时间内，

GMV 增速高达 9938%，2018 年的营收已经超过了 1 亿美元。

这家公司的全称为 Figs（wearfigs.com），与其他服装行业的大规模铺货方针不同的是，Figs 选择专注于一个非常细分的领域：医疗机构里医生和护士穿的医护服或者叫手术服，其对应的英文单词为 medical scrubs。Figs 并没有将眼光仅仅停留在 $10/ 件的传统医护服上，它自己创造了一个之前几乎没有人尝试过的，售价超过 $38 的高端医护服领域。

这是一个此前无人进入的领域，Figs 作为第一个吃螃蟹的人，最开始受到了很多的嘲讽和冷待，曾有一位服装行业的大卖家公开表示："我欣赏这两位女性的坚定与决心，但我为她们不明智的选择而感到悲哀。"这些消极的言论并没有打消两位创始人的热情，她们始终坚持自己的选择，并最终用成绩给了那些人狠狠的一巴掌。

四、实训题

用所学的选品方法选出 5 个您感兴趣的商品。

熟悉 DHgate 平台选品技巧考核评价表

序号	评价内容	得分 / 分			综合得分 / 分
		自评	组评	师评	
1	对选品知识的了解程度				
2	对各种选品方法的了解程度				
3	对如何分析目标市场的了解程度				
4	对寻找供应商的方法的了解程度				
合　计					

注 综合得分 = 自评 ×30%+ 组评 ×30%+ 师评 ×40%。

学习项目 2　总结与评价

建议学时

1 学时。（用来总结本学习项目各任务的学习、总结等情况。）

总结与评价过程

一、汇报总结

序号	汇　报　人	值得学习的地方	有待改进的地方
1			
2			
3			
4			
5			
6			

二、综合评价

1. 专业能力评价

序　　号	项 目 名 称	得　　分
1	学习任务 1	
2	学习任务 2	
3	学习任务 3	
4	学习任务 4	
5	学习任务 5	
6	学习任务 6	
综 合 得 分		

注 综合得分为本学习项目中各学习任务得分的平均值。

2. 职业素养能力评价

序号	评 价 内 容	评 价 标 准	得分 / 分			综合得分 / 分
			自评	组评	师评	
1	平台的熟悉度	能否利用 DHgate 平台卖家页面进行选品				
		能否利用 DHgate 平台买家页面进行选品				
2	平台实操能力	能否熟练利用其他渠道进行选品				
		能否熟练利用选品工具进行选品				

续表

序号	评价内容	评价标准	得分 / 分			综合得分 / 分
			自评	组评	师评	
3	学习态度	上课能否认真听讲，勤于思考，独立钻研				
		课后能否认真完成老师布置的各项任务				
4	团队合作能力	能否积极配合团队其他成员				
		能否对团队做出积极的贡献				
5	能力拓展	能否综合利用各种选品方法、选品工具以及市场分析创造新品				
综合得分						

3. 综合得分

学习项目 1 综合得分 = 专业能力评价得分 ×60%+ 职业素养能力评价得分 ×40%+ 创新素养能力评价得分。

注：创新素养能力是指学生在学习的过程中提出的具有创新性、可行性的建议的能力；创新素养能力评价得分，满分 10 分（由老师根据表现评定），为加分项。

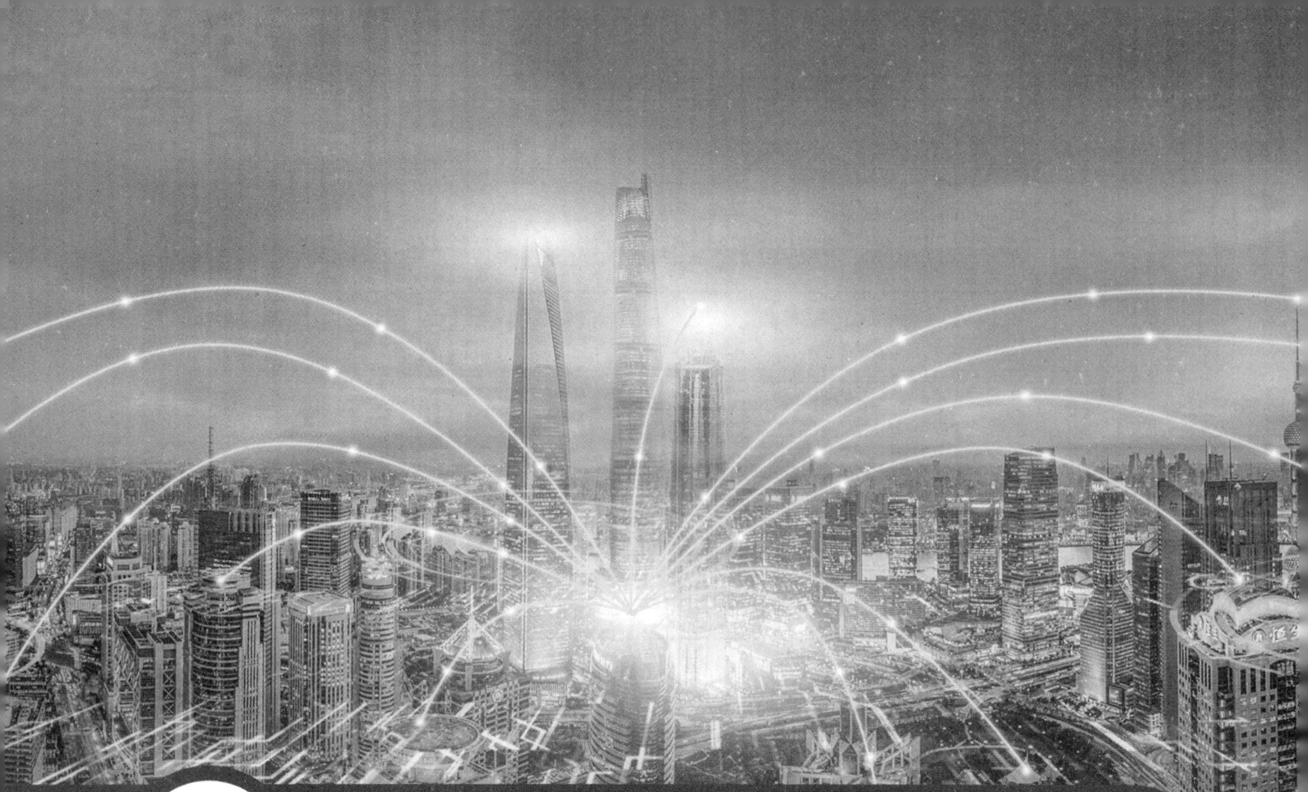

3 学习项目 3 掌握 DHgate 平台产品发布技巧

项目目标

1. 了解 DHgate 平台的产品发布规则。
2. 掌握如何撰写产品标题、产品关键词和产品描述。
3. 了解如何对一款产品进行定价。
4. 熟悉如何拍摄合适的产品图片。
5. 熟悉如何选择产品的包装设计。
6. 能够在 DHgate 平台上熟练发布一款产品。

建议学时

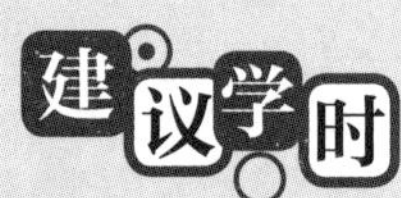

8 学时。

学习任务1 填写产品基本信息

任务目标

1. 掌握如何撰写产品标题。
2. 了解如何选择、确定关键词。
3. 熟悉如何填写产品的基本属性。
4. 了解如何填写产品规格。

2 学时。

来到公司快一个月了，小李学到的知识越来越多。在经理的指导和帮助下，小李已经选好了几个跨境电商的产品，也找好了供应商。经理对小李说，万事俱备，现在可以将产品上架了，第一步要做的就是填写产品的基本信息。

知识点1：产品类目

产品是由文字和图片组成的，详细的文字描述和清晰的图片可以更多地吸引买家的眼球。上传产品时需要填写产品名称、产品简短描述、产品属性值、产品信息描述、产品销售信息、我的服务承诺、其他信息。登录到“我的 DHgate—产品—添加新产品”页面，如图 3-1 所示。

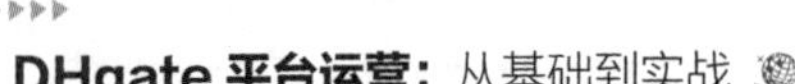

图 3-1

单击“添加新产品”，跳转到选择类目页面，如图 3-2 所示。下面以“梳子”为例详细讲解产品上传的操作流程。

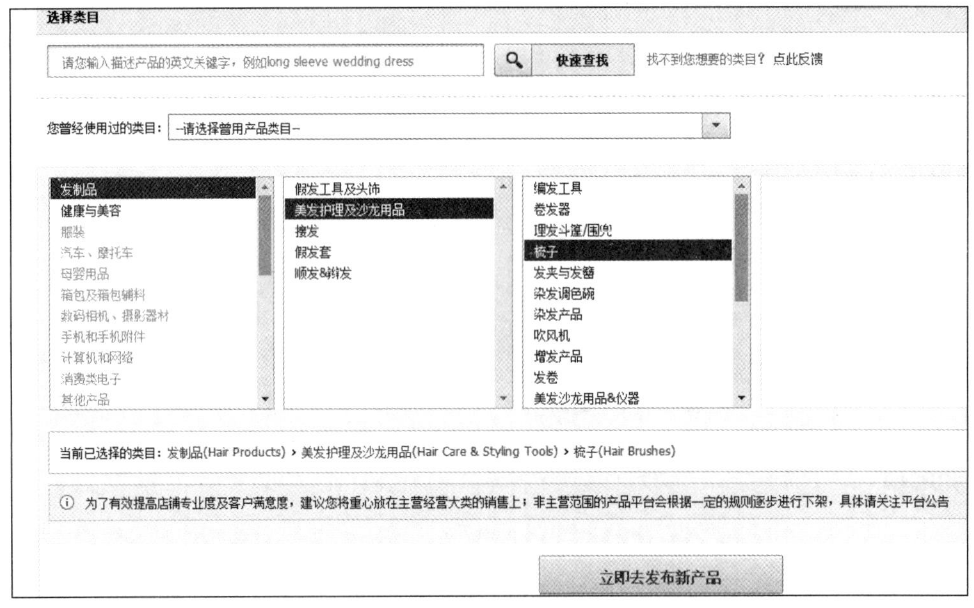

图 3-2

产品类目的选择直接影响产品的排名，在排名中起着很重要的作用。选择正确的类目，可以使得产品有着最高的分配权重，得到最好的排名。不要贪图类目多，这样店铺反而会受其累，得不偿失。如果产品的类目选错，买家不但搜不到该产品，而且该产品还可能会被平台下架。

产品类目选好了之后，单击“立即去发布新产品”按钮即可发布新品。

知识点 2：产品标题

发布新产品的第一步是撰写产品标题。一个好的产品标题能实现最大化地为产品引流的目的，以提高曝光量和订单量。产品标题要简短，为客户提供足够的信息，以确定产品是什么。产品标题要清楚、完整、形象，最多可输入 140 个字符，如图 3-3 所示。

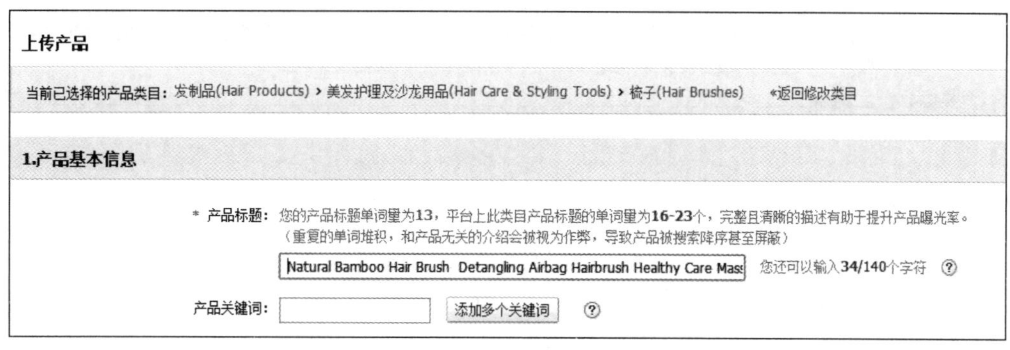

图　3-3

1. 如何撰写产品标题

DHgate 平台产品标题是为匹配关键词搜索的，是产品曝光率的关键。产品标题可以包括产品的基本功能、特点、性能等，如风格 + 颜色 + 款式 + 配饰 + 布料 + 促销信息 + 打包方式 + 是否支持代发货等信息。为了让上传的产品顺利通过审核，建议不要堆砌关键词。

好的标题应该具备以下几种元素：

（1）商标（Trademark）。

（2）核心关键词（Core Keywords）。准确的产品关键词可以让买家更精准地搜索到这个产品。核心关键词要能够体现出产品所要表达的主题，一般是 1~3 个单词构成的一个词或词组，产品描述将围绕这个关键词展开，名词居多。

（3）产品特质（Product Characteristics）。产品特质包含功率、规格、材质等。材质应当结合买家习惯和热搜词设置，特别是当产品针对某个国家或者自己店铺的产品的主要目标市场是某个地区的时候，材质描述所选用的词就非常重要，不同地区的人说法会不一样，如果能够契合目标地区的说法进行设置，一方面可以提高产品在被搜索时的排名，另一方面，目标买家会觉得这个产品特别符合自己的需求，从而加快下单的速度。

（4）产品卖点（Scope of Application）。产品卖点多用形容词描述产品属性，可以引入长尾词。详情页面上的非目标关键词，也可以带来搜索流量的关键词，称为长尾关键词。长尾关键词的特征是比较长，往往由 4~6 个词组成，甚至是短语，存在于页面内容中，在页面中起到辅助关键词的效果。

（5）遵守英文书写规范。游戏机配件的书写格式为 ### For ###，如 Adapter for Wii，而不是 wii Adapter，如图 3-4、图 3-5 所示。

图 3-4

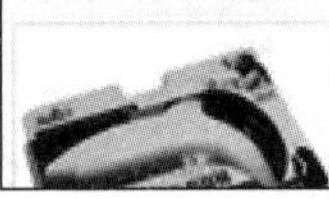

图 3-5

2. 注意事项

（1）Wholesale 是系统生成的，不需要填写到标题上。

（2）在基础信息中可以选填打包方式，不需要填写到标题上。

（3）Free Shipping 不需要写在标题上。

（4）标题中不得出现店铺信息，如电话、地址及电子邮件等。

（5）非品牌产品不得出现品牌名称。

（6）产品标题要保证阅读通顺。

（7）标题中相同的关键词最多可出现 3 次。

（8）标题中禁止更改年份词，如将标题中的过往年份词更改到当前年份。

（9）标题中应减少无效信息、避免出现主观形容词，如 Free Shipping、New Arrival、Hot Sale、Promotion、Great、Awesome、Good Quality。

（10）标题不要全部大写，首字母大写即可。

（11）标题中不要出现拼写错误。

（12）标题中的数字用阿拉伯数字，如写“5”，不写“Five”。

（13）标题中禁止出现店铺信息，如电话、地址及电子邮件等。

（14）标题中禁止使用“Top Rated Seller”“Top Seller”“Trusted Seller”等容易引起误导的信息。如果是 DHgate 平台的优质卖家，在产品页面系统中会显示卖家评级。

（15）标题中禁止使用混乱或不清楚的名称。

（16）禁止在标题中堆砌关键词，或使用和发布与产品无关的关键词。

（17）尽量不要包含“WOW”或者“Look”，买家不会搜索这些字眼。

3. 产品标题示例

（1）品牌 + 产品型号 + 型号名称 + 产品类型，颜色。

例如：KitchenAid KSM150PSER Artisan 5-Quart Mixer，Empire Red。

（2）品牌 + 种类 / 款式 + 线数 + 材料 + 尺寸 + 产品类型，颜色。

例如：Wamsutta Luxury 400-Thread-Count Sateen Queen Sheet Set，Halo。

知识点 3：产品关键词

搜索引擎，尤其是 Google，是跨境电商网站导入流量最为重要的入口。提升网站来自搜索引擎的自然搜索流量，是搜索引擎优化的根本目标。而选择合理的关键词则是提升搜索引擎自然搜索流量的前提。

1. 选择产品关键词的原则

（1）选择与主营的产品或服务高度相关的关键词。关键词的相关性对该关键词的排名影响很大，高度相关的关键词更容易在搜索引擎中获得较好的排名。对于跨境电商来说，通常可选择主营的产品或服务作为核心关键词，如售卖婚纱的卖家可以选择“Wedding Dress”作为核心关键词。

再举个例子，西门子的产品线非常多，如果一个西门子的手机数码产品的代理商，选择“Siemens”作为其电商网站的核心关键词就是不合适的，这种情况下，通常会选择“品牌词 + 产品”作为核心关键词。

（2）搜索量大、竞争小的词是最为理想的关键词。在满足关键词与主营产品相关性的前提下，如果发现搜索量大、竞争小的关键词，毫无疑问是最理想的关键词。不过，搜索量大的关键词通常也是竞争激烈的关键词。但是通过细致的关键词挖掘和扩展，还是可以找到搜索量相对较大，竞争相对低一些的关键词。

（3）不选择太宽泛、太特殊的词作为核心关键词。以留学行业为例，“Study Abroad”是行业性质的大词，比较宽泛，如果有一家做留学业务的网站，主要做美国、加拿大这两个国家的留学业务，那么选择“Study Abroad”作为核心关键词就过于宽泛了。

再如“Led Bulbs”，如果想让一个店铺“Led Bulbs”的搜索链接能够在 Google 中排名靠前，那几乎是不可能的。因为“Led Bulbs”在 Google 中的搜索量集太大，在竞争度很高的情况下，小店铺设置大的、笼统的关键词是没有意义的。

在关键词的选取上，通常最宽泛的关键词的转化率是最低的，比如“Picture”这个词的商业转化率肯定会低于“PSD Picture”这个词。通常来说，不选择太特殊的长尾词作为核心关键词。

何为长尾词？即三个或三个以上的关键词。用长尾词搜索的人群一般搜索目的明确，一旦找到自己想寻找的产品转化率也高。长尾词通常能精准定义一个产品，避开概念笼统的大词，把合适的产品推给精准的搜索人群。卖家可以利用 Google Adwords 搜索那些竞争度不高、精确搜索量在几十至几百的词，且该词在店铺里的搜索结果是有竞争力的产品。

（4）选择转化率高的关键词作为核心关键词。对于跨境电商来说，提升高转化率的流量是目的，因此，在选择关键词时，也要围绕这个目的进行选择。例如，卖家主营的产品是笔记本电脑，那么“笔记本电脑维修”这个词的转化率就不如“笔记本电脑价格”。

（5）不要选择搜索结果很少的关键词。关键词推荐产品（新品）搜索出来的结果一

般要大于 20 个（一页产品）才推荐，因为 SEO 只抓取第一页，从第二页开始的链接格式都无法抓取。如果产品太少、页面相关词少的话就不利于 Google 抓取。

（6）不要用单个词或者是数字词作为关键词，因为这种词搜索集太大，在 Google 上做排名是很困难的。

（7）在 Adwords 里面看选取的词根本没有外部需求量，这样的词不宜选为关键词。

总之，关键词的选择是提升跨境电商自然搜索流量的第一步，也是最为重要的一步。关键词的选择贯穿跨境电商运营的始终。关键词所发挥的效果不是立竿见影的，是需要一段时间的积累才会发现的，但是也是花费最少且效果最稳定、转化率最好的。只有选择正确的关键词才能为店铺带来更多高质量的自然搜索流量，为店铺带来更多的有效客户。

2. 选择确定产品关键词的方法

关键词一般由宽泛关键词和精准关键词两部分组成。宽泛关键词是指每个行业的类别性的词，如服装行业的宽泛关键词就是“女士服装”“男士服装”这类词；精准关键词指的是每个产品特有的属性词，与产品相关度匹配的词语，如某款式、某面料、某颜色的服装。

在设置关键词时可以从产品的特征、属性、用途、卖点这几个维度进行考虑，填写产品关键词的时候重点放在精准词上，即产品名称中应包含 70% 的精准关键词，另外 30% 可以为宽泛关键词。选择关键词的方法有以下几种。

（1）通过产品类目寻找关键词。在平台的买家首页，在左边的产品类目里，单击自己售卖的产品类目，如“Hair Brushes”，就会看到在最左边，系统有列举一些有关梳子的产品属性词。这些词在设置产品关键字时都可以用来参考，如图 3-6 所示。

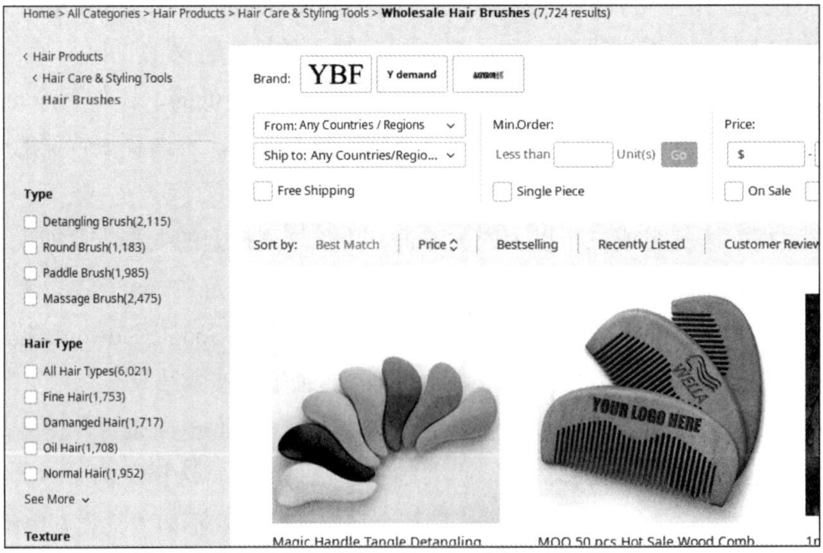

图 3-6

（2）通过主关键词的关联词寻找关键词。去平台的买家首页，在搜索框中输入自己售卖的产品，如“Hair Brush”，会看到搜索框会下拉出很多关联词。在设置产品关键字时可以参考这些关联词，如图 3-7 所示。

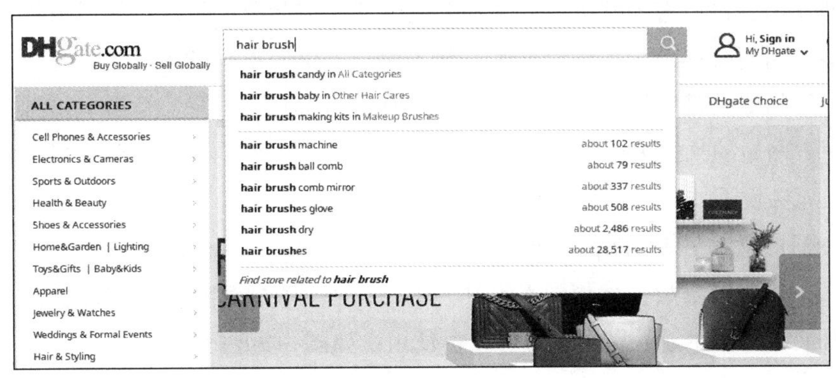

图　3-7

（3）通过相关搜索选择关键词。通过关键词搜索进入产品列表页，页面会显示 Related Searches，这里面展示的关键词就是与这个产品相关的搜索最多的关键词，如图 3-8 所示。

图　3-8

（4）借鉴同行超级卖家。在进行产品研究时，卖家可能已经了解了一些基本的关键词，这时可以先将这些词列出来。然后，访问主要竞争对手的产品 listing，查其产品标题和产品描述，了解竞争对手使用了哪些主要关键字，在确定关键词的时候可以借鉴这些关键词。

（5）借助关键词查询工具。

1）产品趋势查询工具（https：//trends.google.com/）。谷歌趋势（Google Trends）是谷歌公司发布的一款基于搜索日志分析的应用产品，其产品通过分析谷歌数据库中的搜索结果，告诉用户某一搜索关键词在 Google 中被搜索到的频率和相关统计数据。在 Google Trends 中的每一个关键词的趋势记录图形的显示，分为搜索量和新闻引用量两部分，用户可直观地看到每一个关键字在 Google 全球的搜索量和相关新闻引用情况的变化走势，并有

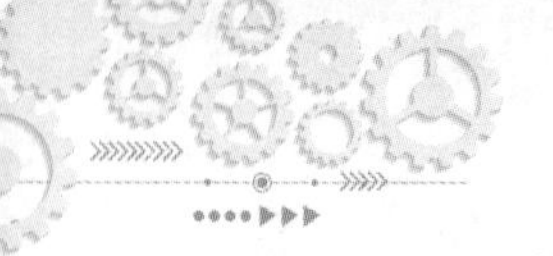

详细的城市、国家 / 地区、语言柱状图显示。可以查询产品关键词的海外搜索量排序，产品在不同地区的热度分布及趋势。

2）产品关键词查询工具（https：//adwords.google.com/）。Google Adwords 关键词工具可以帮助使用者自己选择关键词并跟踪关键词的排名效果。可以根据用户指定的关键词自动生成最常用同义词及相关词组列表，并为用户提供关键词的单击量估算。流量估算工具还可以估算指定关键词的全球每月搜索量以及本地每月搜索量，适合于挖掘信息量很大的垂直型门户网站的长尾关键词。对于新建的网站来说很有用，可以用来分析目标关键词，可以查找长尾关键词，如果要做竞价，可以查到价格。

3）关键词搜索工具（https：//www.wordtracker.com/）。Wordtracker 是一款可以媲美 Google Adwords 的网页版关键词搜索工具。用户只需要在关键词搜索界面输入某个关键词就可以获得最新的信息，而且用户可以免费使用，如图 3-9 所示。

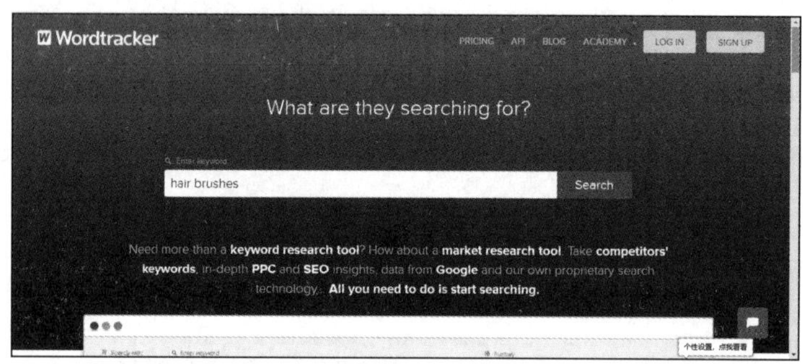

图 3-9

Wordtracker 的专有数据和工具集意味着用户可以为每个搜索以及相关关键词获得 10 000 个关键词，因此可以利用这些关键词更有效地优化自己的产品页面，以超越竞争对手。例如，在关键词搜索框中输入“Hair Brushes”，单击“search”就会得到 622 个与“Hair Brushes”相关的关键词，如图 3-10 所示。

Suggestions: hair blade, fuzz blade, beard brushes, lampblack, kolinsky, tussock, baas, fibre, dermabrasion, basa, bristle, foxtail, curling

50 of 622 keywords for 'hair brushes'

572 more keywords available...

PPC SEO SAVE EXPORT REMOVE...

+ Volume... + PPC Competition... + Questions...

Keyword	Volume	PPC Comp.	Intent
curly hair	110,000	73.27	Very high
hair dryer	49,500	99.99	Very high
denman brush	49,500	100	Very high
hair brushes	27,100	99.99	Very high
hair straightener brush	18,100	100	Very high
hair products	18,100	100	Very high
hair dryer brush	14,800	100	Very high
boar bristle brush	12,100	100	Very high
how to clean a hairbrush	12,100	30.01	Very high

图 3-10

4）关键词搜索工具（https：//www.merchantwords.com/）。Merchant Words 主要是帮助卖家找到关键词。Merchant Words 收集了全球超过 10 亿次亚马逊实时搜索的数据，所有的关键词数据都直接来自亚马逊搜索栏中的用户搜索。在搜索框中输入主要关键词，单击“Search”按钮就会显示与此产品相关的、最热门的关键词，如图 3-11、图 3-12 所示。但是 Merchant Words 是一个付费网站。

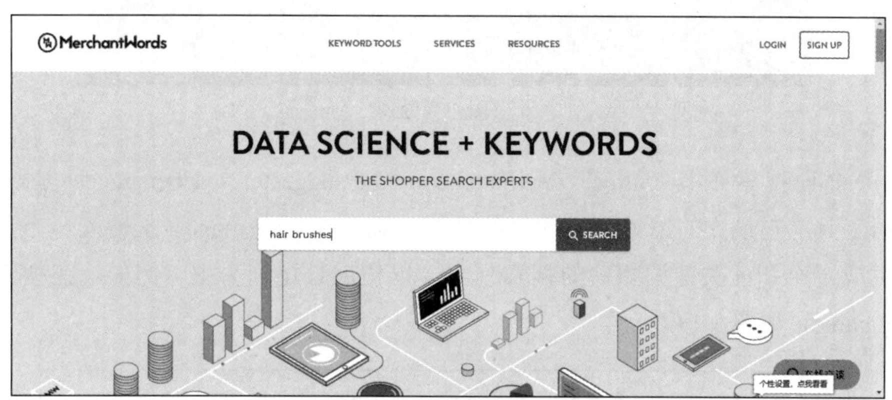

图　3-11

图　3-12

5）亚马逊搜索建议（Amazon Search Suggest）。Amazon Search Suggest 是一个非常实用且非常强大的关键词研究工具，能让卖家了解多数亚马逊消费者的想法。虽然其提供的关键词有限，但具有极高的相关性。

只需在亚马逊搜索框中输入与自己产品相关的一个或多个关键词，在单击搜索之前，会看到一个下拉列表，里面包含了与输入的关键词相关的其他附加搜索词。

以 hair brushes 为例，在搜索框中输入 hair brushes，在下拉框中将会看到与 hair brushes 相关的最常见的附加搜索词，在选择产品关键词的时候可以参考这些附加搜索词，如图 3-13 所示。

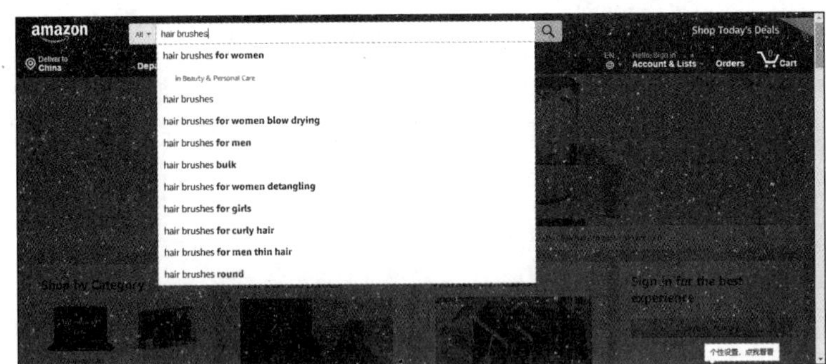

图 3-13

6）关键词搜索工具（https：//neilpatel.com/ubersuggest/）。Ubersuggest 是一款简单的关键词工具，它最大的用处就是搜集谷歌提示词。在 Ubersuggest 上输入一个关键词，它就能生成一个和此关键词相关的搜索列表，以拓展长尾词为主。例如，在搜索框输入 computer game，如图 3-14 所示。

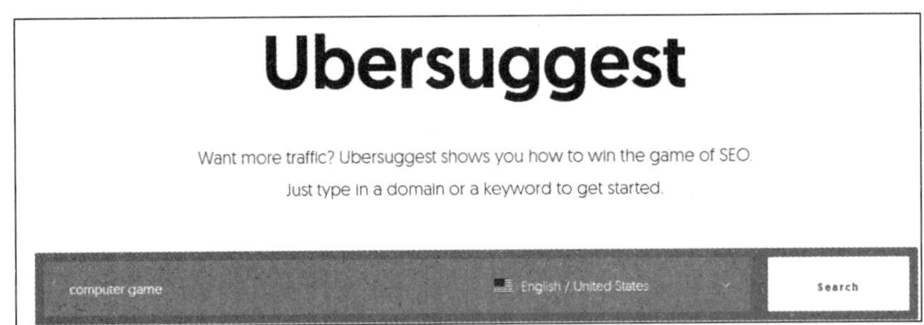

图 3-14

单击“Search”，得到关键词概况，如图 3-15 所示。

computer game　English / United States　Search

Keyword Overview: computer game

SEARCH VOLUME	SEO DIFFICULTY	PAID DIFFICULTY	COST PER CLICK (CPC)
90,500 HIGH	65	66	$1.61

图 3-15

关键词概况包括搜索量（月均）、SEO 难度、adwords 竞价难度、CPC（做 adwords 竞价每次单击需要花费的费用）。

除此之外，还可以看到该词的流量趋势，也就是某个词一年内每个月的搜索量情况，如图 3-16 所示。

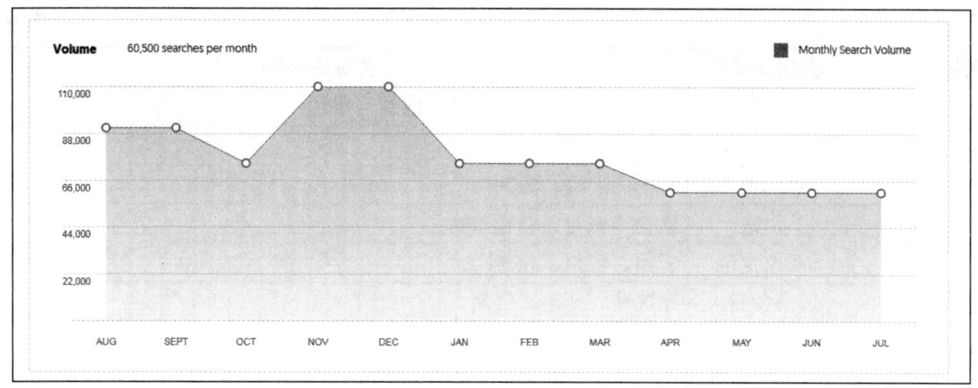

图 3-16

另外，还可以查看该词的谷歌提示词，包括长尾词，这对撰写关键词有重要的提示意义，如图 3-17 所示。

KEYWORD IDEAS　　SUGGESTIONS　RELATED

KEYWORD	TREND	VOLUME	CPC	PD	SD
computer game		90,500	$1.61	66	65
computer games		90,500	$1.61	66	65
computer game free		90,500	$1.61	66	60
computer games free		90,500	$1.61	66	60
computer game desk		22,200	$0.88	100	50
computer game chair		9,900	$1.28	100	46
computer game for kids		5,400	$1.46	85	32

VIEW ALL KEYWORD IDEAS

图 3-17

3. 实例讲解如何选择产品关键词

实例一：某产品是“New White Strapless Formal Prom Wedding Dress Ball Gown”，则关键词可以填写为 Prom Wedding Dress、White Wedding Dress、Formal Prom Wedding Dress、Strapless Ball Gown、White Ball Gown、White Strapless Ball Gown 等，而不是只填写 Wedding Dress 或 Ball Gown。

实例二：以婚纱产品为例，了解选择产品关键词时应该包含哪些维度，见表 3-1。

表 3-1

关键词维度	关键词类别	关键词举例
产品特征	种类	沙滩婚礼婚纱、挂脖式、长袖、抹胸型、V 领、冬季婚纱、孕妇婚纱、细肩带、单肩式、卡肩式
	款型	A 字款、蓬蓬裙、贴身裙、皇室高腰款、鱼尾款
	元素	流行元素、国外盛典礼服、色彩婚纱、白色婚纱

续表

关键词维度	关键词类别	关键词举例
产品属性	材质	软缎、塔夫绸、欧根纱、网纱、雪纺
	颜色图案	白色、香槟色、象牙白
	尺码尺寸	欧码、美码、定制
产品用途	用途	聚会、派对、典礼、婚礼
	买家定位	新娘、伴娘、花童
卖点描述	节假日	圣诞节、新年、假期
	促销	折扣、优惠
	买赠	赠送头纱、皇冠

产品特征中的种类主要是突出婚纱的款式，可以填写像沙滩婚礼婚纱、挂脖式、长袖、抹胸型、V 领、冬季婚纱等；款型可以写 A 字款、蓬蓬裙、贴身裙、皇室高腰款、鱼尾款等；元素可以书写流行元素、国外盛典礼服、色彩婚纱、白色婚纱等。

产品属性中的材质可以包括软缎、塔夫绸、欧根纱、网纱、雪纺等；颜色图案可以选择白色、香槟色、象牙白等。尺码尺寸要标明是美码、欧码还是定制。

产品用途中包括聚会、派对、典礼、婚礼等。另外，婚纱是一个产品种类众多的产品线，包括新娘婚纱礼服，还有花童、伴娘的礼服及配饰等。所以产品的定位也要写清楚，这样也是方便买家搜索的时候一目了然，可以直接通过产品名称知道其用途。

最后是产品的卖点，可以配合节假日、促销、买赠这几种形式提升人气，通过这类关键词吸引买家。在一款产品的标题和描述中，如果能够准确地书写包含产品维度的关键词，并能够合理运用精准关键词与宽泛关键词，那么这款产品一定能够被更多的买家发现。

知识点 4：产品基本属性

1. 设置产品基本属性的重要性

（1）多方位、多角度地提高买家的浏览量、提升产品的售出率。

1）可以获取 60% 的买家流量。无论买家是通过类目进入产品页，还是搜索关键字进入产品页，60% 的买家会利用属性及属性值来缩小想要的产品范围。因此，选填专业、完备的属性和属性值将有机会获得这 60% 的买家流量。

2）可以获取多维度展示流量。各行业均会设置多维度展示类目，其原理就是抽取类似或者相关的属性、属性值，建立新的类目，展示给需求不同的买家。

3）可以获取平台主题推广流量。例如，在春节来临时，平台会整体促销春节主题产品，而其产品包含相关服装、首饰、宠物衣服、家庭装饰用品等。所以，如果上传产品时选择节日属性，将会获得平台的主题推广流量。主题推广流量十分可观，只有填写了相应属性的产品才有机会获得此类推广页面流量。

4）获取更多的 SEO 流量。填写更完备的属性及属性值会引来搜索引擎更多的兴趣，从而收录店铺的更多页面，引来更多的流量。

（2）减少沟通成本，降低纠纷退款率。以鞋为例，在上传产品时如果不填写尺寸这一属性，买家购买时，看中款式就下单，如果买家下单的尺码卖家缺货，这样就会导致卖家无法发货，需要进行多次沟通。另外，还会出现线上沟通不畅、时间拖延、导致纠纷退款等情况的出现。设置完备的购买属性，将会有效避免这一问题的出现。

2. 设置产品基本属性的方法

填写完“产品标题”和“产品关键词”后，需要添加“产品基本属性”，如图 3-18 所示。

* 产品基本属性：您的产品在所在类目的非必填属性填写率为 0%，平台上此类目的非必填属性填写率为80%，完整且清晰的描述有助于提升产品曝光率。
（请按产品实际情况正确填写参数，错误的参数会引起客户投诉，影响产品曝光率）
设置完整的产品属性有助于买家更容易找到您的产品
品牌：- 无品牌 -
* 类型：全选
Detangling Brush(气垫梳子)　Round Brush(圆梳)　Paddle Brush(板梳)
Massage Brush(按摩梳子)
Customize(自定义)
* 头发类型：全选
All Hair Types(适用所有发质)　Fine Hair(细软发质)　Damanged Hair(受损发质)
Oil Hair(油性发质)　Normal Hair(普通发质)　Curly Hair(卷发)　Dry Hair(干枯发质)
材质：全选
PVC(塑料)　Wood(木质)　Metal(金属)
Customize(自定义)
颜色：全选
Black(黑色)　Silver(银色)　Pink(粉色)　Blue(蓝色)　Red(红色)　White(白色)
Customize(自定义)
价格区间：请选择
规格：
自定义属性：　添加更多

图　3-18

产品属性是买家下单前做决定的最重要因素之一，买家在搜索页面可以通过产品属性来筛选产品。认真填写准确和完善的产品属性，可以获得更多的曝光机会。

为了更方便卖家上传产品、为了让卖家的产品能以更多的展现方式出现在买家页面，平台在上传产品页面根据卖家上传产品的特征，设置了与产品相关的多种属性，如品牌、款式、尺寸、材质、颜色等，卖家只需要根据自己的产品特点，选择页面所提供的属性选项。卖家填写的属性值将会直接显示在买家页面。带 * 号标志的属性都是需要认真填写的，否则将会直接影响产品的上传及发布。

3. 自定义属性

当平台推荐的属性无法满足卖家对产品的描述时，可以添加自定义属性，使得买家能够更加详细地了解产品，并最终促成买家下单。自定义属性可以方便卖家设置产品的属性，非常灵活并且具有个性化。

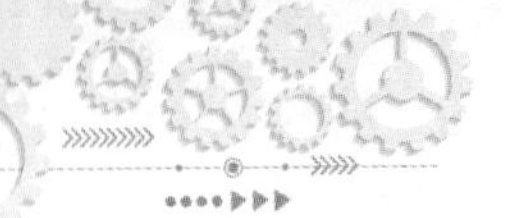

卖家所添加的自定义属性是卖家对自己产品特征的补充说明，说明越详尽，越有利于买家下单。自定义属性同样会展示到产品最终页，这样，卖家可以减少交易中很多不必要的沟通，有利于交易顺利完成，如图 3-19 所示。

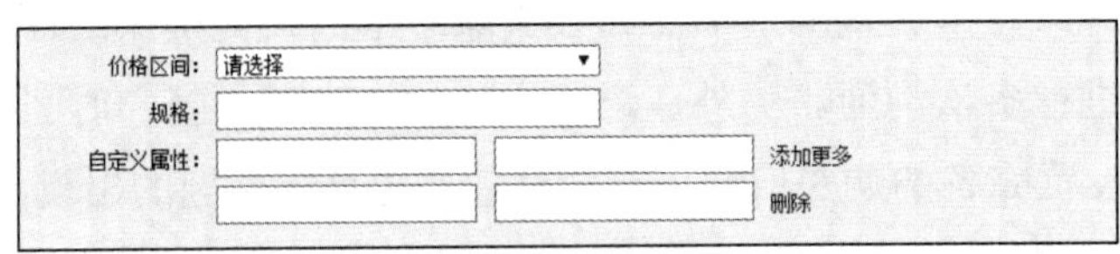

图　3-19

知识点 5：产品规格

为了方便卖家上传产品，平台根据卖家上传产品的特征，在上传产品页面设置了与产品相关的多种规格。产品的不同规格，可以设置不同的零售价，并在前台展示给买家，如图 3-20 所示。

* 产品规格：产品的不同规格，可以设置不同的零售价，并在前台展示给买家

图片显示颜色：White(白色)　Ivory(象牙色)　Silver(银色)　Champagne(香槟色)
Gold(金色)　Light Yellow(淡黄色)　Yellow(黄色)　Orange(橙色)
Coral(珊瑚色)　Green(绿色)　Olive(橄榄色)　Pink(粉色)
Water Melon(西瓜红)　Red(红色)　Burgundy(酒红色)　light Purple(浅紫色)
Purple(紫色)　Light Sky Blue(浅蓝色)　Hunter(孔雀绿\海绿)　Blue(蓝色)
Chocolate(巧克力色)　Brown(褐色)　Gray(灰色)　Black(黑色)
Daffodil(水仙花色)　Grape(葡萄紫)　Fuchsia(玫红色)
Hunter Green(军绿色)　Royal Blue(宝石蓝)　Lavender(薰衣草色)
Sage(青绿色)　Dark Green(深绿色)　Dark Navy(深蓝色)
Same as Image(图片色)　Custom Made From Color Chart(从色卡中选择)
自定义

美国尺码：2(2)　4(4)　6(6)　8(8)　10(10)　12(12)　14(14)　16(16)
14W(14W)　16W(16W)　18W(18W)　20W(20W)　22W(22W)　24W(24W)
26W(26W)　Custom Made(定制尺寸)

自定义规格

增加自定义规格

图　3-20

与自定义属性相同，如果系统所提供的规格不能满足卖家的需要，卖家可以选择“增加自定义规格”选项后进行自主设置。

学习任务 2　填写产品销售信息

任务目标

1. 熟悉产品的销售计量单位。
2. 了解产品的销售方式。
3. 了解产品的备货状态。
4. 了解如何设置产品的价格区间。
5. 明白何为商品编码。

1 学时。

企业情景引入

小李在公司经理的指导下填好了产品的基本信息，明白了产品信息的填写对产品最终成交的重要性。他在填写过程中还掌握了相关的注意事项，经理告诉小李下一步要填写产品的销售信息。

知识点 1：销售计量单位

销售计量单位是指卖家所销售产品最小的计量单位，也就是单个产品的量词。例如，卖家销售的是袜子，则选择双（Pair）；卖家销售的是手机，则选择件（Piece）。在此可以选择按件销售或按包销售。例如，选择按包卖，卖家应输入每包产品的数量，其中单位为件，也可以在右侧选择其他销售单位，如图 3-21 所示。

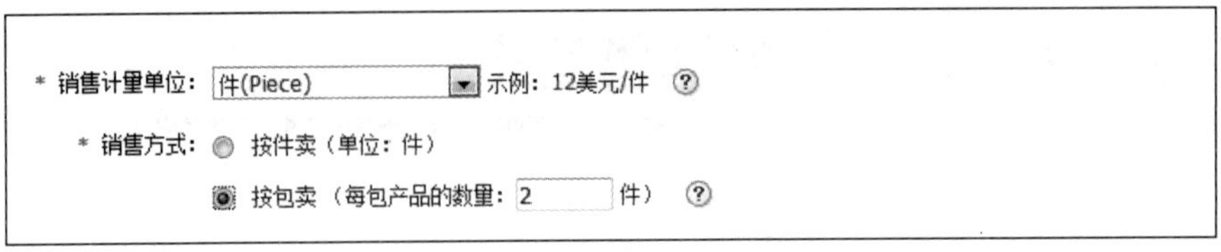

* 销售计量单位：件(Piece) 示例：12美元/件

* 销售方式：按件卖（单位：件）

按包卖（每包产品的数量：2 件）

图 3-21

选择其他销售单位后，会出现双、套、打等单位，如图 3-22 所示。

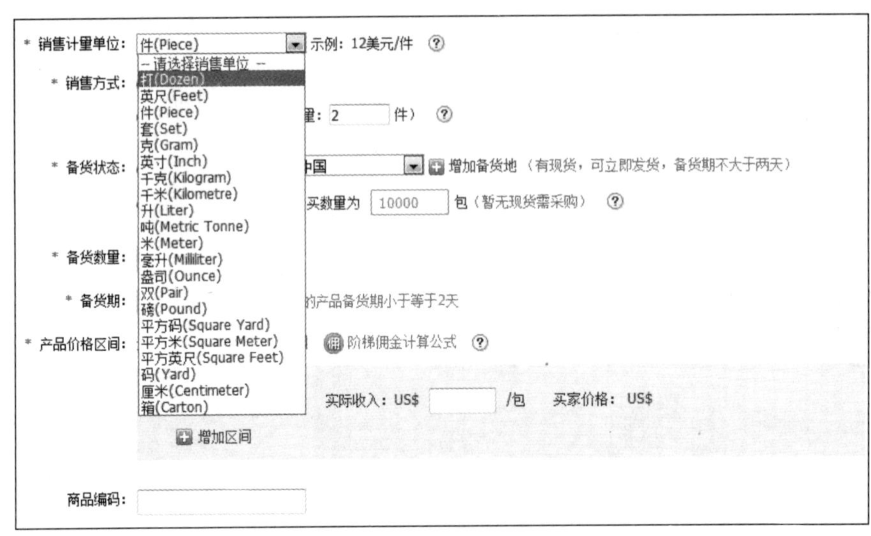

图 3-22

知识点 2：销售方式

卖家可以根据实际所卖产品的重量、体积、货值选择打包方式。例如，手机、平板电脑等货值比较大，或者家具等体积和重量都比较大的产品，适合单件卖；袜子等重量、体积和货值都较小的产品，适合打包出售。

知识点 3：备货状态

（1）有备货。有备货是指产品有现货，可立即发货。如果选择了该状态，需要填写备货的所在地，针对该产品的属性、规格组合分别设置对应的产品数量，并且该产品的备货期被限制在指定的天数内，需在该天数内发货。买家看到该产品的数量与备货期后，会有针对性地进行下单。该状态下的产品具有竞争优势。

（2）待备货。待备货是指产品暂时没有现货，需要根据买家的订单采购后再发货。如果选择了该状态，备货期填写需小于等于 60 天，不需要设置产品的数量。

（3）备货期。备货期为卖家的发货期限，指的是在一定的时间内需发货。备货状态为“有备货”的产品的备货期根据类目的不同被控制在一定的时间内，即卖家填写的备货期需小于等于该时间控制；备货状态为“待备货”的产品的备货期无时间控制，卖家可根据自己的实际发货情况填写相应的备货期。

产品可以选择有备货或者待备货。其中有备货可以选择备货所在地、备货数量、备货期，有备货的产品的备货期小于等于 2 天，如图 3-23 所示。

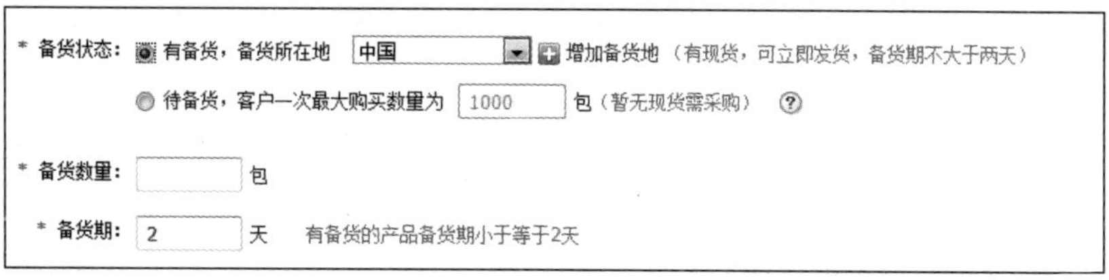

* 备货状态：有备货，备货所在地 中国 增加备货地（有现货，可立即发货，备货期不大于两天）
待备货，客户一次最大购买数量为 1000 包（暂无现货需采购）
* 备货数量： 包
* 备货期： 2 天 有备货的产品备货期小于等于2天

图　3-23

待备货的产品可以设置客户一次最大的购买数量，并且备货期可以设置为 1 ～ 60 天，如图 3-24 所示。

* 备货状态：有备货，备货所在地 中国（有现货，可立即发货，备货期不大于两天）
待备货，客户一次最大购买数量为 1000 包（暂无现货需采购）
* 备货期： 2 天 无备货的产品需在1-60天内发货

图　3-24

知识点 4：产品的价格区间

1. 设置产品的价格区间

在 DHgate 平台，卖家可以针对同一产品的不同数量区间，分别设置各个数量区间的不同报价，如图 3-25 所示。

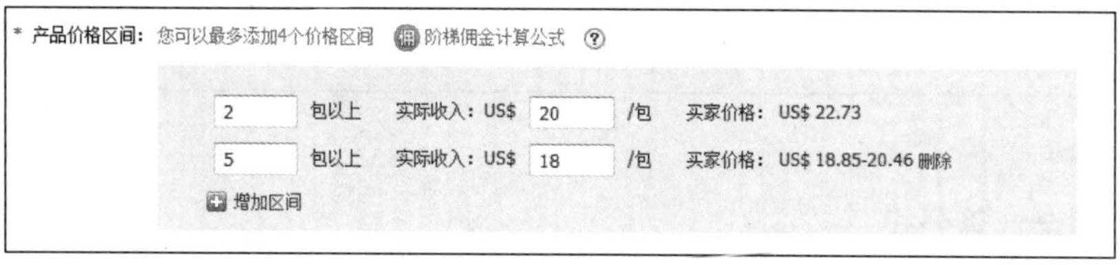

* 产品价格区间：您可以最多添加4个价格区间 阶梯佣金计算公式
2 包以上 实际收入：US$ 20 /包 买家价格：US$ 22.73
5 包以上 实际收入：US$ 18 /包 买家价格：US$ 18.85-20.46 删除
增加区间

图　3-25

如果同一产品还有不同的规格，卖家也可以对不同的规格在不同的数量区间设置各自的价格，如图 3-26 所示。

* 产品价格区间：您可以最多添加4个价格区间 佣 阶梯佣金计算公式 ?

◎ 统一设置价格 ◉ 分别设置价格

自定义规格	销售状态	* 实际收入 ? 批量设置	买家价格	商品编码 ?
123	可销售	US $ /包		
456	可销售	US $ /包		
789	可销售	US $ /包		

* 设置产品的价格区间　　价格预览

购买 2 包及以上时，为表格中填写的实际收入。

购买 5 件及以上时，实际收入降低 2 %。删除

添加批发区间

图　3-26

（1）自定义规格。如果产品分为不同的规格，如 U 盘产品有 8G、16G 等规格，那么可以在此处填写不同规格的名称，并设置不同的产品价格；如果产品不需要区分规格，此项可以不用填写。

（2）销售状态。即这个规格是否展示到买家页面来销售，如果暂时没有此规格，可以选择“不可销售”。

（3）实际收入。实际收入是指产品实际的销售价格，由卖家填写。此数目为卖家最后收到货款的数目。

（4）买家价格。买家价格是指买家所看到的价格，是系统根据实际收入和类目佣金自动计算出来的。同时可以将鼠标放到“佣”字上来具体查看该类目的佣金比率，如图 3-27 所示。

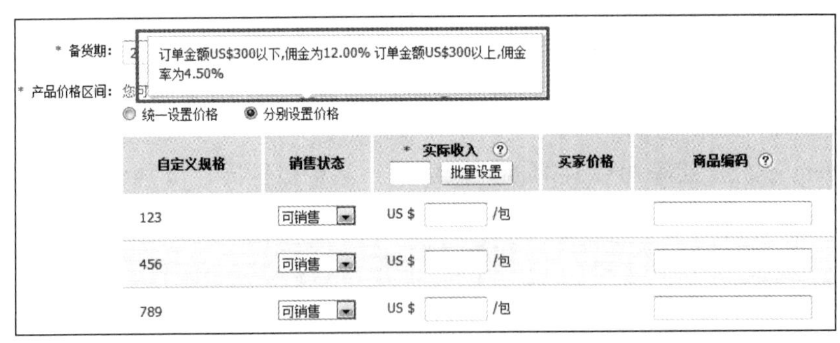

图　3-27

2. 阶梯佣金计算公式

（1）当订单金额小于 300 美元时，平台佣金 = 订单金额 × 佣金率（按类目不同为 8.5%、12.5% 或 16.5%）。

（2）当订单金额大于等于 300 美元且小于 1 000 美元，平台佣金 = 订单金额 × 佣金率（4.0%）。

（3）当订单金额大于等于 1 000 美元，平台佣金 = 订单金额 × 佣金率（0.5%）。

3. 关于定价

先看一个案例，了解产品不同的定价在平台销售时会产生怎样的影响。如图 3-28 所示为卖家 A 的定价方式：单件出售、免运费、比较合理的价格，销量还不错。

图　3-28

如图 3-29 所示为卖家 B 的定价方式：单件出售、免运费、较高的价格、利润设置过高，很难销售出去。

图　3-29

如图 3-30 所示为卖家 C 的定价方式：打包出售、免运费、利润控制合理、给予了一定的优惠，体现了批发的特性，适合批发群体的老买家，销量不错。

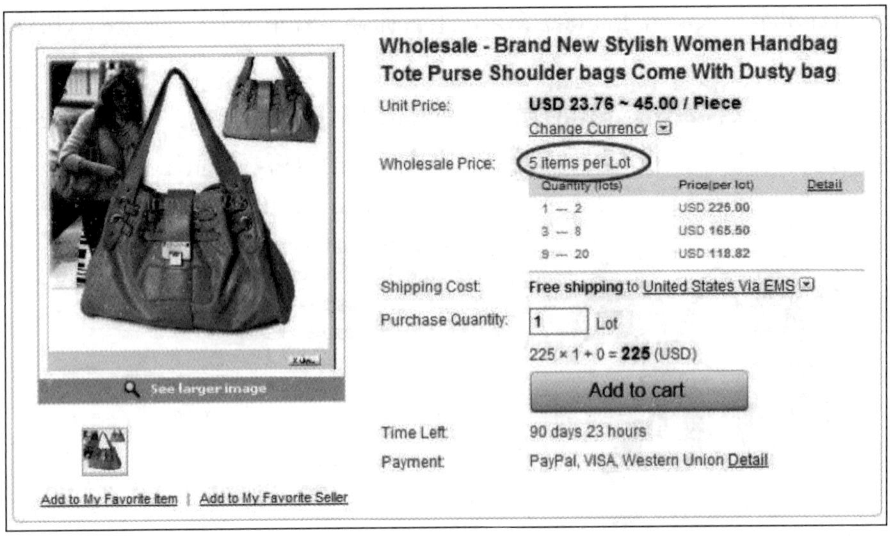

图 3-30

从上面的案例中可以看出，定价是决定产品最终能否售出的关键因素，在这一因素中，包含了很多技巧，接下来分别从平台和买家的角度来分析如何确定产品的价格。

（1）定价原则。

1）根据平台的特点定价。DHgate 平台是聚集中国中小供应商向国外众多中小采购商提供产品、进行有效采购服务的全天候国际网上批发交易平台。

2）根据买家的特点定价。DHgate 平台的买家群体覆盖了 222 个国家和地区，以欧美等发达国家为主，它们都是批发商。因此，卖家在定价的时候，一定要考虑到这些批发商的利润空间。如果买家没有利润空间，产品将很难销售出去，再次下单的概率就会减少。这些国外的批发商有个普遍的特征：小批量、高频次、长期稳定。也就是说，它们喜欢购买小批量的产品，多次重复购买，并且希望能有熟悉的供货商长期稳定供货。

（2）定价方法。影响定价的因素很多，如产品成本、竞争对手的定价和其他外部因素等。对于新手卖家来说，可以从以下两个方面来考虑定价。

1）了解平台和买家特点之后应该有大概的方向了，对于没有一手货源的卖家，建议将利润控制在 5% ～ 30%，具有一手好货源的卖家，利润可以适当增加。

2）在平台搜索同类产品，参考搜索结果的前三页的均价，价格可以设置在中等偏低的价格区间。例如，如果要卖的产品是竹制气垫梳子（bamboo hair brushes），那么应先进入买家页面，在搜索框中输入产品关键词，找到同行卖家，如图 3-31 ～图 3-33 所示。

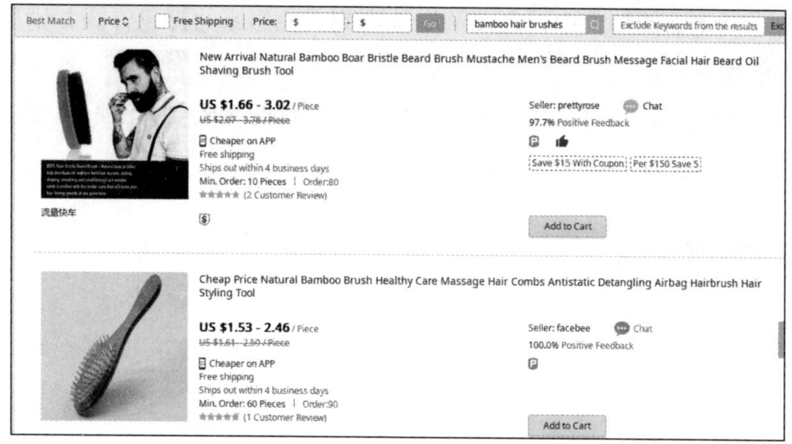

图　3-31

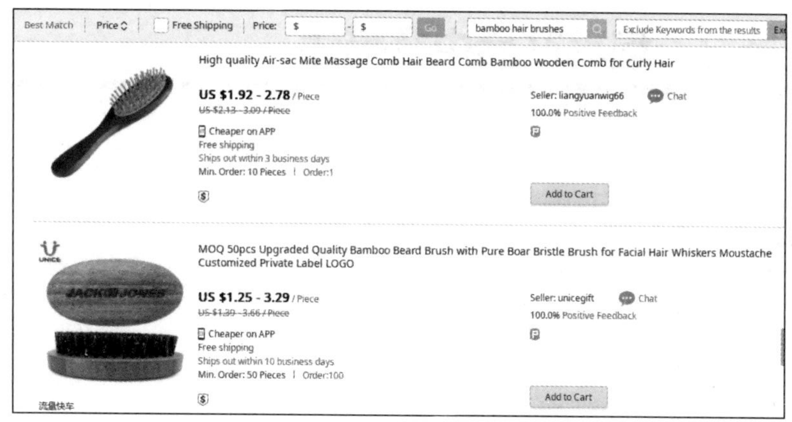

图　3-32

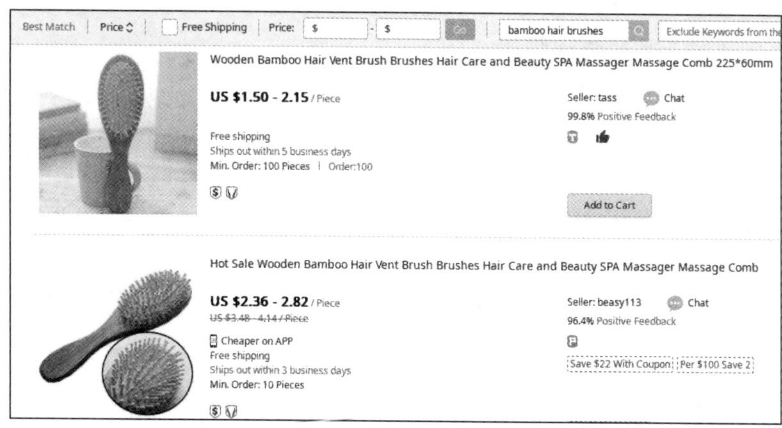

图　3-33

这样的搜索结果和自己要卖的产品十分类似。查看此搜索结果的前三页，发现大部分的卖家定价在 2 美元左右，综合产品的进价、质量、运费等考虑，其实这是一个比较中肯的价格，这个价格就是一个比较合适的参考了。

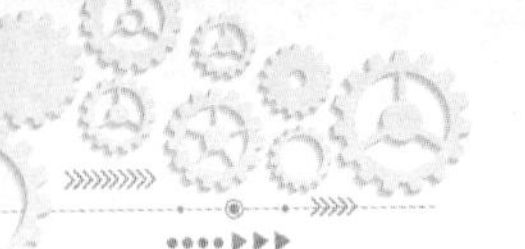

除此之外，从上面的搜索中，还能清晰地看到其他卖家的打包方式、销售方式，这些都是可以借鉴的地方。

另外还需注意的是，平台是以美元为单位的，定价的时候要关注汇率变动，随时在网上查询汇率浮动，以便及时调整价格。

知识点 5：商品编码

卖家可以为产品设置商品编码，以此来区分产品来自不同的厂家、不同的类目、不同的规格。

学习任务 3　填写产品内容描述

任务目标

1. 了解怎样为产品准备图片。
2. 了解产品的分级管理。
3. 掌握如何设置产品组。
4. 熟悉如何撰写产品的简短描述。
5. 熟悉如何撰写产品的详细描述。
6. 了解产品视频的重要性。

建议学时

3 学时。

企业情景引入

小李在公司经理的指导下很快填好了产品的基本信息和销售信息。经理告诉小李下一步要填写产品的内容描述，其中最关键的内容是准备产品的图片，撰写产品的简短描述和详细描述。这一部分内容较多，是提高产品转化率的关键。

知识点1：产品图片

清晰、丰富且全方位展示产品功能的优质图片，能够体现产品特征，获得买家的信任，当然也比其他产品更有优势。上传产品之前要准备好图片，用生动、真实的图片展示自己的产品。根据平台的规则，上满8张图片排名会自然靠前，且图片的清晰度、角度、背景，都会影响产品的排名。如果图片没有达到要求，会影响Google Shopping站外推广。

为了能突出地展现产品，拍照时背景要尽量简单，以浅色背景为宜，这样才能更突出产品的特征。图片应尽可能清晰，尽量避免大面积的文字遮盖产品的细节。

1. 准备产品图片

现在互联网非常发达，上网就能够快速、准确地搜出很多跟自己所卖产品相同的图片。很多卖家通常会直接从网上下载或购买图片作为自己的产品图片，对于新手卖家来说，可以选择网上购买图片的方式，这不失为一个捷径。

网上的图片一般都有水印，而且很多图片会防止下载或防止外链，所以为提高产品的成单率，建议卖家使用自己拍摄的图片，并为产品拍摄4～8张细节图，全方位展示产品的特点。图片要用数码相机精心拍摄，用Photoshop处理细节图、包装图和效果图，这样的用心往往更能赢得买家的青睐。

产品图片的拍摄和处理技巧

单张图片的大小要控制在2MB以下，最好使用统一的图片尺寸，图片尺寸至少要大于250px×250px，600px×450px的产品图片可以很好地吸引买家的眼球。上传的图片为jpg格式，图片应尽可能清晰。产品图片的拍摄和处理技巧，请扫描右侧二维码。

2. 确定产品图片的数量

一个商品可以有8张产品图片。产品相册功能推出后，卖家可以将产品图片同时引用到产品详细描述中，这样国外的买家在查看产品文字描述时，也能同时对照图片查看产品的细节。将产品图片引用到产品详细描述中的另一个好处是，买家不需要逐一单击图片，直接通过鼠标下滑即可看到所有图片，以方便买家的操作。

因此，可以将产品图片同时引用到产品详细描述中，用4～8张图片，最能引起买家下单的欲望。同时，产品图片也不可贪多，能详细、完整地展示产品就好。

3. 选择产品图片的排列方式

产品图片的排列顺序对于产品的呈现至关重要。通常，图片的排列是跟着产品描述走的，比方说，产品细节描述完成后，不失时机地补上一张细节图，往往会达到事半功倍的

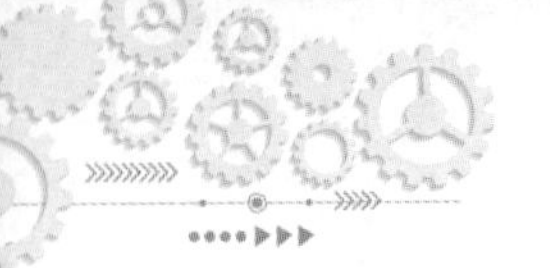

效果。

一般产品的详细描述都是遵从一定的顺序的，一般是产品整体功能描述、细节展示、使用效果和包装，产品图片也照此排列，符合买家的浏览习惯，看起来也比较舒服。

4. 完善详细描述模板

很多卖家通过找专业的设计公司或美工，甚至是自己用 Photoshop 做出很多漂亮的详细描述模板，以美化产品描述来吸引买家下单。如果产品图片不多，专业、美观的详细描述模板无异于雪中送炭；如果产品图片丰富又有好看的模板，那更是锦上添花。

在商品描述中使用详细描述模板，不仅可以更详细地展示该商品的信息，还可以展示店铺和其他热卖商品的信息，从而大大地增加店铺和商品的曝光率，让商品更加引人注目。

5. 使用平台产品相册

DHgate 平台产品相册推出后，平台将逐步取消产品详描图片外链功能，因此，为了避免可能会出现的产品展现方面的不便，卖家应尽可能使用平台提供的免费产品相册。因为平台的产品相册服务器是架设在国外的，并且采用了 Akamai 图片加速器，所以能确保图片打开的速度和稳定性。

现在，平台为广大卖家提供了免费的产品相册，卖家可以将产品图片和详细描述模板图片保存到产品相册中。由于平台的相册是跟产品放在同一个服务器上的，因此在国外的加载速度很快。稳定且快速的图片加载服务，能进一步提升买家的浏览体验。

DHgate 平台产品相册空间有以下特色。

（1）注册即可获得永久免费产品相册空间。

（2）支持一张图片被多个产品引用。

（3）高速上传，采用国际领先的加速器，国外买家查看图片更快捷。

（4）多重数据备份，图片更安全、稳定。

（5）支持图片批量操作，支持批量删除或批量移动图片。

6. 上传产品图片

上传图片可以选择从“本地上传”或者从“相册上传”，如图 3-34 所示。

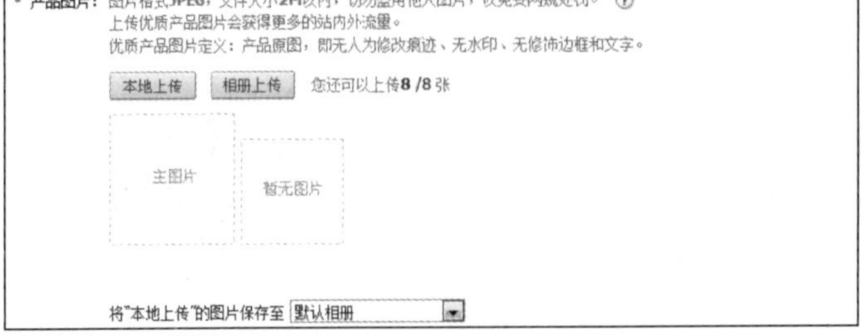

图　3-34

如果选择从“本地上传”，直接从本地电脑上选取图片上传即可。如果选择从“相册上传”，将进入卖家原先设置好的产品相册中，选中相册中想要的图片（最多为 8 张图片），单击“确定”按钮，即可上传图片，如图 3-35 所示。

图　3-35

图片上传后可以删除，如图 3-36 所示。

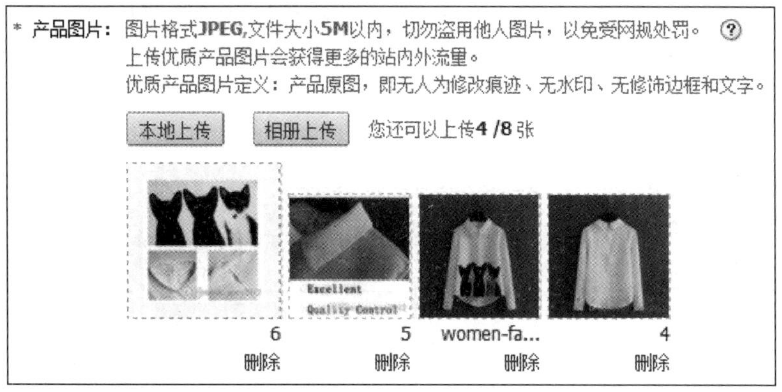

图　3-36

上传产品时，同一产品内容描述中，可以使用 8 张图片展示。建议卖家在上传图片时，尽量从相册中选取，这样可以使卖家的产品通过审核的可能性更高、更快。

知识点 2：分级管理商品

为了更好地将商品进行站外推广，需要卖家对自己的商品进行标识，是否有成人属性，如图 3-37 所示。

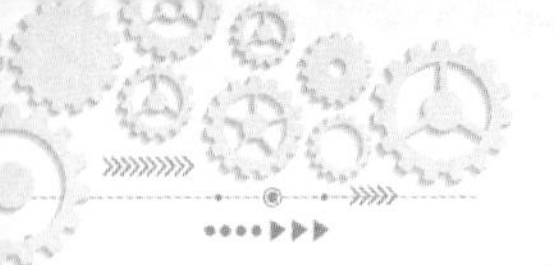

商品分级管理：为了更好地将商品进行站外推广，需要您对自己的商品进行标识，是否有成人性质。 了解更多
注：如成人类性质商品打标错误，将会受到封店7天惩罚，请严格遵循。
○非成人属性 ○成人属性

图 3-37

如果有成人属性的商品标注错误，将会受到封店 7 天的惩罚。

知识点 3：创建产品组

为了方便卖家自己管理产品，可以创建产品组，将同一类别的产品添加到同一个产品组中，如图 3-38 所示。

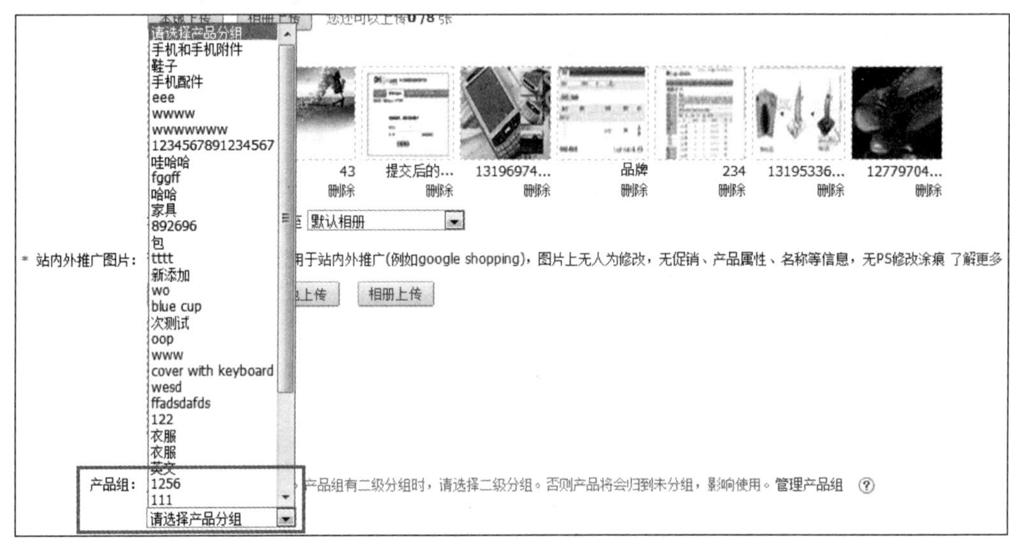

图 3-38

1. 设置产品组

在上传产品时，建议卖家根据自身的需求，正确地设置产品组，以便在产品数量较多的情况下，对不同的产品进行科学管理。同时，卖家也可以通过产品组，了解产品状态的变化，如是否被下架、是否被强制下架、是否未通过审核、是否为加载搜索产品等。以下详细介绍两种设置产品组的方法。

方法 1：卖家可以在产品上传页面设置，如图 3-39 所示。

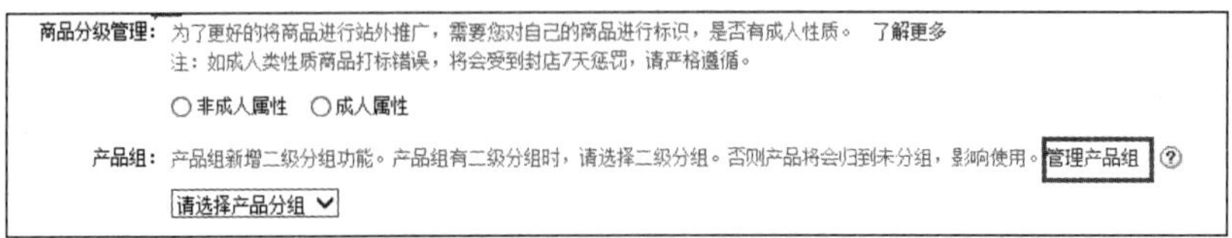

图 3-39

单击“添加新产品组”按钮，在弹出层中设置，如图 3-40 所示。

图　3-40

产品组的名称为必填项，卖家可以使用中英文进行编辑，编辑完毕后单击“保存”按钮。设置好的产品组将显示在产品上传页面产品组的下拉列表中，如图 3-41 所示。

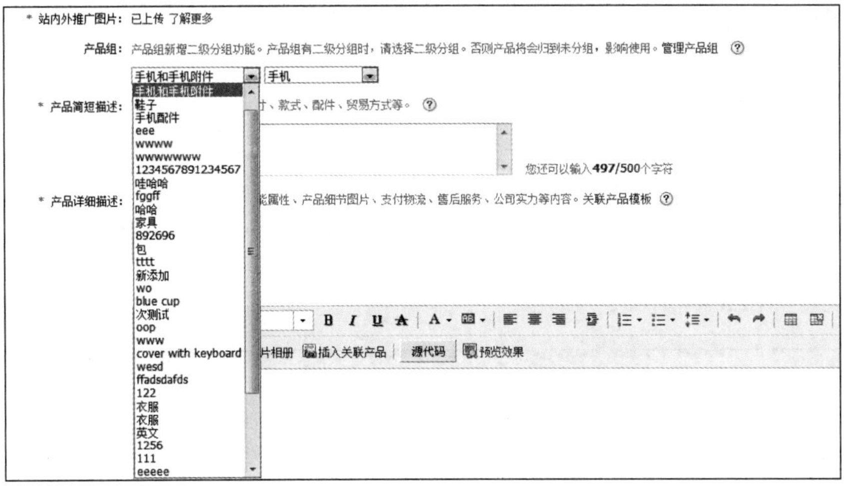

图　3-41

方法 2：在“我的 DHgate →产品→产品管理→管理产品组”中也可以设置产品组，如图 3-42 所示。

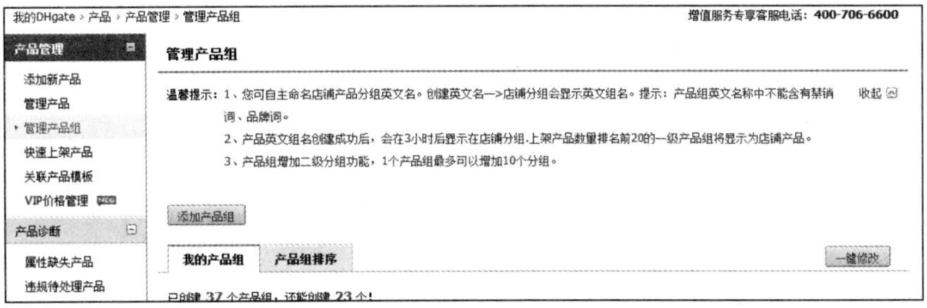

图　3-42

卖家也可以在如图 3-42 所示页面，对产品组进行编辑和删除。

产品组名称最多可以输入 48 个字符（24 个中文），产品组最多可以设置 60 个。卖家可以添加相同名称的产品组。一个产品组被删除，不会删除这个产品组中的产品，产品组中的产品会因产品组被删除而显示为“未分组”，如图 3-43 所示。

图　3-43

2. 通过产品组管理产品

在“已上架”“待审核”“审核未通过”和“已下架”页面中，卖家都可以通过产品组进行搜索，如图 3-44 所示。

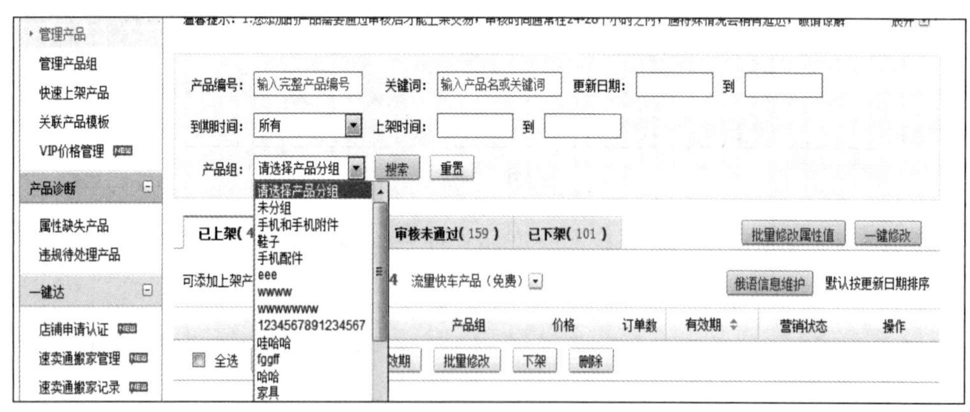

图　3-44

通过创建产品组，可以帮助卖家更好地管理产品。卖家可以对某一产品组下的产品，进行批量或者部分调整，如更新有效期、修改运费、加载搜索等。

知识点 4：产品的简短描述

据调查，85% 的买家来到平台后，都是通过输入关键字进行搜索产品的，只有卖家的产品中有这个关键字才可能被搜索到。除了产品标题，产品的简短描述也是 DHgate 平台搜索引擎检索的目标，所以这两个位置非常重要，应把相应的关键词加入到这两个位置。

产品标题要有吸引力，买家第一眼看到的是产品标题，也是吸引其查看产品的第一步。产品的简短描述是对产品标题的一个补充，产品特点在标题上没办法体现时，可以放到产品的简短描述当中，所以产品的简短描述也是非常重要的。

建议在产品的简短描述中多加入一些可以让买家在查找物品时会搜索到的词语。产品标题中没有包含的相关产品特性可以补充到产品的简短描述中，可以包括产品的颜色、款式、配件附件、销售模式等，还可以简单地介绍产品的参数信息、使用信息、使用步骤、使用须知等。切忌重复标题及堆砌关键词。例如：

Color：red，yellow，green（产品颜色）

Size：M，L，XL / 4，5，6，7（产品尺码）

Sales model：mix order（支持混批）

Material：100% cotton（产品材质）

Quantity：10 items per lot（打包销售）

可以输入中文标点符号，它会自动转化成英文标点符号，最多可输入 500 个字符，如图 3-45 所示。

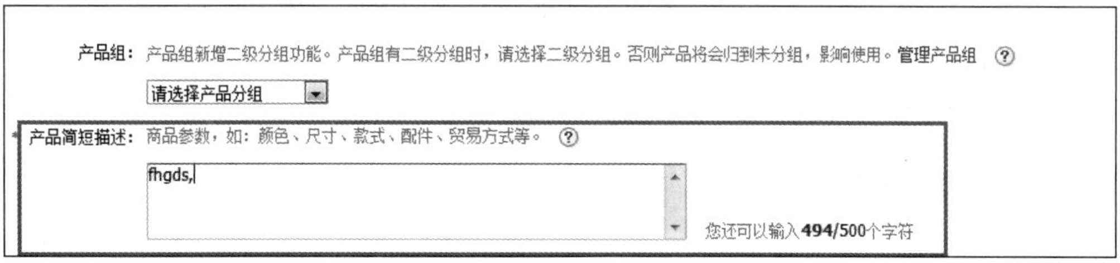

产品组：产品组新增二级分组功能。产品组有二级分组时，请选择二级分组。否则产品将会归到未分组，影响使用。管理产品组

请选择产品分组

产品简短描述：商品参数，如：颜色、尺寸、款式、配件、贸易方式等。

fhgds,

您还可以输入 494/500个字符

图　3-45

产品详细描述是产品上传过程中必不可少的，买家可以通过详细描述中的介绍更加了解产品是否适合自己。短描述更重要，要言简意赅，它是整个产品描述的缩减版，让买家通过短描述对产品就有个大概的了解，起到辅助买家下单的助力作用。

简短描述的目的在于吸引注意。现代化的“时间”与“耐心”都是十分有限的，因此，在进行产品描述时如果无法在最短的时间内吸引买家的注意，让对方快速进入卖家的思维频道并产生共鸣，通常意味着卖家会被判提早“出局”。

关于简短描述需要注意以下几点。

（1）要遵守平台规则，严禁留下任何形式的私人联系方式；要使用英文，不能使用中文；不支持动态代码。

（2）书写原则：内容简洁明了，不可过多地堆砌关键词。

（3）短描述的内容要与发布的产品保持一致性，不能为了吸引眼球就随意增加内容，引起买家反感。

（4）用简单的关键词和内容来辅助产品标题的信息，包括产品名称、型号、功能、特点、性能等。

（5）尽量控制在规定的字符数以内。

（6）避免使用容易使买家混淆的字词。

知识点 5：产品详细描述

在 Listing 优化的过程中，产品描述是一个非常重要的模块。相对于关键词可以为 Listing 导入更多的精准流量，产品描述的好坏则会影响到转化率的高低。

1. 产品详细描述应该具备的特点

（1）紧抓消费者心理，将产品特点展示出来。

（2）对每个产品进行单独的关键词围绕和描述，提高搜索引擎的优化效果（一般可以参考网站分享的热搜关键词）。

（3）文笔流畅，语法、结构、措辞都应该是比较专业的。

（4）提高产品介绍的条理性，关注产品介绍的有用信息，增加可读性。

（5）增加图片的展示，尽量从多角度来展示卖家的产品，因为国外用户无法看见卖家的实物，所以图片成为他们了解产品的一个重要因素。

2. 产品详细描述包含的内容

DHgate 平台会根据卖家的产品类目推荐产品详细描述模板，当然卖家也可以自己制作个性化的模板，提高买家的购物体验，提升产品的转化率。如图 3-46 所示是 DHgate 平台推荐的美容美发类目的产品详细描述模板。

一般情况下，产品详细描述应包含以下内容。

（1）产品详情。从内容的角度来说，产品详细描述应该是从目标消费者的角度出发，提炼出能够打动用户的卖点，然后用易于消费者理解的语言表达出来。

1）产品的标题及图片。产品的标题应突出关键词，让买家一眼明白产品的特点和卖点。除了首图中的 8 张图片，产品详细描述中还需要更多的图片，包括细节图、真伪对比图和包装图等。

2）产品属性。详细、准确地展示产品属性及产品属性值，这样可以降低询盘率，提高工作效率。同时，还可以获得多维度展示流量和 SEO 流量。

DESCRIPTION

CUSTOMER SATISFACTION

Please don't hesitate to contact us if you have any questions or concerns before or after your purchase. We are committed to your 100% satisfaction.

Payment

There are many payment methods available on DHgate.com such as credit cards, real-time bank transfers, offline payments (bank transfers). You can choose a method which is the most convenient for you. To protect your interests, your payment will be temporarily held by DHgate, and will not be released to us until you receive your orde and are satisfied with it.

Return Policy

If you want to exchange the items received, you must contact us within 3 days of the receipt of your order. And you should pay the additional shipping fees incurred and th items returned should be kept in their original status.

Feedback

Since your feedback is very important to our business's development, we sincerely invite you to leave positive feedback for us if you are satisfied with our product and service. It'll just take you 1 minute. Thank you!

Shipping

1.Shipping Cost:
Select the quantity first, then click the country via logistic methods in the page.
2.Go the the next page, you can see the detail shipping cost by each logistic methods under your selection.

Carrier Name	Estimated Time in Transit from China to USA	Tracking Service
DHL	2-4 days	www.dhl.com
FedEx Express	2-4 days	www.fedex.com
ups	2-4 days	www.ups.com
TNT	2-4 days	www.tnt.com
EMS	5-10 days	www.ems.com.cn
Hongkong Post	5-10 days	www.ems.com.cn

3. Item Processing Time: The processing time for a specific order varies with the product type and stock status. Mostly, processing time can be 3 to 15 working days.

图　3-46

3）其他参数。还可以依据产品的特色展示其他的产品参数信息，如产品的使用信息、安装步骤、使用须知等任何买家可能想知道的信息。如图 3-47 所示，这款衣服的详情页面就包含了衣服的颜色、尺码、质地、厚度、洗涤方式等。

图 3-47

（2）店内促销。促销信息对于提高产品的转化率也是至关重要的，消费者都希望买到物美价廉的产品。常见的促销方式包括满立减、优惠券、全店打折、限时限量等。这些促销信息会显示在买家页面上，如图 3-48 所示是全店打折的促销信息，图 3-49 所示是限时促销的信息。

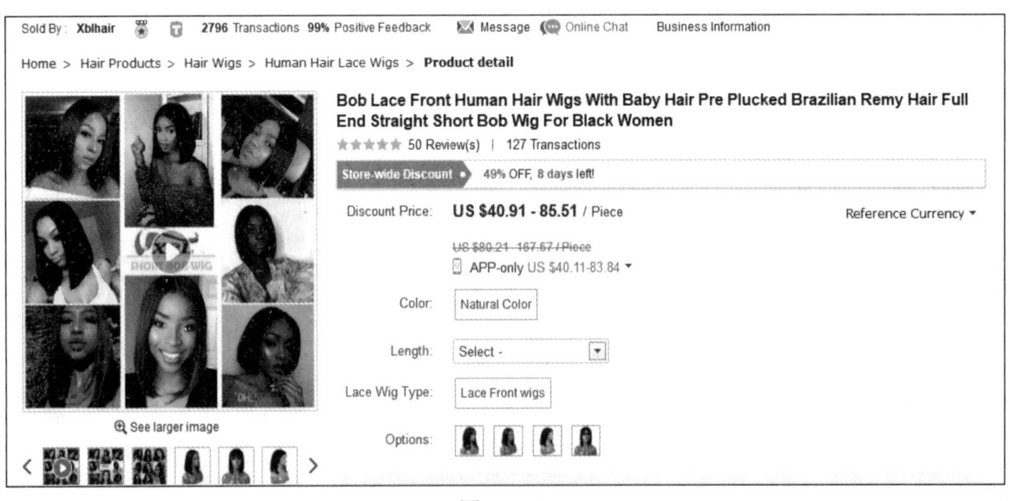

图 3-48

图　3-49

（3）关联营销。关联营销影响访问深度、客单价和转化率。如图 3-50 所示，产品详情页面的最上方就呈现了关联营销的商品。

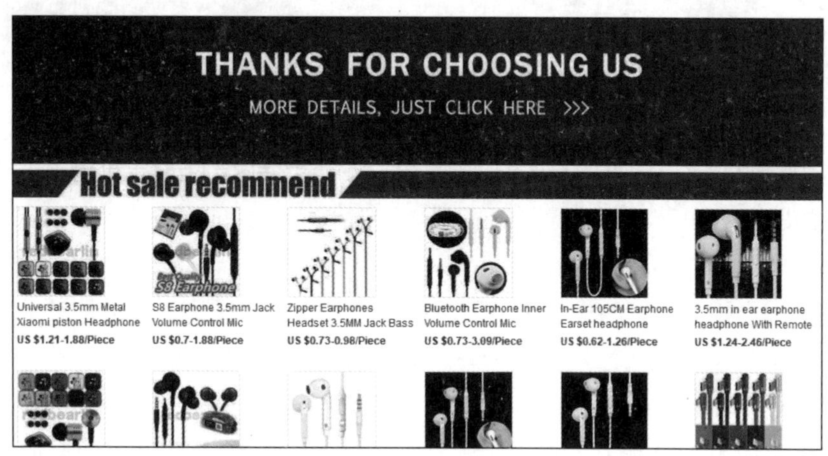

图　3-50

关联营销要挑选出要关联的商品，选择的商品不一定要多，买家的关注力是有限的，一般选择一两个关联商品就可以了，最好不要超过 4 个。

关联营销可以按类别来设置，一个类别可以设置一组关联产品，也就是把相似的产品设置成关联营销，因为买家既然对这件产品感兴趣，自然也会对相似的产品感兴趣，所以这样会提高买家的转化率。

当然，关联营销也可以把多个类别设置成一组关联产品，这样会提高客单价，因为客户如果购买，是可以合并在一单购买的，比方说超市卖西红柿的地方总会放几筐鸡蛋，因为这些都是有关联性的。行业不同，关联营销的效果会不一样，可以根据自己的行业来慢慢优化，看哪种适合。

（4）公司简介。产品详细描述里面可以加入公司简介，包括公司的规模、成立时间等基本情况，让买家对公司有一个基本的了解，可增强买家对产品的信任度。

除此之外，还可加入公司实力展示，包括实体店或者工厂，比方说生产时的照片、产品的质检报告、企业的营业执照等。一般情况下，买家还是比较看重产品的质检报告的，因为这些会让他更信任这家店铺，也会更信任店铺里的产品，在一定程度上也会提高他下单购买的决心。公司实力的展示图，如图 3-51 所示。

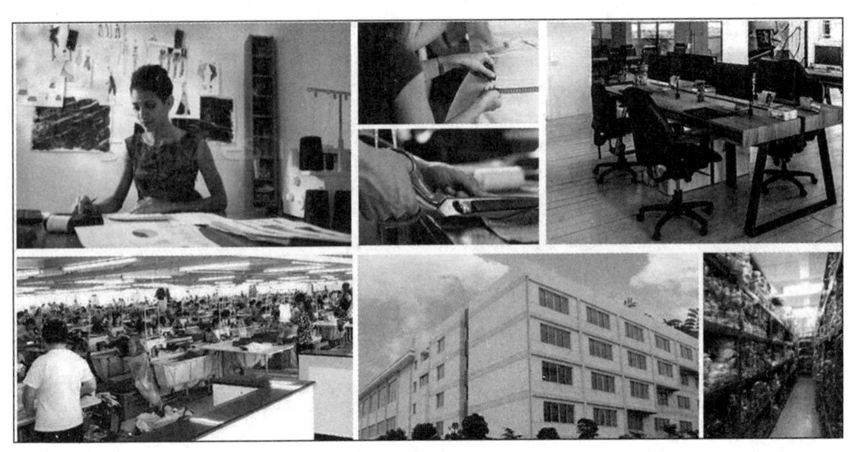

图 3-51

（5）常见的 Q&A。常见的 Q&A 应该包含以下几个问题，当然也可以根据实际情况添加一些其他问题。

问题 1：图片跟实物是否一致？

很多买家都会担心购买的产品跟页面所描述的是不是一样的？特别是对于服装、婚纱之类的产品，所以一定要用文字把这个呈现出来，让买家能够放心地购买。

问题 2：关于物流。

物流可以用如图 3-52 所示的形式来展示每一个地区快递的时间以及单号的追踪网站，这样的话，买家下单的时候就非常清楚到他那个地方用哪个快递、大概需要几天，这样他就可以自己去选择。如果一些买家比较着急收到货的话，他可能就会愿意多花一点运费选择比较快的快递。

Carrier Name	Estimated Time in Transit from China to USA	Tracking Service
DHL	2-4 days	www.dhl.com
FedEx Express	2-4 days	www.fedex.com
ups	2-4 days	www.ups.com
TNT	2-4 days	www.tnt.com
EMS	5-10 days	www.ems.com.cn
Hongkong Post 香港郵政	5-10 days	www.ems.com.cn

图 3-52

问题 3：关于售后保障。

售后保障主要涉及退换货以及返修等。卖家可以根据自己的实际情况真实地展示出来，让买家下单的时候没有后顾之忧。值得注意的是，一定不要去夸大售后保障服务，因为如果产生纠纷会更麻烦。

（6）买家评价。买家评价是收到商品后买家对卖家的整体服务和所购买的商品做出的反馈，包括买家对整体服务的评价，对商品描述、沟通、物流、运费的交易评价，还包括对已购买产品的评价和反馈。评价体系可以通过买家对卖家的有效评价提升卖家的综合信用水平。同时，卖家也可以通过买家的评价分数判断买家的诚信度。

在产品页面会显示卖家获得的评价分数，分数越高，买家下单的概率越大。另外，买家的评价留言对其他买家有很好的指导和建议作用。评价分值还会影响买家搜索时的产品排序。产品评价越多并且五星好评越多，产品的转化率就越高。

在产品的详情描述里面，应该引导买家给五星好评，可以真诚地邀请买家给五星好评，也可以以给买家发优惠券或打折等方式引导买家给五星好评，如图 3-53、图 3-54 所示。

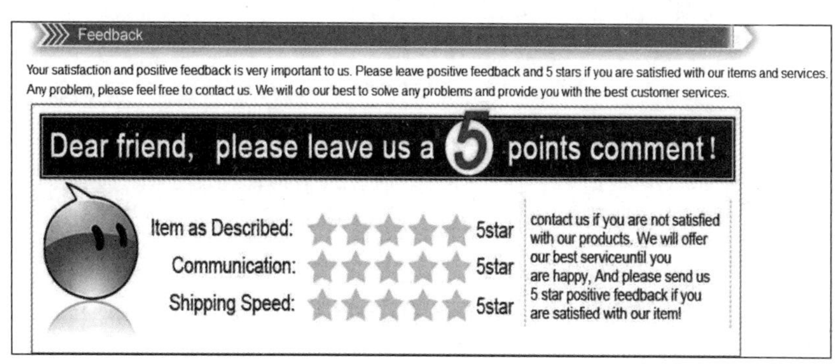

图　3-53

图　3-54

最后需要注意的是，详细描述中不能出现 DHgate 平台以外的链接，禁止出现任何形式的联系方式，如邮箱、公司网址、SKYPE 等。否则产品将无法上架销售。

考虑到 DHgate 平台面对的都是国外的买家，所以需要使用英文填写产品信息，以便买家在搜索到该产品时可以准确地了解产品的各种情况。如果卖家的英文水平有限，也可以单击“在线翻译”，这是一个机器翻译软件，可以将产品信息翻译为英文，如图 3-55 所示。

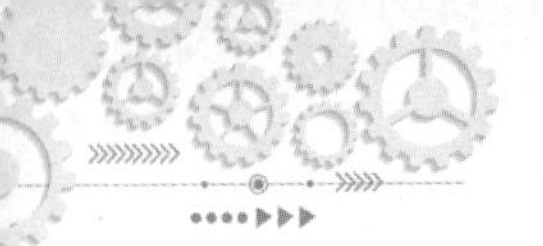

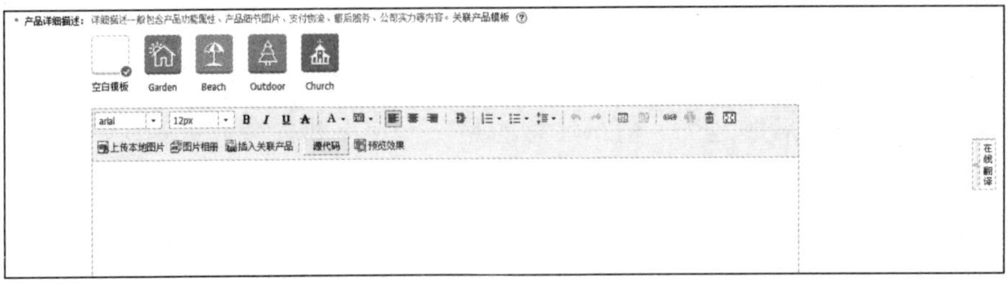

图　3-55

知识点 6：设置产品视频链接

文字往往是说服力最差的手段，图片次之，视频最强。所以，图文并茂是必需的，如果有视频那将是锦上添花。

如果卖家的产品有相关视频的话，产品上传的时候可以插入视频链接。但是，只允许输入 youtube 网站的视频链接地址，如图 3-56 所示。

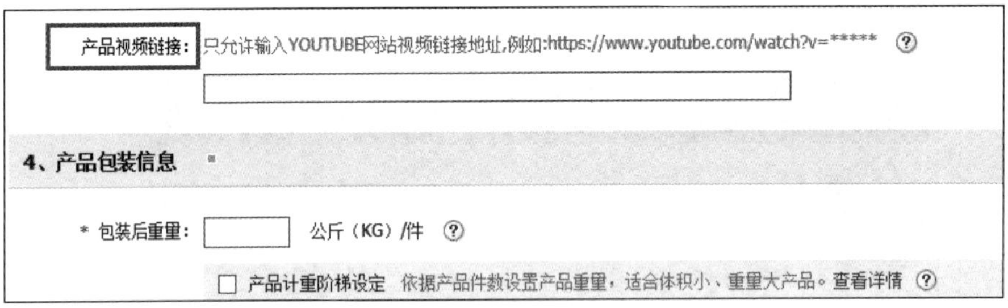

图　3-56

学习任务 4　填写产品包装信息

任务目标

1. 了解如何填写产品包装后的重量和尺寸。
2. 熟悉产品计重阶梯。
3. 了解产品包装的注意事项。

0.25 学时。

小李花了好长一段时间才完成了产品的详细描述。他发现想要让一款产品获得成功，各种细节都马虎不得。经理告诉小李接下来要做的就是为自己的产品设计包装。包装要合理，因为这会影响到产品的物流运费，最终影响产品的转化率。

知识点 1：产品包装后的重量和尺寸

产品包装后的重量和尺寸指的是按照产品销售方式（1 件或者 1 包）进行物流包装后的重量和尺寸，而不是产品本身的重量和尺寸。如果填写过低的重量和尺寸，会导致运费受到损失；如果填写了过高的重量和尺寸，会导致买家看到的运费价格过高，影响对该产品的购买下单。填写之前，建议查看具体的快递运费是如何通过包装后的重量和尺寸计算的。

包装后的重量和尺寸以销售单位为准。如果按件销售，那就是一件的重量尺寸；如果按包销售，那就是一包的重量尺寸，如图 3-57 所示。

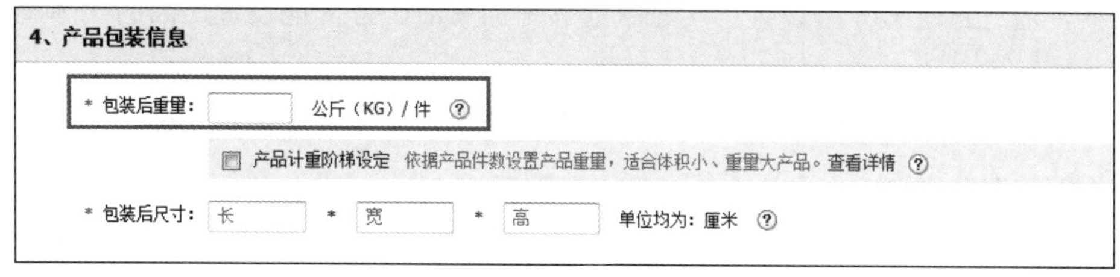

图　3-57

知识点 2：设定产品计重阶梯

物流运费是影响买家做出购买决策的重要因素，而产品运费又是与产品的包装信息密

切相关的。

考虑到部分产品的包装重量不是完全根据产品的数量等比增加的，所以对于产品包装重量比较大、体积比较小的产品，平台特别提供了自定义重量计算功能，以方便广大卖家更加合理、灵活地设置产品的重量信息，避免系统计算的运费高于产品实际运费的情况。当卖家勾选“产品计重阶梯设定”后，系统将忽略计算该产品的体积、重量。对于体积较大、重量较小的产品，一定要谨慎使用该功能，如图 3-58 所示。

产品包装信息

*销售产品计量单位：件(Piece) 示例：12美元/件

*销售方式：○ 按件卖（单位：件） ◉ 按包卖（每包产品的数量：2 件）

*产品包装后重量：重 2 公斤（kg）/ 包

☑ 产品计重阶梯设定（适合体积小、重量大的产品。点击查看详情）

买家购买 7 包以内，按单位产品重量计算运费。

在此基础上，买家每多买 1 包，重量增加 1 公斤。

当您填写完整以上自定义计重的信息后，系统会按照以上设定来计算总运费，忽略产品包装尺寸；错误设定自定义计重信息可能导致您承受运费损失，尤其对于体积重大于毛重的产品，请谨慎选择填写。

*产品包装后尺寸：长 20 厘米（cm）＊ 宽 20 厘米（cm）＊ 高 30 厘米（cm）

图 3-58

例如，某产品单个产品包装后的重量是 2kg，2 件产品包装后的实际重量是 3kg，3 件产品包装后的实际重量是 4kg。

若不使用自定义计重：如果买家购买 3 件产品，那么系统将按照 6kg 的产品重量来计算买家需要支付的运费。

若使用自定义计重：将产品的重量信息设置为买家购买 1 件产品，就按 2kg 的重量计算运费。买家每多买一件产品，重量增加 1kg。如果买家购买 3 件产品，那么系统将按照 4kg 的产品重量来计算买家需要支付的运费。

这样，通过自定义计重设置，卖家就能够更加灵活、方便地设置产品的实际重量，以提高产品的运费竞争力。

产品设置自定义计算重量后，买家页面会自动显示购买数量达到几件可以享受计重阶梯计算出的运费的提示。

自定义重量计算功能不适合产品包装重量较小、体积较大的产品。

知识点 3：产品包装注意事项

（1）避免使用太大或表面有印刷物的箱子：跨国运输中不要使用太大、表面印有太多或全部是图案的箱子。

（2）避免使用坏的或容易变形、不牢固的箱子：不要使用坏了的箱子，虽然可能使一只箱子再度发挥作用，但是箱子里面的货物可能会因此在运输中受到损伤。同样，不要使用容易变形和不牢固的箱子。

（3）避免使用劣质的填充物：不要将碎纸机里的废纸或其他劣质的材料用来填充箱子里的间隙，如果填充物质量不好，很可能无法起到缓冲的功效。

（4）避免在箱子和物品间留下任何空隙：如果有空隙，物品会在其间晃动，会使空隙越来越大，造成缓冲材料失去功效，货物可能会因此破损。

（5）避免使用任何形状奇怪的包装：使用圆筒状的包装盒或袋子，可能会在运输中滚落。形状样式奇特的盒子和袋子，可能会在运输中给货物带来不必要的麻烦。

（6）避免使用信封寄送物品：不要使用信封寄送有价值或易碎的物品。实践证明，使用信封寄送物品，它可能会被卡在信件分拣机里，而且物品不会受到任何有效的保护。

（7）地址应当书写详细、准确：不要使用铅笔、水笔书写地址，它们可能会在运输过程中变得模糊不清。

（8）在包装中加入一张感谢卡，一方面感谢买家购买产品，另一方面也可以给买家留个好印象。另外，卖家自己也可以定义感谢卡的内容，让买家了解更多的信息，同时也会让买家增加对卖家的信任，感谢卡示例如图 3-59 所示。

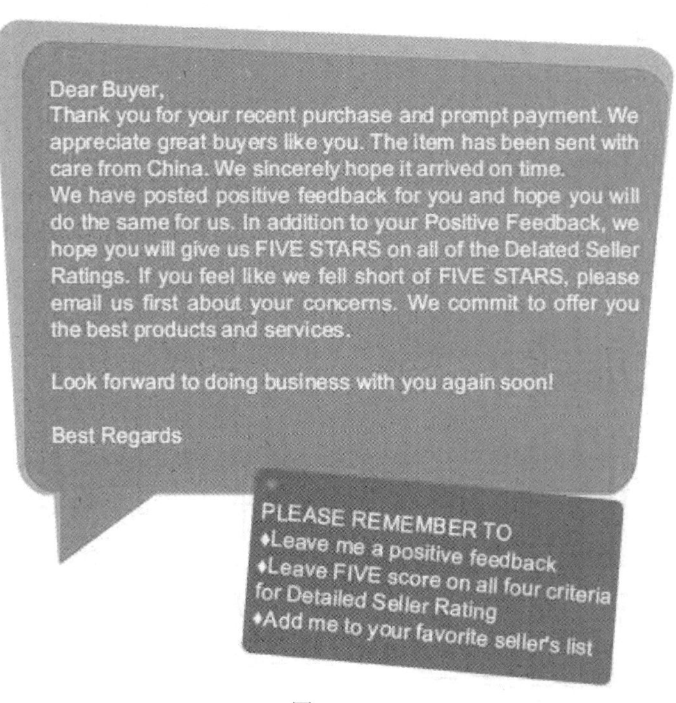

图　3-59

学习任务 5　设置运费

1. 了解如何创建并添加运费模板。
2. 熟悉如何设置、修改运费模板。
3. 设置产品的运费。

0.5 学时。

小李在经理的指导下设计好了产品的包装。经理夸奖他设计的包装不仅合理，还很美观，小李心里美滋滋的，接下来要做的就是设置产品的运费模板。

知识点 1：创建并添加运费模板

第一次上传产品的时候需要创建运费模板。通过运费模板，卖家可以解决不同地区的买家购买商品时运费差异化的问题，还可以解决同一买家在店内购买多件商品时的运费合并问题。运费模板是根据商品重量的不同，使用卖家设置的到各地的运费费率来计算运费的。当买家下单订购时，根据所购商品的总重量以及发货到买家收货地址的对应运费费率，系统将自动计算出最后需要的运费。单击“产品→模板管理→运费模板→添加新模板”创建运费模板，如图 3-60 所示。

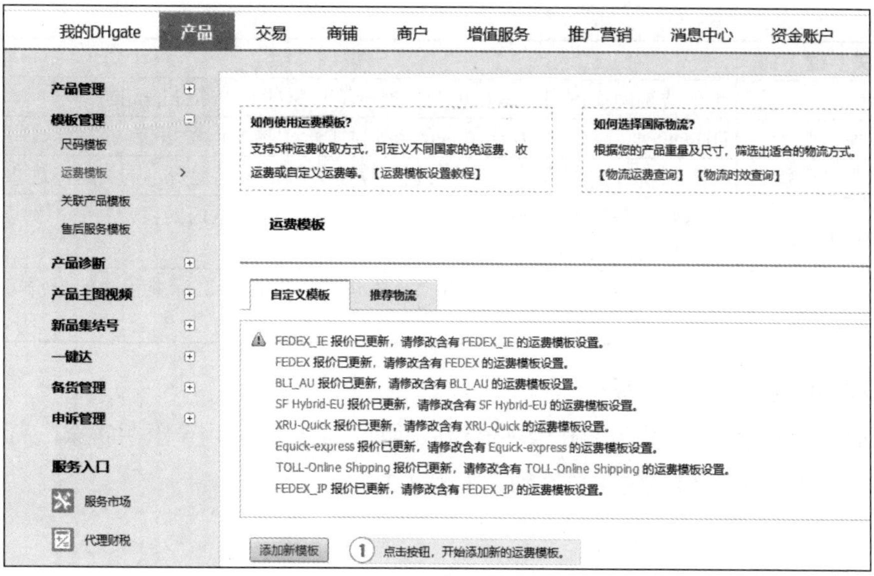

图　3-60

在产品上传页面单击“添加新模板”按钮，会在新窗口打开添加运输模板页面，如图 3-61 所示。

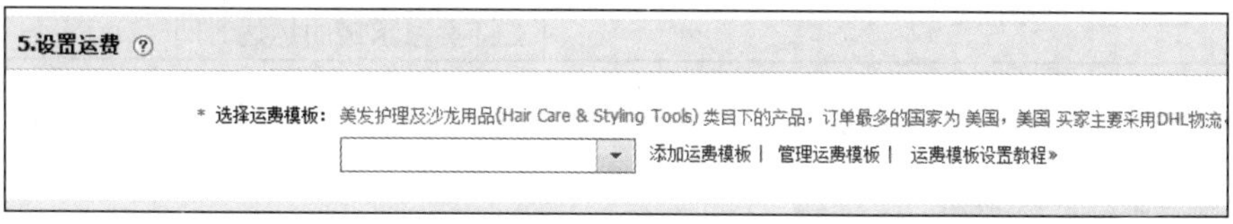

图　3-61

知识点 2：设置运费模板的方法

1. 关键词说明

运费模板的一些关键词说明，见表 3-2。

表　3-2

序号	关　键　词	说　　明
1	自定义模板	由卖家自行设置的运费模板，在该页面中卖家可以管理自定义的运费模板列表，修改、复制、删除运费模版
2	推荐模板	根据老卖家已发货的订单分析，不同行业中使用最多的物流方式排名，供卖家在设置模板中选择物流方式时参考
3	添加模板	创建一个新的运费模板，由卖家自行设置运费
4	标准运费	卖家可以为不同的国家设置不同的标准运费折扣，平台会在物流服务提供商官方报价的基础上加入卖家折扣计算出运费展示给买家

续表

序号	关　键　词	说　　明
5	免运费	免运费是由卖家自行承担运费，展示给买家的是 Freeshipping
6	仓库运费	DHgate 平台与第三方合作的仓库提供了较优惠的运费报价
7	自定义运费	由卖家自行定义的运费，可根据买家购买数量设置运费，购买越多运费越优惠
8	不发货	卖家对某些国家或地区设置不发货，该国家或地区内的客户将看不到运用了该运费模板的商品
9	下载报价	只支持下载物流方式中含有“仓库运费”的报价，标准运费的报价可通过官网查看

2. 设置运费模板 – 简化版

DHgate 平台运费模板分为简化版和高级版两种：简化版适用于新手卖家，高级版适用于老卖家。简化版和高级版的主要区别，见表 3-3。

表　3-3

	简　化　版	高　级　版
特点	只支持使用平台优质物流 支持 2 种运费类型 功能简单，能快速完成模板设置 支持卖家承诺的运达时间	支持使用平台的所有物流方式 支持 5 种运费类型 支持标准运费的打折 支持卖家自定义运费 支持卖家承诺的运达时间

简化版运费模板的设置分为 4 个步骤，如图 3-62 所示。

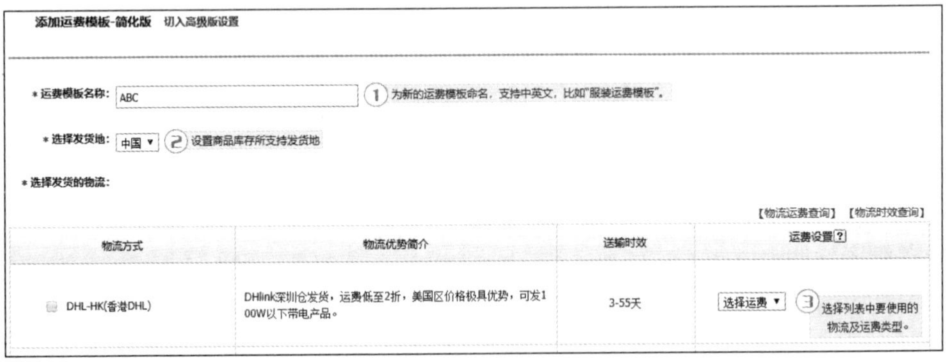

图　3-62

第一步，填写运费模板的名称。

第二步，选择发货地。

第三步，选择运费类型。简化版只支持两种运费类型：仓库运费和免运费。

第四步，单击“确定”按钮，运费模板设置完成。

3. 设置运费模板 – 高级版

高级运费模板的设置，分为 5 个步骤，如图 3-63、图 3-64 所示。

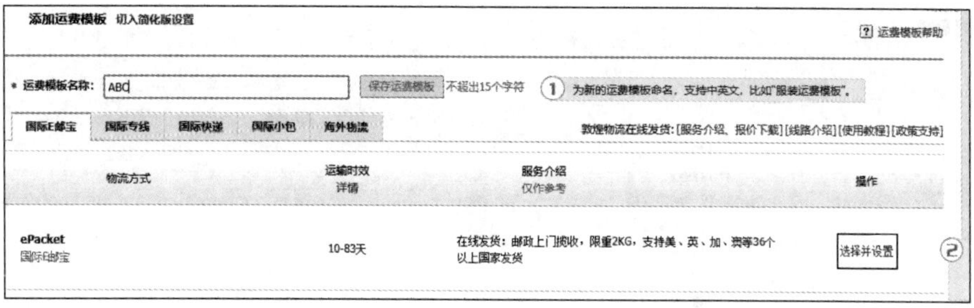

图　3-63

图　3-64

第一步，填写运费模板的名称。

第二步，选择要使用的物流，单击“选择并设置”按钮后设置运费类型。

第三步，设置商品库存所支持发货地。

第四步，选择运费类型，设置销售国家和地区、运费折扣、承诺运达时间。

第五步，单击“确定”按钮，运费模板设置完成。

知识点 3：设置运费

运费模板设置好之后，就可以在产品上传页面设置运费了。在下拉框选择之前设置好的运费模板就可以了，如图 3-65 所示。

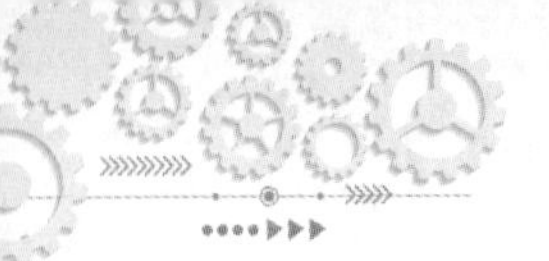

图 3-65

知识点 4：修改运费模板

如果需要修改运费模板的信息，可以单击“运费模板管理”，在“运费模板”页面修改，如图 3-66 所示。

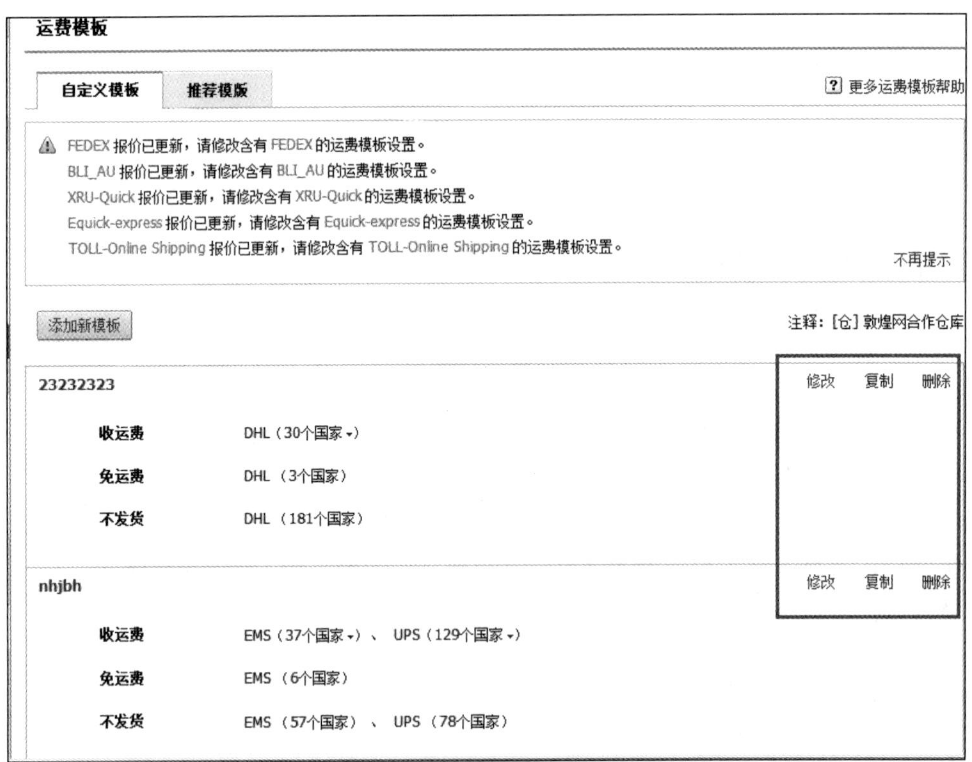

图 3-66

学习任务 6　设置产品有效期和售后服务模板 

1. 熟悉设置产品的有效期。
2. 掌握设置售后服务模板。

0.25 学时。

小李很快设置好了产品的运费模板。经理告诉他胜利就在眼前，现在只差最后一步他的产品就可以展示在买家眼前了，那就是设置产品的有效期和售后服务模板。

知识点 1：设置产品有效期

产品有效期是指自产品成功提交那天起，到该产品停止在网上展示那天止的时间段，有效期默认为 90 天，如图 3-67 所示。

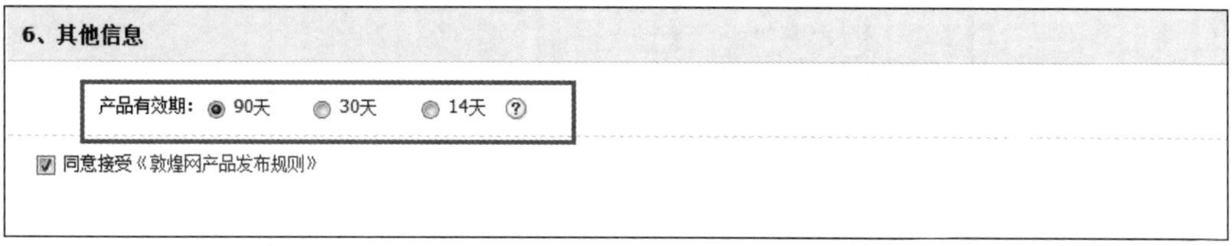

图　3-67

知识点 2：设置售后服务模板

售后服务模板是一种新的售后服务管理方式，它能实现批量绑定和修改产品服务条款，轻松地帮卖家解决服务承诺中产品多、修改麻烦的问题。卖家的服务承诺条款将极大地提升客户对该产品的信任度和购买信心。平台提供了一个默认模板，如图 3-68 所示。

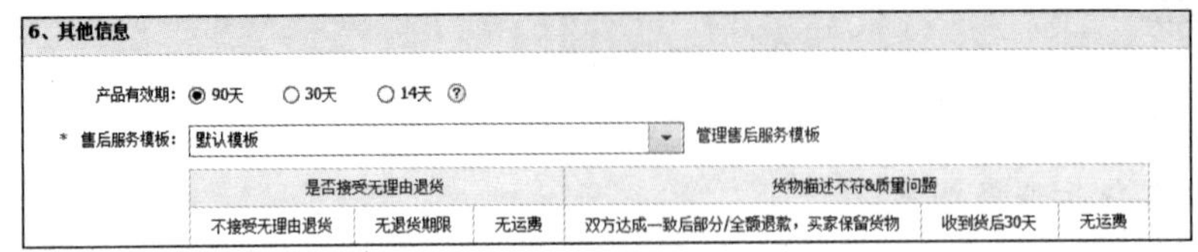

图 3-68

当然，卖家也可以根据自己的需要，设置售后服务模板。

1. 设置售后服务模板

单击“产品→模板管理→售后服务模板”，设置售后服务模板，服务条款的内容可以根据卖家所售产品来决定。卖家还可以给自己的售后服务模板加上特别的名称，以便于后面绑定相关的产品。

单击“添加”按钮便可增加新的模板，如图 3-69 所示。

我的DHgate 产品 交易 商铺 商户 增值服务 推广营销 消息中心 资金账户 数据智囊 服务保障专区 设置

产品管理 模板管理 尺码模板 运费模板 关联产品模板 售后服务模板 产品诊断 产品主图视频 新品集结号 备货管理

售后服务模板

温馨提示：售后服务承诺模板是一种新的管理售后服务的方式，创建一个售后服务模板并在您的产品中引用，可以大大提升买家下单的机率。如果您需要修改售后服务承诺，只需要修改相 展开

添加 删除 您已经添加 20 个模板 还可以添加 0 个 请输入模板名称 搜索

模板名称	接受无理由退换货	描述不符&质量问题	使用此模板的产品数	最后更新时间	操作
默认模板	否	双方达成一致后部分/全额退款，买家保留货物	2	2015-07-27	管理模板产品
BE171 24	是	退货退款	0	2020-04-22	管理模板产品 | 修改 | 删除

图 3-69

填写模板名称和模板信息，单击“确定”按钮，售后服务模板设置成功，如图 3-70 所示。

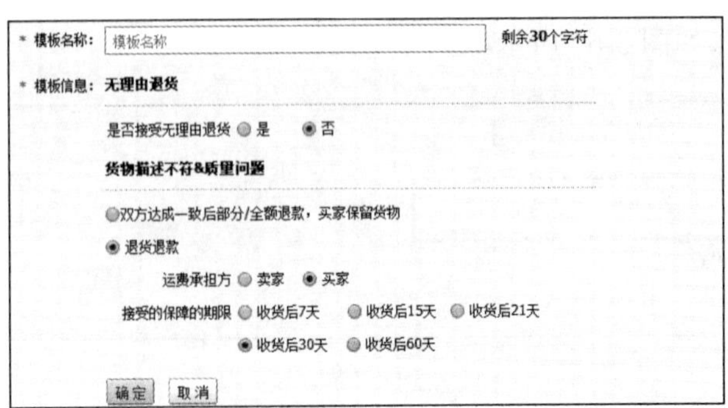

图 3-70

2. 更新售后服务模板

单击模板产品可批量更新售后服务模板，如图 3-71 所示。

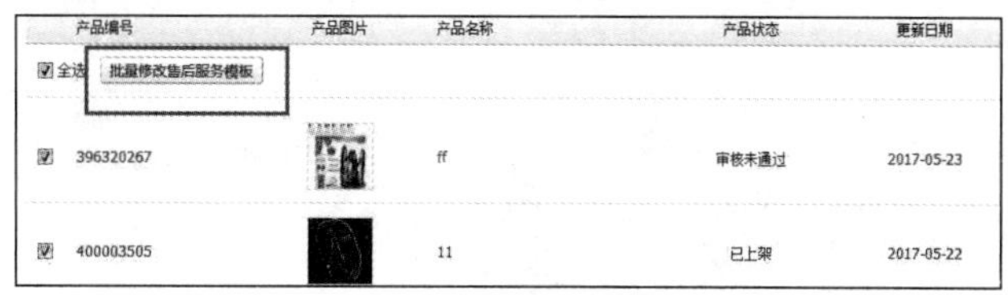

图　3-71

3. 修改与删除售后服务模板

设置好的售后服务模板会以列表的形式出现，单击“删除”按钮可以将已设置好的模板删除掉。要注意的是，如果售后服务模板已经绑定了产品就不能直接删除，需要把模板下面的产品全部移除后再操作。也可以单击“修改”按钮对此售后服务模板进行修改，如图 3-72 所示。

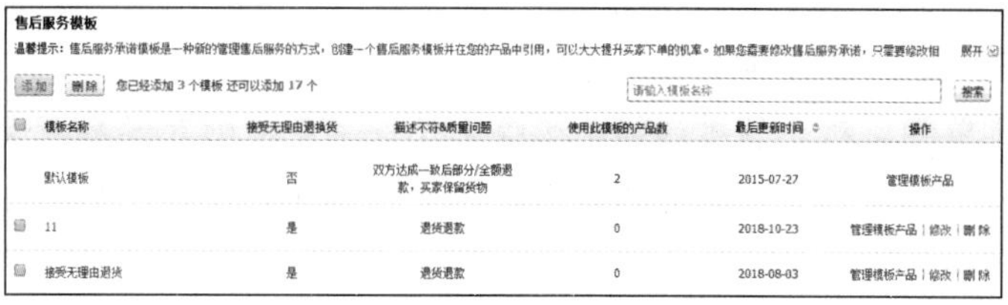

售后服务模板

温馨提示：售后服务承诺模板是一种新的管理售后服务的方式，创建一个售后服务模板并在您的产品中引用，可以大大提升买家下单的机率。如果您需要修改售后服务承诺，只需要修改相　展开

添加　删除　您已经添加 3 个模板 还可以添加 17 个　请输入模板名称　搜索

模板名称	接受无理由退换货	描述不符&质量问题	使用此模板的产品数	最后更新时间	操作
默认模板	否	双方达成一致后部分/全额退款，买家保留货物	2	2015-07-27	管理模板产品
11	是	退货退款	0	2018-10-23	管理模板产品 | 修改 | 删除
接受无理由退货	是	退货退款	0	2018-08-03	管理模板产品 | 修改 | 删除

图　3-72

4. 将售后服务模板和产品绑定

选择进入“管理售后模板产品”，到产品列表查看该模板下方有哪些产品。单击“添加产品”按钮，可以将想绑定的产品放到该模板下，当不打算对某一产品使用该模板内的服务时，选中相应产品，单击“移除”即可，如图 3-73 所示。

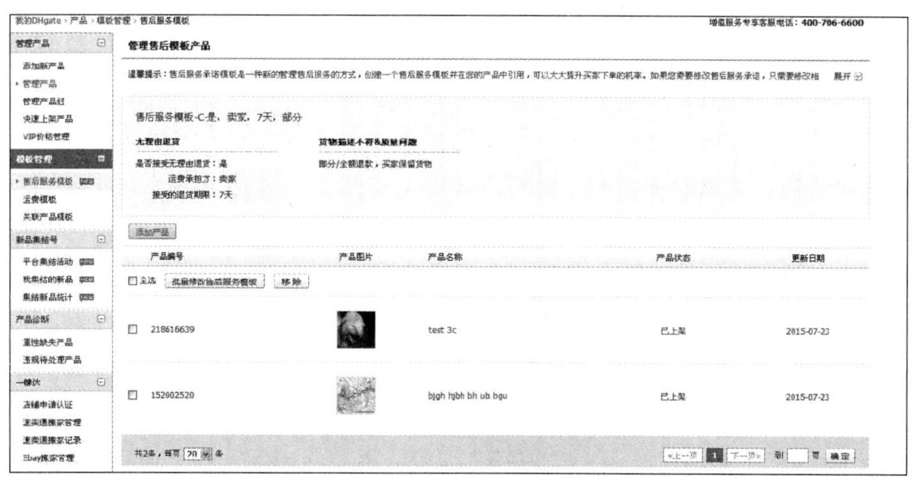

图　3-73

成功故事分享

找出产品的亮点，让产品吸金

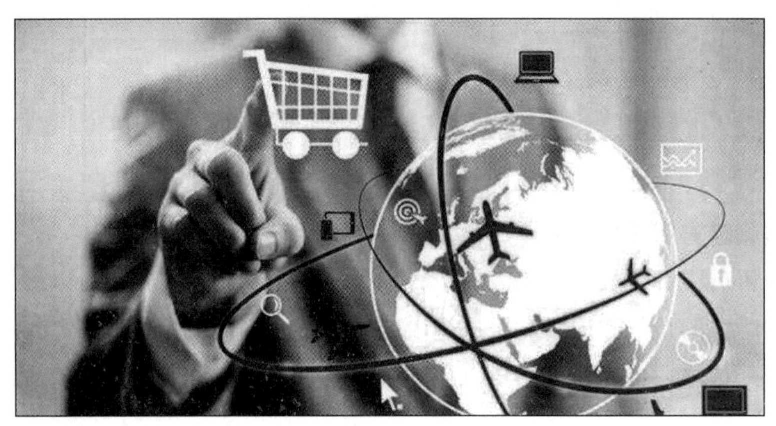

我和 DHgate 平台相识已经一年了，一直处于慢热状态，由始至今，我一直都对我们的这份感情充满期盼，但总是让我欢喜让我忧！

第一阶段，了解期。对于货源选择，我摸索了快半年，刚开始很谨慎，选产品花了不少时间，为了上好产品，对于产品的模板框架也专门去研究设计，但是在销量上看不出什么效果。到底是什么原因，我不断地去寻找。

第二阶段，热恋期。产品慢慢地多了，敦煌通响起的时间也多了，经常都会看到满满一屏的客户在浏览，这种感觉非常好，心里甜滋滋的，不管下单情况怎么样，至少有人在看就有机会了啊。有时候半夜爬起来就是为了看看有没有客户想咨询。虽然订单量增加不多，不过心里还是很高兴的。

第三阶段，矛盾期。我努力做好敦煌网客户的维护，但是由于物流原因，我有两个退款纠纷，但是都在双方僵持状态下，一个我刚好给客户退款，第二天看到物流显示客户已经签收了，第二个非常幸运，在客户已经把纠纷提交到平台，我已经准备退款的时候，物流到了。问题没解决之前，心里真的非常难受。其实敦煌网真的是个很好的平台，但是物流方面确实不给力，有时候想想，做外贸这么辛苦，等这么久才能收回款，做国内有时候利润比敦煌网还高，收款时间还短，真有点想打退堂鼓了。但是又不甘心，为什么其他人能做得这么好，自己却做不到呢？而且国内的平台的确竞争太激烈了，所以对于敦煌网我不能放弃，一定要成功。

第四阶段，缓和期。凭着我真诚的服务，还是得到了客户的认可的，渐渐地和客户成了朋友，经常有沟通，这个平台还是给到我们很好的发展空间，只要努力去做，一定能做出成绩来的。

在不断的跌倒、不断的失落中，每一次都是教训，每一次都是经验。客户多了，朋友多了，那么如何在产品及价格都不怎么有竞争力的情况下做外贸？一定是产品自身有特殊性吗？

未必，产品之所以被称为产品，是因为它具备某些可供使用的价值，在价格一定的情况下，谁的价值最高，谁就能在竞争中占有优势，在实际的市场里面，情况发生了变化，因为这里面有个信息传达的问题。

网络化的时代，一根网线可以联络到世界的各个角落，任何卖家都可以轻而易举地将自己的产品介绍给电脑端的客户，但是也带来了一个不可回避的问题，就是客户的体验性。由于语言的差异，表达能力的不同，本身就会让产品推销产生了差别，有些人还停留在基本的描述上，泛泛而谈，只说自己的产品好、质量好，却拿不出具体的数据或者案例来支持，所以产品的介绍要做到优势数字化、形象化、跟客户的利益直接相关化。

以上所说的都不是什么特殊性，凡是商品都应具备。那么，相似或者相同的产品，如何竞争呢？

（1）数字化形象。跟客户的利益相关化，这个永恒不变，让客户更加深刻地把握你的产品，这样会淘汰掉很大一部分只会说自己质量好的商家。

（2）增强客户体验。网络时代的体验性很差，只能看到，摸不到也感受不到，我们要想办法让客户感受到。

样品绝对是一个好办法，这是一个非常有力的武器。但是很多公司的产品价值颇高、邮费颇高，客户不愿意出，公司不愿意掏，怎么办？那就为客户进行演示，直播也好，视频也罢，让客户能够身临其境。

举几例子：安全网就是要保护安全，工地上，如果有工人不慎失足坠落，这个时候安全网要能够接得住他们，要顶得住冲击。

清洁剂，销售人员都是喝一口，因为众多厂家都说自己的产品纯天然提取，不含化学剂，这不是特殊性，这是必须具备的特性，否则谈何天然？

纯棉衣物，就要耐热、透气吸汗，想想如何能生动地体现出来呢？

粘合剂，本身的性质就是在一定的时间内凝固，而且强度要大，凝固后，用重物敲击，粘合的部位没有裂开，产品的其他地方破裂，这才是粘合剂必须要做到的。

所以，只要产品能够达到声明的效果，用适合的方式直观地展示出来，这就是亮点，未必一定要具有绝对的特殊性。

还记得那个卖汽车安全玻璃的美国商人吗？大家都在卖，都在说我的玻璃随便怎么砸，虽然会破但是绝对不会裂开伤人，只有他是真正地拿着锤子砸了汽车的玻璃，让客户体验到了他说所的性质。

这就是产品的亮点！源于产品，源于自身的卖点。

资料来源：https：//seller.dhgate.com/story/c_41041.html#cms_ 找出产品的亮点让产品吸金 -list-1，有删改。

一、选择题

1. 关于产品的标题，下列说法正确的是（　　）。

A.Wholesale 是系统生成的，用户不需要填写到标题上

B. 打包方式，在基础信息中可以选填，也不需要填写到标题上

C. 有些产品可以借用知名品牌名称来提升销量

D. 标题中相同的关键词最多可出现 5 次

2. 选择关键词的方法有（　　）。

A. 通过主关键词的关联词寻找关键词　　B. 通过相关搜索选择关键词

C. 借鉴同行超级卖家　　D. 借助关键词查询工具

3. 以下（　　）是关键词查询工具。

A. Google Trends　　B. Google Adwords

C. Wordtracker　　D. Merchantwords

4. 对产品进行定价的原则有（　　）。

A. 根据自己的经验定价　　B. 根据平台的特点定价

C. 根据买家的特点定价　　D. 根据买家的购买习惯定价

5. 以下（　　）属于产品图片拍摄技巧。

A. 借助适当的光线提高整个物品的亮度

B. 尽量使用与物品形成鲜明对比的背景

C. 缩小拍摄距离

D. 拍摄物品的某些细节和多角度（正面、背面、侧面和顶部）的特写

二、简答题

1. 一个好的产品标题包含哪几个维度？

2. 如何选择确定关键词？

3. 为什么设置产品基本属性很重要？

4. 对产品进行定价的方法有哪些？

5. 产品详细描述应该具备哪些特点？

三、案例题：优化下列产品标题

1. Wholesale LED Rose Light，Romantic Light，LED Rose Lamp BOO- 13-50pcs/Lot

2. Wholesale New Custom Plus Size Sexy Sweetheart Strapless Beautifully Organza Mermaid Wedding Dress Bridal Gown

3. Wholesale - WOLFBIKE Fashion Man Women Cycling Waterproof Jacket Bike Rain Coat

Bicycle Windproof Jersey Blue/Green for Sports BC231#

四、实训题

在 DHgate 平台熟练发布一款你选好的商品。

掌握 DHgate 平台产品发布技巧考核评价表

序号	评价内容	得分 / 分			综合得分 / 分
		自评	组评	师评	
1	知道如何撰写产品标题				
2	知道如何选择、确定产品关键词				
3	了解产品的销售方式				
4	知道如何对产品进行定价				
5	知道如何准备产品图片				
6	知道如何撰写产品描述				
7	知道如何设计产品的包装				
8	知道如何设置产品的运费模板				
9	知道如何设置产品的售后服务模板				
合　计					

注 综合得分 = 自评 ×30%+ 组评 ×30%+ 师评 ×40%。

学习项目 3　总结与评价

建议学时

1 学时。（用来总结本学习项目各任务的学习、总结等情况。）

总结与评价过程

一、汇报总结

序号	汇　报　人	值得学习的地方	有待改进的地方
1			
2			
3			
4			
5			
6			

二、综合评价

1. 专业能力评价

序　　号	项 目 名 称	得　　分
1	学习任务 1	
2	学习任务 2	
3	学习任务 3	
4	学习任务 4	
5	学习任务 5	
6	学习任务 6	
综合得分		

注 综合得分为本学习项目中各学习任务得分的平均值。

2. 职业素养能力评价

序号	评 价 内 容	评 价 标 准	得分 / 分			综合得分 / 分
			自评	组评	师评	
1	本项目知识掌握程度	能否掌握产品上传的各项知识，包括平台规则，产品上传的技巧等				
2	平台实操能力	能否熟练上传一款产品				
3	学习态度	上课是否认真听讲，勤于思考、独立钻研				
		课后是否认真完成老师布置的各项任务				

续表

序号	评价内容	评价标准	得分 / 分			综合得分 / 分
			自评	组评	师评	
4	团队合作能力	是否积极配合团队的成员				
		是否对团队做出积极的贡献				
综合得分						

3. 综合得分

学习项目 3 综合得分 = 专业能力评价得分 ×60%+ 职业素养能力评价得分 ×40%+ 创新素养能力评价得分。

注：创新素养能力是指学生在学习的过程中提出的具有创新性、可行性的建议的能力；创新素养能力评价得分，满分 10 分（由老师根据表现评定），为加分项。

学习项目 4 认识国际物流与 DHgate 平台海外仓

国际物流作为跨境电商中不可或缺的一个重要环节，其时效性和妥投率直接决定了客户的体验度和回头率。DHgate 平台为了帮助用户优化物流成本、提升客户体验，积极地在全球各地布局海外仓。DHgate 平台海外仓操作便捷、发货迅速、配送效率高，客户满意度提升，用户回款时间大大缩短。

项目目标

1. 了解国际物流的相关内容。
2. 了解如何选择合适的快递方式与快递公司。
3. 熟悉如何进行线下发货。
4. 熟悉 DHgate 平台在线发货技巧。
5. 了解 DHgate 平台海外仓与 DHgate 数字贸易中心（DTC）。

5 学时。

学习任务 1　认识国际物流

1. 了解国际物流的主要方式。
2. 了解国际物流的特点。
3. 熟悉国际物流运费的计算方法。
4. 了解国际物流的分区。

1 学时。

企业情景引入

经过一段时间的摸索，小李终于成功地上传了自己的产品，他的内心充满了期待，期待出单的那一天。好在这一天很快就到来了，小李激动极了，他飞快地跑到经理的办公室向经理报告这件喜讯。经理对他表示了祝贺，并且告诉他下一步要准备发货了，在发货之前，先应该了解一下关于国际物流的相关知识。

知识点 1：国际物流的主要方式

国际物流是指物品从一个国家（地区）的供应地向另一个国家（地区）的接收地的实体流动过程，主要包括以下 4 种方式。

1. 国际快递

国际快递走快递报关途径，通过空运方式运输，包括以下三种。

（1）商业快递：TNT 、UPS、DHL、FEDEX，统称为四大快递。

（2）国际邮政速递：如大陆的 EMS、新加坡的 EMS、USPS（美国邮政）、PARCEL FORCE（英国邮政）。

（3）专线：通过航空包舱方式运输到国外，通过合作公司进行目的国派送，如 Equick、燕文专线等。

2. 国际平邮

国际平邮包括邮政大包和国际小包。目前常见的国际小包服务有：中国邮政小包、新加坡邮政小包、香港邮政小包。

3. 国际空运

国际空运走正式报关途径，通过空运方式运输。

4. 国际海运

国际海运走正式报关途径，通过海运方式运输。

知识点 2：国际物流的特点

1. 国际快递

（1）国际快递的共同点。

1）快递方式比较适合 100kg 以下的货物运输。

2）承运货物为文件、样品、货样广告品等没有商业价值的货物。

3）航空方式，门到门服务。

（2）EMS 和四大快递的区别。国际快递除了有上述 3 个常见特点外，EMS 和四大快递也有一些不尽相同的地方，具体如下。

EMS 的特点有：

1）EMS 直达各国，然后清关派送，因此转运时间不稳定。

2）EMS 单件一般不能超过 30kg。

3）无燃油附加费。

4）无偏远地区附加费。

5）目的地单独的通关渠道。

6）0.5kg 以下的包裹按照文件计费。

7）不计抛重，按照实重收费。

8）查货服务不是很好。

9）首重 + 续重方式计费；包装收费；价格浮动较大，不稳定。

10）擅长私人地址派送，但是网络覆盖较少。

四大快递的特点有：

1）四大快递收取燃油附加费 10% ～ 25% 不等，一般一个月更新一次标准。

2）四大快递收取偏远地区附加费。

3）四大快递计算体积重量，长 × 宽 × 高（cm）/5 000= 体积重量，与实际重量相比取较高值。

4）服务的稳定性：FEDEX/UPS 的优势航线为美洲地区，转运稳定性好；TNT/DHL 的优势航线为欧洲、中东、非洲、西欧国家，主要目的地的转运时间为 2 天；四大快递公司在亚太区域的服务差别不大。

5）通过各洲的中转操作中心中转货物，因此转运时间比较稳定。

6）单件重量一般不能超过 70kg；20kg 以下是“首重 + 续重”方式计费，20kg 以上采取每千克计费。

7）走商业快递清关渠道。

8）查货服务相对较好。

9）包装免费，价格浮动不大，相对稳定。

10）服务覆盖网络较大，尤其是 DHL 和 UPS。

2. 国际平邮

（1）中国邮政大包。

1）服务方式。中国邮政大包是中国邮政推出的一种普通包裹服务。中国邮政大包可以到达 200 多个国家，对时效性要求不高且重量重或是体积大的货物，可选择使用此方式发货。中国邮政大包分为三种服务方式：①中国邮政航空大包（CHINA POST AIR）全程走空运，它到达目的地国家的时间是 10 ～ 15 个工作日。②中国邮政水路航空大包（CHINA POST SAL）是有航班时全程空运，没有航班时走水路的一种服务方式，官网公布它到达的时间是 15 ～ 20 天。③中国邮政水陆路大包是指全程走水路（海运）的服务方式，它的时间比较长久，一般在 1 ～ 2 个月内签收，运费比较便宜。

2）货物包装要求。

重量要求：大于 2kg，小于 30kg，个别国家要求不能超过 20kg。

最大体积要求：单边≤ 1.5m，长度 + 长度以外的最大横周≤ 3m（此最大规格是 30kg 货物）；单边≤ 1.05m，长度 + 长度以外的最大横周≤ 2m（此最大规格是 20kg 货物）。

3）优势。①中国邮政大包的运费比较低，不计算体积重量，适合发轻抛货物。没有偏远附加费，相对于其他运输方式（如 EMS、DHL、UPS、Fedex、TNT 等）来说，中国邮政大包服务有绝对的价格优势。采用此种发货方式可最大限度地降低成本，提升价格竞争力。②中国邮政大包交寄相对方便，可以到达全球各地，只要有邮局的地方都可以到达。其单一的运单，减少了客户的麻烦。③中国邮政大包提供包裹的追踪查询服务。包裹离开当天可在中国邮政网站查询到信息，且有全程跟踪功能。④中国邮政大包的清关能力较强，如俄罗斯、阿根廷、巴西这些国家走中国邮政大包的通关稍好一些。

（2）国际小包。重量在 2kg 以内，外包装的长、宽、高之和小于 90cm，且最长边小于 60cm，通过邮政空邮服务寄往国外的小邮包，可以称为国际小包。

国际小包分为普通空邮（Normal Air Mail，非挂号）和挂号（Registered Air Mail）两种。前者费率较低，邮政不提供跟踪查询服务；后者费率稍高，可提供网上跟踪查询服务。

目前，常见的国际小包服务渠道有中国邮政小包、新加坡邮政小包、中国香港邮政小包、荷兰小包、瑞士小包、俄罗斯小包、中国邮政 e 邮宝等。其中中国香港邮政小包最受欢迎，时效最为稳定，售后查询规范，但价格偏高。中国邮政小包价格较低，但到达大部分国家的时效不稳定，售后查询周期偏长，丢件一般赔偿三倍运费。

国际小包有如下优点。

1）全球化：国际小包可以将产品送达全球几乎任何一个国家或地区的客户手中，只要有邮局的地方都可以到达，大大扩展了外贸卖家的市场空间。

2）简便性：国际小包交寄方便，且计费方式全球统一，不计首重和续重，大大简化了运费核算与成本控制。

3）成本低：相对于其他运输方式（如 EMS、DHL、UPS、Fedex 和 TNT 等）来说，国际小包服务有绝对的价格优势。

但同时，国际小包还有时间长、货物跟踪困难、丢包率较高等缺点。

3. 国际空运

国际空运以其迅捷、安全、准时的超高效率赢得了相当大的市场，大大缩短了交货期，对于物流供应链加快资金周转及循环起到了极大的促动作用。各大航空公司相继投入大量的航班分取货运这块蛋糕。但空运相对海运成本较高，海运和空运成本比率约为 1 ∶ 10。国际空运具有以下特点。

（1）分为到门服务和到港（Airport）服务。

（2）适用于重量超过 100kg 的货物，根据具体情况而定。

（3）出口发货人需要提供出口报关单据，如果发货人自身不能提供的话，需要找外贸窗口提供。

（4）对于货物重量和尺寸没有严格限制，一般不能超过 3m×2m×1.5m。

（5）液体、颗粒、粉末等货物需提供非危鉴定。

（6）可以根据货物的转运时效，灵活选择航班。

（7）目的地收货人需要提供清关文件，通常要缴纳关税和增值税。

（8）国家进出口限制货物，需要按照海关要求提供相应的单证（AQIS）。

（9）适用于价值较高、对转运时间有要求、需要出口退税的货物。

4. 国际海运

国际海运是指承运人按照海上货物运输合同的约定，以海运船舶作为运载工具，以收取运费作为报酬，将托运人托运的货物经海路由一国港口运送至另一国港口的行为。

海洋运输的运量大、费用低、航道四通八达，是其优势所在。但速度慢、航行风险大、航行日期不易确定，是其不足之处。按照船舶的经营方式，国际海运可分为班轮运输和租船运输。国际海运具有以下特点。

（1）分为拼箱和整箱服务。

（2）海运货物一般至少要 $1m^3$ 起运。

（3）转运时间长，货物破损概率大。

（4）出口和进口均需提供报关单证，目的地收货人需缴纳关税和增值税。

（5）一般适用于对时间要求不紧急，货物单价不高的货物。

（6）对于危品限定不严格。

知识点 3：国际物流运费的计算

DHgate 平台的运费是按各货运公司的官方网站提供的方式计算的，在卖家上传产品时 DHgate 平台会按卖家所填写的产品包装后的体积、尺寸、重量等因素自动进行计算。

如果卖家是第一次接触国际物流，那么建议可以先采用最易上手的 EMS、HK Post、Singpost（Speedpost）及 China Post 四种运输方式，因为这几种运输方式的运费都只计重量不计体积，而且 HK post 和 China post 的价格在所有物流中最优惠。下面介绍国际物流的费用是如何计算的。

1. 计费重量单位

一般以每 0.5kg（0.5 千克）为一个计费重量单位。

2. 首重与续重

以第一个 0.5kg 为首重（或起重），每增加 0.5kg 为一个续重。通常，起重费用相对续重费用较高。

3. 实重与材积

实重是指需要运输的一批物品包括包装在内的实际总重量。

体积重量或材积是指当需要寄递的物品体积较大而实重较轻时，因运输工具（飞机、火车、船和汽车等）的承载能力及可装载物品的体积所限，需要采取量取物品体积折算成重量作为计算运费的重量的方法。体积重量的计算方法为

规则物品：长（cm）× 宽（cm）× 高（cm）÷5 000= 重量（kg），如图 4-1（a）所示。

不规则物品：最长（cm）× 最宽（cm）× 最高（cm）÷5 000= 重量（kg），如图 4-1（b）所示。

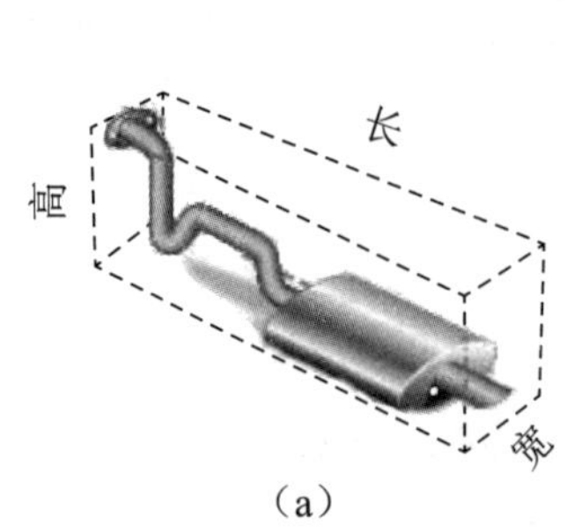

（a）

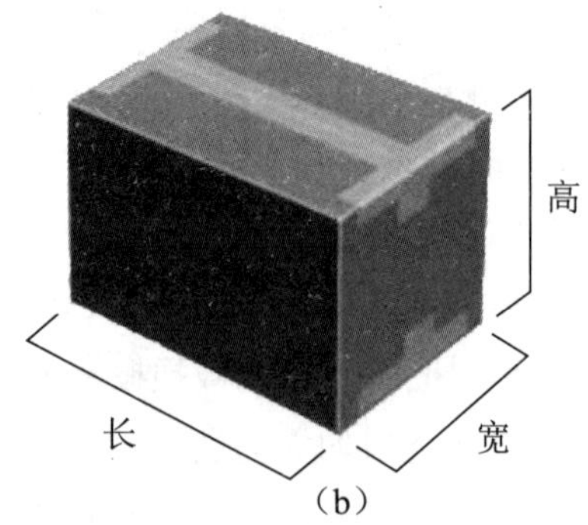

（b）

图 4-1

轻抛物是指体积重量大于实际重量的物品。

4. 计费重量

按实重与材积两者的定义与国际航空货运协会的规定，货物运输过程中计收运费的重量是按整批货物的实际重量和体积重量两者中较高者计算的。（注：目前只有国际 EMS 按照实重来计算，其他的国际快递都是按照实际重量和体积重量两者之中较高的来计算。）

5. 包装费

一般情况下，快递公司是免费包装的，提供纸箱、气泡等包装材料。例如，衣物不用特殊包装就可以；而一些贵重、易碎物品需要收取一定的包装费。包装费一般不计入折扣。

6. 通用运费计算公式

（1）当需寄递物品的实重大于材积时，运费的计算方法为

首重运费＋（重量 ×2-1）× 续重运费

例如：5kg 货品按首重 150 元、续重 30 元计算，则运费总额为 150 ＋（5×2-1）× 30=420（元）。

（2）当需寄递物品的实际重量小而体积较大时，运费需按材积标准收取，然后再按上列公式计算运费总额。

7. 附加费

附加费通常有燃油附加费、危险品附加费、保险费、非标准包装附加费、偏远地区附加费、居民区附加费、超大件附加费、超重附加费、战争附加费和周末派送附加费等。

知识点 4：国际快递分区

不同的国家和地区所在的分区不一样，价格也是不一样的，而且不同的快递公司的分区也是不一样的，但是相差不大。同一分区的价格是一样的。表 4-1 是 EMS 国际快递分区表。

表　4-1

EMS 国际快递分区表	
区域	到达国家和地区
1 区	中国香港，中国澳门，中国台湾
2 区	朝鲜，韩国，日本
3 区	菲律宾，柬埔寨，马来西亚，新加坡，泰国，印度尼西亚，越南，蒙古
4 区	澳大利亚，新西兰，巴布亚新几内亚
5 区	美国
6 区	加拿大，爱尔兰，意大利，奥地利，英国，芬兰，法国，德国，西班牙，挪威，葡萄牙，卢森堡，马耳他，瑞典，瑞士，比利时，希腊，丹麦
7 区	老挝，印度，土耳其，巴基斯坦，孟加拉国，尼泊尔，斯里兰卡
8 区	捷克，匈牙利，波兰，阿联酋，巴西，俄罗斯，阿根廷，以色列，约旦，墨西哥，白俄罗斯，巴拿马，哥伦比亚，古巴，圭亚那，秘鲁，乌克兰
9 区	阿曼，卡塔尔，巴林，沙特阿拉伯，埃及，莫桑比克，伊朗，加纳，埃塞俄比亚，爱沙尼亚，保加利亚，博茨瓦纳，布基纳法索，刚果（布），刚果（金），哈萨克斯坦，吉布提，几内亚，加蓬，开曼群岛，科特迪瓦，科威特，克罗地亚，肯尼亚，拉脱维亚，卢旺达，罗马尼亚，马达加斯加，马里，摩洛哥，尼日尔，尼日利亚，塞内加尔，塞浦路斯，突尼斯，乌干达，叙利亚，乍得

学习任务 2　选择物流公司与货运方式

1. 熟悉选择快递方式与快递公司的原则。
2. 了解一个简单的选择方法。
3. 了解物流服务商（货代）和国际快递公司的关系。

0.5 学时。

小李很快熟悉了国际物流的相关知识，国际物流的方式多种多样，各有千秋，真的很难一下子做出选择。小李只好又去求助经理了，经理打开电脑，教了他很多选择国际物流的方法和原则。

知识点 1：选择快递方式与快递公司的原则

接到订单之后，接下来要做的事情就是考虑运输的问题，对于物流公司和货运方式的选择要遵循一定的原则。

（1）从买家的角度出发；卖家应该为买家所购买的货物做全方位的考虑，包括运费、安全度、运送速度和是否有关税等。

（2）尽量在满足物品安全度和速度的情况下，为买家选择运费低廉的服务。

（3）商品运输无需精美的外包装，重点是安全、快速地将售出的商品送达买家手中。

（4）即使拥有再多的经验，也无法估计所有买家的情况，所以把选择权交给买家更为合适，只需要在物品描述中表明所支持的运输方式，再确定一种默认的运输方式，如果买家有别的需要自然会联系卖家。

（5）有的买家可能适合多种运送方式，卖家可以写出常用的方式及折扣，为买家省去部分运费，也会挣得更多的回头客。

知识点 2：简单的选择方法与注意事项

对于新手卖家来说，一个简单的选择方法如图 4-2 所示。

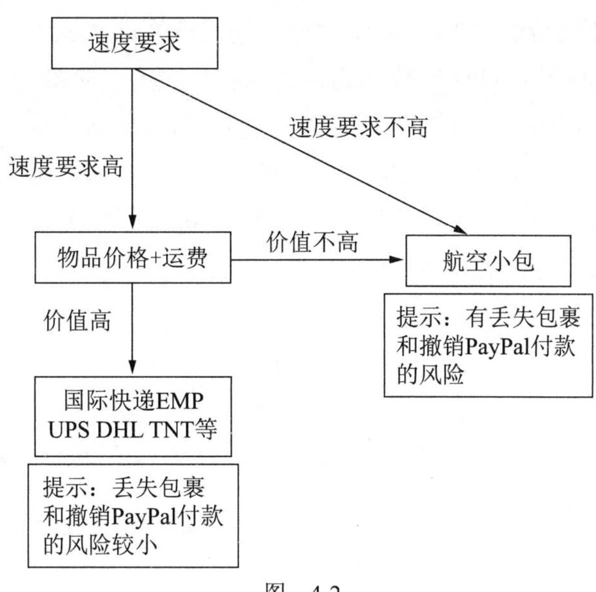

图　4-2

下面介绍一些常见的物流方式，它们的时效性以及基本要求，见表 4-2。

表　4-2

货运公司	时　效　性	基 本 要 求
EMS	时效较慢，价格便宜，一般货物走 EMS 是不错的选择，清关能力强。对货物的要求：一票货只能走一件货，且不得超 30kg，每 0.5kg 为计重单位。EMS 不计体积重量	对时效性要求不高，可以选择 EMS
航空小包	①便宜，成本低。②交寄相对方便，可以寄达全球各地，有些偏远岛国走小包最省运费。③挂号邮件在交寄后 24h 后可以在大陆 / 香港邮政网站查询运输状态。④计费方式全球统一	①准寄范围可挂号，可附寄光盘、唱片。②重量不超过 2kg。③最大尺寸：长、宽、高合计不超过 90cm，且最长一边不得超过 60cm
DHL	5kg 以下的小货在全球范围内都很有优势，DHL 专线优惠价中，日本、韩国、中国台湾价格较好，这些路线建议走这些专线，价格和服务都很有优势。时效性：东南亚 1 ～ 2 天；北美、西欧 2 ～ 3 天；南美、东欧、中东、非洲 4 ～ 5 天	
UPS	5 ～ 8 区走 6kg 以上的小货，价格有优势	
TNT	价格优势线路是中东与东欧地区，特别是 21kg 以上的大货价格极具优势。时效性：中东、东欧 4 ～ 5 天，其他地区不推荐	
FedEx	东南亚的价格与服务很有优势。今天交货，一般是隔天到达，价格也不错。东南亚地区不管大小货，建议用 FedEx	

另外，在选择国际物流的时候应注意以下事项。

（1）选择平台认可的物流方式，使用非平台认可的物流方式会造成发货后无法向平台回填物流信息。

（2）重点关注不同运输方式在运费、派送时间和清关能力方面的区别。

（3）了解 DHgate 平台目前支持的物流方式，主要有：EMS、UPS、DHL、FedEx、TNT、Ocean Freight、China Post Air、China Post SAL、Hongkong Post、TOLL、HERMES、Singapore Post 、DPD、TNT Post、ARAMEX、USPS、Equick、DNJ、捷利安专线（JILLION）、佳成专线（JCEX）、欧洲商务包裹、SF 顺丰国际、RPX 和俄速通（Ruston）、俄速递（XRU）。

（4）四大快递发货的注意事项，见表 4-3。

表 4-3

物流公司	注意事项
DHL	1. 体积重量货物：对于体大质轻的包裹，按照国际航空运输协会的规定，根据体积重量和实际重量中较重的一种收费。计算体积重量，需将包装的长、宽、高（cm）相乘再除以 5 000。 2. 有燃油附加费，每月更新。 3. 有偏远地区服务费。若收费，每千克 3 元，每票最低收取人民币 150 元。 4. 对于单件任意一边长度超过 120cm 或单件实际重量超过 70kg 的货件，将征收非标准货件附加费 200 元，且每一票货件仅征收一次。 5. 保险：国际快件支付投保金额的 1%，最低保险费为 100 元，可自行选择是否购买。 6. 关税：可能会产生，无法预估
UPS	1. 体积重量货物：对于体大质轻的包裹，按照国际航空运输协会的规定，根据体积重量和实际重量中较重的一种收费。计算体积重量，需将包装的长、宽、高（cm）相乘再除以 5 000。按照单个包裹计算。如果有两件货，一件计算体积重量，一件计算重量，两者相加为计费重量。 2. 有燃油附加费，每月更新。 3. 有偏远地区服务费。根据具体地址判断是否收费。若收费，则每次为 167 元。 4. 非规则形状物品，每个包裹征收 40 元附加费。 5. 单边大于等于 270cm，周长大于等于 419cm，重量大于等于 70kg，不能承运。 6. 最大边长大于等于 152cm，次边长大于等于 76cm，重量大于等于 32kg，每个包裹加收 40 元。 7. 大型包裹附加费。周长在 330 ～ 419cm，每个包裹加收 378 元。 8. 保险是只对有账户客户提供的服务。公式为保险金 =（申报金额 −800）/800×3.2
TNT	1. 有燃油附加费，基本上每月更新。 2. 针对偏远地区的取件及派送，收取一定金额的偏远地区派送费。收取标准为每公斤 2 元。每单次偏远地区取派件最低收取 50 元。 3. 体积重量货物：长 × 宽 × 高 ×200（kg/m^3），根据体积重量和实际重量中较大的一种收费。或将包装的长、宽、高（cm）相乘再除以 5 000，根据货物大小选择。 4. 保险费：0.5 元 /kg。最低 5 元，最高 100 元。 5. 单件超过 50kg，收加托费 100 元左右。 6. 保险：2 000 元（含）以下是 2 元，2000 元以上是 4‰
FedEx	1. 有偏远地区服务费：每笔空运提单 168 元或每公斤 3.5 元，取其金额较高者收取。 2. 体积重量：包装的长、宽、高（cm）相乘再除以 5 000。 3. 燃油附加费，每月更新。 4. 实际重量达 300kg 或以上的必须经过客户服务部预留舱位。 5. 任何最长单边超过 121cm 的包裹 或任何次长单边超过 76cm 的包裹，每笔空运提单收取 38 元。 6. 超大货件收费： 此附加费适用于货件中含有长度超过 243cm，或长度和周长（长 + 宽 ×2+ 高 ×2）超过 330cm 的包裹。每笔空运提单收取 516 元

知识点 3：物流服务商（货代）和国际快递公司

简单来说，物流服务商是中介公司，是终端用户（卖家）和快递公司连接的纽带，一般物流服务公司的服务流程如图 4-3 所示。

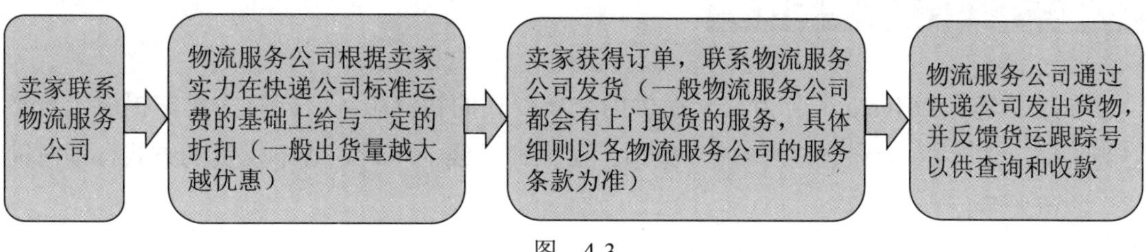

图　4-3

学习任务 3　熟悉 DHgate 平台在线发货

任务目标

1. 了解在线发货的优势。
2. 熟悉国际 e 邮宝的发货方式。
3. 熟悉 DHlink 发货的流程。

建议学时

1.5 学时。

企业情景引入

小李很快对国际物流有了进一步的了解，这时经理告诉他，作为跨境电商新手，在线发货其实是一个不错的选择。在线发货优势大，操作简单，经常有很低的折扣，为卖家省去了很多不必要的麻烦。

知识点 1：在线发货的优势

在线发货是 DHgate 平台为卖家提供的全新模式的物流服务，同时为卖家提供了价格更为低廉、服务更加优质的物流服务渠道：卖家通过线上申请、线下发货的方式，即时简化了物流发货流程。

在线发货跟自发货相比优势明显。

（1）平台提供全程物流跟踪，订单信息、买家信息、物流信息等能够完整地实时查看。

（2）对于物流跟踪及异常信息问题，平台客服能够协助查询并解答。

（3）操作一体化，直接安排线上揽收、支付运费，打印运单、等待取件员上门揽收即可，方便简洁。

（4）平台与物流商合作，运费价格更低廉。

（5）线上提供的物流方式种类多样，卖家可根据货物的情况安排最适合的运输方案。

（6）适合的卖家可申请运费月结服务，线上发货无需按每笔订单支付运费，每个月的指定还款日完成账期内的还款即可。

（7）使用在线发货，如果因为物流原因造成虚假运单号、成交不卖等可以免受处罚。

（8）莆田仓优势明显：福建及莆田地区只有莆田仓可以发运鞋子，且一件免费上门揽收。

在线发货有两种运输方式：“线上发货”和“DHLink 发货”。线上发货主要有燕文 e 邮宝、莆田 e 邮宝、顺丰等多种物流方式。

知识点 2：国际 e 邮宝

1. 服务介绍

国际 e 邮宝是中国邮政速递物流为适应国际电子商务轻小件物品寄递市场需要推出的经济型国际速递业务，产品限重 2kg，时限标准为 7 ～ 10 个工作日，通过与境外邮政和主要电商平台合作，为中国电子商务客户提供方便快捷、时效稳定、价格优惠、全程查询的寄递服务。

目前，国际 e 邮宝业务已通达美国、英国、澳大利亚、加拿大、法国和俄罗斯等 39 个国家和地区。该业务产品在国内段使用 EMS 网络进行发运；出口至境外邮政后，寄达国邮政将通过其国内轻小件网投递邮件，并提供邮件实时跟踪查询服务。

2. 服务限制及其资费情况

表 4-4 是 2019 年 4 月国际 e 邮宝的报价。

表　4-4

序　号	路　向	资费标准		起　重	限　重	备　注
		元 / 件	元 /kg	g	g	
1	爱尔兰	25	65	1	2 000	
2	奥地利	25	60	1	2 000	
3	澳大利亚	19	60	1	2 000	
4	巴西	25	80	50	2 000	
5	比利时	25	60	1	2 000	
6	波兰	25	60	1	2 000	
7	丹麦	25	60	1	2 000	
8	德国	19	60	1	2 000	
9	俄罗斯	17	55	1	2 000	北京、上海、江苏、浙江、福建、广东、黑龙江、新疆乌鲁木齐
		18	55	1	2 000	其他地区
10	法国	19	60	1	2 000	
11	芬兰	25	65	1	2 000	
12	哈萨克斯坦	8	70	50	2 000	
13	韩国	25	40	1	2 000	
14	荷兰	25	60	1	2 000	
15	加拿大	19	65	1	2 000	
16	卢森堡	25	60	1	2 000	
17	马来西亚	25	40	1	2 000	
18	美国	15	65	50	2 000	
		15	64	50	2 000	速卖通（仅限线上发货总对总结算，不含线下结算；业务开办城市：北京、上海、广州、深圳、杭州）
		15	64	50	100	Wish 促销
		14	60	101	2 000	
19	墨西哥	25	85	1	2 000	
20	挪威	19	65	1	2 000	
21	葡萄牙	19	65	1	2 000	
22	日本	12	40	50	2 000	
23	瑞典	19	60	1	2 000	
24	瑞士	25	60	1	2 000	

续表

序　号	路　向	资费标准		起　重	限　重	备　　注
		元 / 件	元 /kg	g	g	
25	沙特阿拉伯	26	50	1	2 000	
26	泰国	14	45	1	2 000	
27	土耳其	25	60	1	2 000	
28	乌克兰	8	75	10	2 000	
29	西班牙	14	60	1	2 000	
30	希腊	25	60	1	2 000	
31	新加坡	25	40	1	2 000	
32	新西兰	9	70	50	2 000	
33	匈牙利	25	60	1	2 000	
34	以色列	17	60	1	3 000	
35	意大利	25	60	1	2 000	
36	印度尼西亚	14	45	1	2 000	
37	英国	18	55	1	499	本次英国路向价格调整只涉及线下业务，不含总对总结算
		25	45	500	1 999	
		35	45	2 000	5 000	
38	越南	12	45	1	2 000	
39	中国香港	17	30	1	2 000	其他地区
		17	20	1	2 000	广东

参考时限：墨西哥 20 个工作日，越南 5～7 个工作日，沙特阿拉伯、乌克兰、俄罗斯 7～15 个工作日，其他 7～10 个工作日。

单件最大尺寸：长、宽、厚合计不超过 90cm，最长一边不超过 60cm。圆卷邮件直径的两倍和长度合计不超过 104cm，长度不得超过 90cm。

单件最小尺寸：长度不小于 14cm，宽度不小于 11cm。圆卷邮件直径的两倍和长度合计不小于 17cm，长度不小于 11cm。

3. 交运方式

国际 e 邮宝有上门揽货或卖家自送到指定营业网点两种交运方式。

4. 跟踪信息查询与赔偿

查询：提供收寄、出口封发、进口接收实时跟踪查询信息，不提供签收信息，只提供投递确认信息。客户可以在平台网站的账户内查看到邮件的跟踪状态，也可以登录速递物流网站 www.ems.com.cn，国际在线发运系统或寄达邮政网站查询。客户也可以拨打全国统一客户服务电话 11183 进行查询。

赔偿：暂不提供邮件的丢失、延误、损毁补偿、查验等附加服务。对于无法投递或收件人拒收邮件的，提供集中退回服务。

5. 使用流程

国际 e 邮宝发货的基本流程分为以下 4 个步骤。

第一步，在线申请国际 e 邮宝发货。首先，选择需要使用国际 e 邮宝发货的订单，单击“立即发货”按钮，如图 4-4 所示。

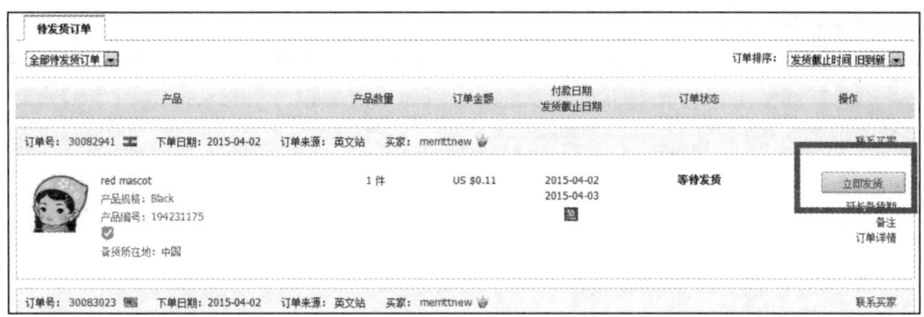

图　4-4

选择发货方式“国际 e 邮宝（ePacket）”，如图 4-5 所示。

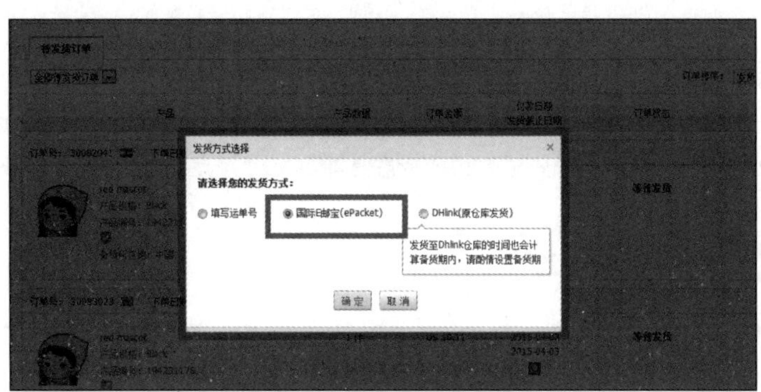

图　4-5

第二步，填写在线发货申请。填写申请信息，包括发货人及发货地址、收货人及收货地址，如图 4-6 所示。

图　4-6

选择交运方式。国际 e 邮宝提供上门揽收和自送邮局两种交运方式，如图 4-7 所示。

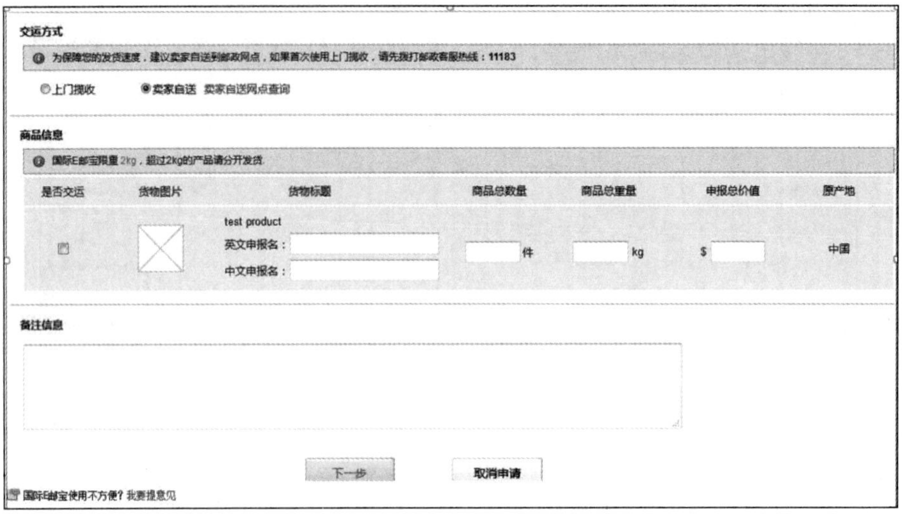

图 4-7

当选择“上门揽收”时，会显示需要填写揽收地址，如图 4-8 所示。

图 4-8

在“揽收地址”中单击 “修改此地址”时，出现可修改的表单，如图 4-9 所示。

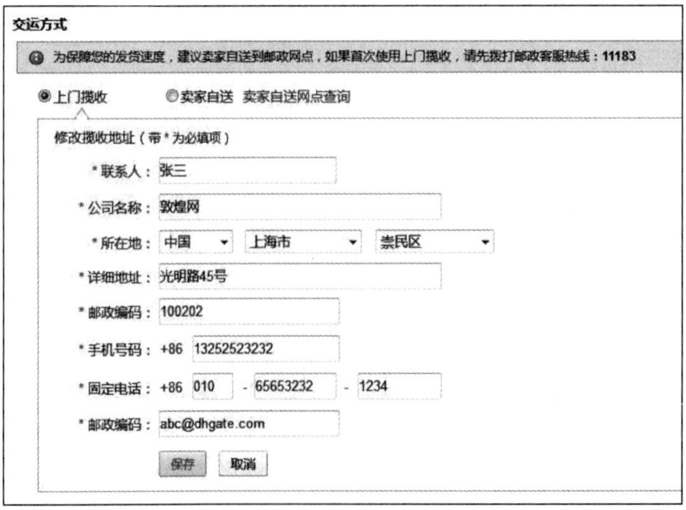

图 4-9

如选择“卖家自送”，可查看“卖家自送网点”，如图 4-10 所示。

图　4-10

填写商品信息。商品信息将用于申报清单的生成，一定要正确填写其中的内容，如图 4-11 所示。

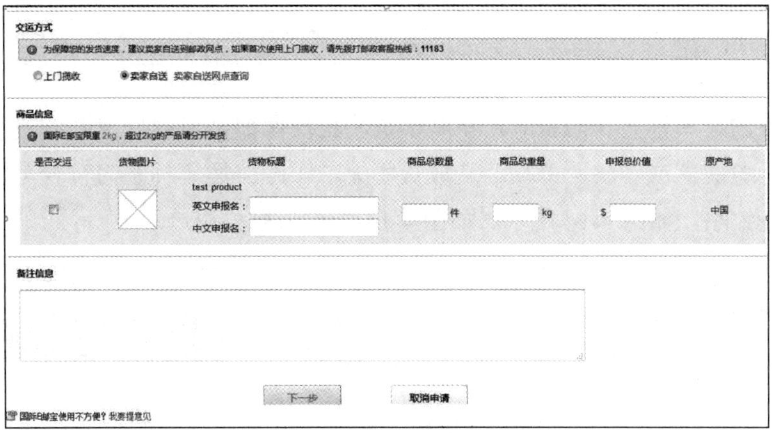

图　4-11

如果货物超出了国际 e 邮宝的限重 2kg，可以选择在线发货中的“仓库发货”或其他物流方式，同时，也可以勾选订单中的部分商品，进行拆分发货。

单击“下一步”按钮，进行申请信息的确认，确认无误后单击 “确认提交”按钮，如图 4-12 所示。

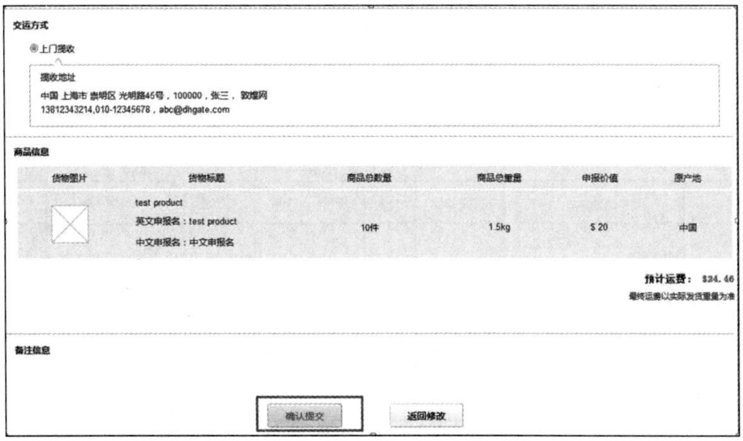

图　4-12

成功申请了国际 e 邮宝之后，系统将自动生成一个物流编号，以便于卖家进行查询。

第三步，打印货运标签以及报关清单。成功申请国际 e 邮宝发货后，点击打印货运标签和报关清单，如图 4-13 所示。

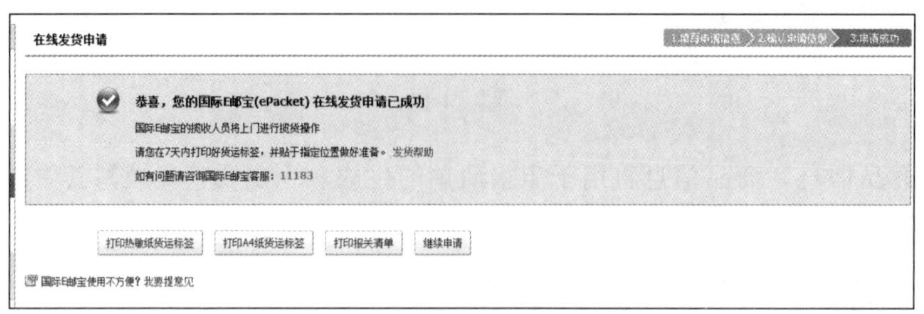

图 4-13

将打印好的运单标签（两张），粘贴于货物正反两面，建议用透明胶带粘贴牢固，以避免运输中标签脱落或者条码磨损，造成货物无法跟踪。运单标签为符合美国邮政内部处理规格，不能缩小，如图 4-14 所示。如图 4-15 所示为报关清单。

图 4-14

2015/11/18　　　　货运清单

2015-10-08 11:01:17.0

编号	邮件号	寄件人	内件信息	商品总数量 ~~数量~~	商品总重量（公斤） ~~重量（公斤）~~	原产地	申报总价值（$） ~~申报价值（$）~~	收件人
1	LS142433107CN	mr zhang beijinglianchuangkeji gulou205 chaozhou chaozhou Guangdong China 100202	test	2	0.4	China	2.0	RU testRU test test test Alabama UNITED STATES OF AMERICA 12312 1-1231231231

图 4-15

第四步，交运及付费。根据所选择的交运方式，邮政人员上门揽收货物以及报关清单或者由卖家自送到邮政指定网点。国际 e 邮宝运费由邮政人员揽收货物时收取，或者卖家自送时支付；邮政大客户可月结。

在邮政揽收货物后，记得将国际单号回填至订单，以便于及时更新订单状态至“卖家已发货”。

6. 补发货

卖家发货失误导致需要重新发货的，或者是买家收到货后破损严重，卖家需要重新发货的，可以对该订单重新发起发货申请。单击“补发货”按钮，操作流程与正常申请流程一致，如图 4-16 所示。

	运单号	订单号	申请日期	交运方式	投递国家	运单状态	操作
全选	批量打印A4纸货运标签	批量打印热敏纸货运标签	批量打印报关清单				
	LN123456789CN	1234567890 超时	2015-10-08 15:00:00	上门揽收	美国	待发货	查看详情 补发货

图　4-16

知识点 3：DHLink 发货

DHLink 发货是以在线发货为雏形，为解决国际物流的复杂性以及国际物流成本高、对卖家造成的困扰而创建的综合物流平台。DHLink 联合各大快递、专线，为卖家提供享受低廉国际物流折扣的渠道，最低 1.9 折起。DHLink 的所有渠道都具有出众的清关能力，如非货物本身出现的问题，都能确保顺利、准时清关。

1. DHLink 仓库及物流介绍

DHLink 仓库及仓库联系地址见表 4-5。

表　4-5

序号	仓　　库	仓库联系地址
1	广州仓库	收件人：敦煌网广州仓库（DHGATE） 仓库地址：广东省广州市白云区黄边村黄边南路三街 6 号 邮编：510420　客服 QQ：1489182458　客服电话：020-29840029
2	上海浦东仓库	收件人：敦煌网上海仓库（ DHGATE） 仓库地址：上海市浦东新区祖冲之路 2667 号 1 楼 邮编：201203　客服 QQ：3400500051　客服电话：021-63795252 转 8033
3	深圳福永仓库	收件人：DHG 仓库地址：广东省深圳市宝安区福永镇怀德翠岗五区 32 栋 2 楼 邮编：518103 客服 QQ：2355752981　客服电话：0755-29999296

续表

序号	仓　　库	仓库联系地址
4	义乌仓库	收件人：郑殿桐 DHG 仓库地址：义乌市北苑街道拥军三区 38 栋 12 单元 1 楼 客服 QQ：3002702171　客服电话：0579-85203475 / 85203476 手机：15024399596
5	ePacket 义乌仓库	收件人：敦煌网义乌仓库（DHGATE） 仓库地址：义乌市柳一新村六区 89 栋 1 楼 客服 QQ：1692778160　客服电话：0579-85276010
6	ePacket 长沙仓库	收件人：敦煌网长沙仓库（DHGATE） 仓库地址：湖南省长沙市长沙县开元东路 180 号长沙邮区中心局国际分公司处理场地 客服电话：15857593060
7	ePacket 深圳仓库（普货）	收件人：敦煌网深圳仓库（DHGATE） 仓库地址：深圳市龙华区民康路华南国际物流中心 3 号仓 客服电话：13266540722 / 15813717968
8	福建莆田仓库	收件人：付志宏 DHG 地址：福建省莆田市荔城区拱辰街道西庚小区 21 幢一层店面信达国际 邮编：351100　手机：18039011998　电话：0594-2377888
9	香港仓库	香港市长沙湾长沙湾道 389 号华创中心 22 楼 9 室 香港电话：00852-54997935　收货时间：10：00—20：00 联系人：谢生

卖家通过 DHLink 平台使用四大快递线路（DHL、FedEx、UPS、TNT），在 DHLink 平台承诺时效内未能送达的 DHgate 订单（清关以及不可抗力除外），且目的国在 DHLink 承诺物流时长列表中，买家发起未收到货纠纷，如果产生退款，DHLink 进行退款补偿。追诉时间为物流单出库后 60 天。承诺物流时长及国家列表见表 4-6。

表　4-6

国家 / 物流方式 /95% 妥投时间	DHL	FedEx	UPS	TNT
爱尔兰	14	15	10	20
澳大利亚	13	17	14	10
巴西	31	21	13	20
比利时	19	14	10	26
波兰	15	13	14	22
丹麦	10	14	14	23
德国	14	14	12	15
俄罗斯	12	15	16	30
法国	11	14	11	10

续表

国家 / 物流方式 /95% 妥投时间	DHL	FedEx	UPS	TNT
芬兰	15	16	13	14
荷兰	11	15	11	11
加拿大	14	13	11	11
捷克	16	11	10	12
美国	10	11	8	38
墨西哥	13	19	17	13
南非	16	19	18	17
挪威	10	13	34	10
日本	10	10	10	10
瑞典	11	15	12	14
瑞士	12	12	9	9
沙特阿拉伯	14	27	12	11
西班牙	14	17	10	29
希腊	26	10	17	26
新加坡	7	6	8	13
新西兰	13	13	13	13
匈牙利	12	16	19	30
意大利	10	14	11	14
印度	17	12	10	10
英国	10	12	10	9
智利	24	15	28	16

2. DHLink 的发货流程

DHLink 在线发货流程如图 4-17 所示。

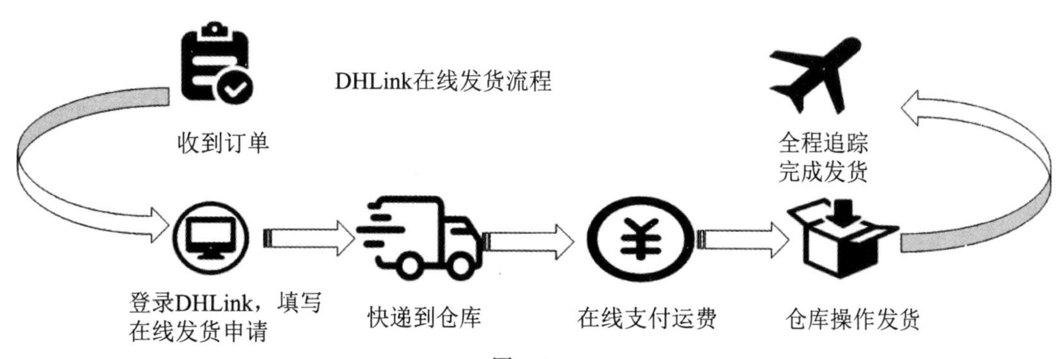

图　4-17

DHLink 在线发货步骤如下。

第一步，选择订单，并单击“在线发货”按钮，选择敦煌物流在线发货，如图 4-18 所示。

图 4-18

第二步，此时页面将跳转至 DHLink 页面，货物的目的国信息已被带入，如图 4-19 所示。

在线发货申请

选择物流方案　填写发货信息　确认发货信息　申请成功

选择物流方案：

* 收货国家：美国　简　称：US

* 包裹重量：60.0 KG　包裹体积：长 0 CM　宽 0 CM　高 0 CM

计算运费

筛选结果：

仓　库：□ 广州仓库　□ 上海（浦东）仓库　□ 深圳福永仓库　□ 义乌仓库　□ 惠州仓库

物流服务商：□ DHL　□ DHL-HKA代理　□ DHL-HKL特惠　□ 香港DHL　□ DHL大货特价　□ FEDEXIE-HKA　□ FEDEXIE　□ FEDEXIP

更多

图 4-19

第三步，设置包裹的重量和体积，单击“计算运费”按钮，选择物流方式，单击“下一步”按钮，如图 4-20 所示。

* 收货国家：美国　简　称：US

* 包裹重量：60.0 KG　包裹体积：长 0 CM　宽 0 CM　高 0 CM

计算运费

筛选结果：

仓　库：□ 广州仓库　□ 上海（浦东）仓库　□ 深圳福永仓库　□ 义乌仓库　□ 惠州仓库

物流服务商：□ DHL　□ DHL-HKA代理　□ DHL-HKL特惠　□ 香港DHL　□ DHL大货特价　□ FEDEXIE-HKA　□ FEDEXIE　□ FEDEXIP

更多

价　格：□ 价格从低到高　□ 价格从高到低

物流方案列表：

选择	物流服务商	运输时效	交货仓库	预算运费（人民币）
○	DHL	3-5个工作日 大陆提取，时效稳定。严禁携带各种电池、违禁品。	广州仓库 QQ/Tel：020-29840029 020-29053665	2529.84
○	BlueJet express	5-10个工作日	深圳福永仓库 QQ/Tel：0755-29999101	2023.31

图 4-20

第四步，填写仓库发货信息，如图 4-21 所示。

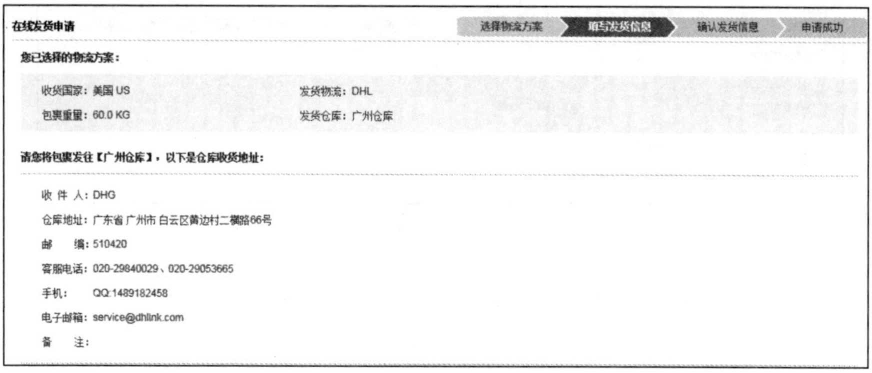

在线发货申请　选择物流方案　填写发货信息　确认发货信息　申请成功

您已选择的物流方案：

收货国家：美国 US　发货物流：DHL

包裹重量：60.0 KG　发货仓库：广州仓库

请您将包裹发往【广州仓库】，以下是仓库收货地址：

收 件 人：DHG

仓库地址：广东省 广州市 白云区黄边村二横路66号

邮　　编：510420

客服电话：020-29840029、020-29053665

手机：　QQ:1489182458

电子邮箱：service@dhlink.com

备　　注：

图　4-21

货物发往所选择的仓库，填写国内运单号并选择国内物流，补全发货订单信息，填写卖家发货地址和买家收货地址，如图 4-22 所示。

国内物流：

请选择物流方式：请选择　国内运单号：　添加

温馨提示：请正确填写运单号，如果您尚未发货，提交发货申请后请到【我的订单-等待发货】页填写运单号！

卖家发货地址（中文）：　选择历史发货地址

* 联 系 人：

公司名称：

* 详细地址：

* 邮政编码：

* 联系电话：

电子邮箱：

买家收货地址（英文）：　选择历史收货地址

* 联 系 人：DHPAY　Test

公司名称：

* 州/省 市：Alaska　City

* 详细地址：DHPAY_TEST_JXQ_DB_CHANGE

* 邮政编码：52365

* 联系电话：1-0000000000

电子邮箱：

图　4-22

填写商品信息，单击“下一步”确认发货信息，如图 4-23 所示。

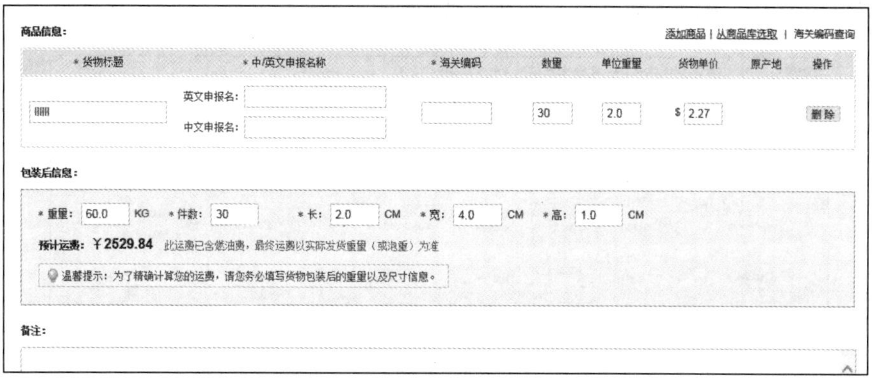

商品信息：　添加商品 | 从商品库选取 | 海关编码查询

* 货物标题	* 中/英文申报名称	* 海关编码	数量	单位重量	货物单价	原产地	操作
lllllll	英文申报名： 中文申报名：		30	2.0	$ 2.27		删除

包装后信息：

* 重量：60.0 KG　* 件数：30　* 长：2.0 CM　* 宽：4.0 CM　* 高：1.0 CM

预计运费：￥2529.84　此运费已含燃油费，最终运费以实际发货重量（或泡重）为准

温馨提示：为了精确计算您的运费，请您务必填写货物包装后的重量以及尺寸信息。

备注：

图　4-23

第五步，确认发货信息，认真检查核对页面信息，如图 4-24 所示。

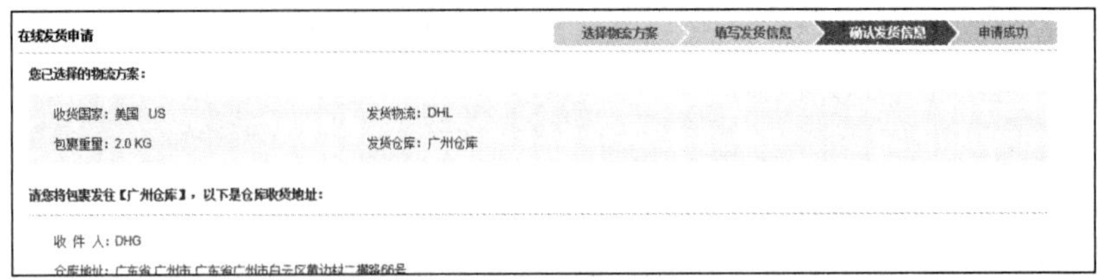

图 4-24

第六步，在线发货申请成功，如图 4-25 所示。

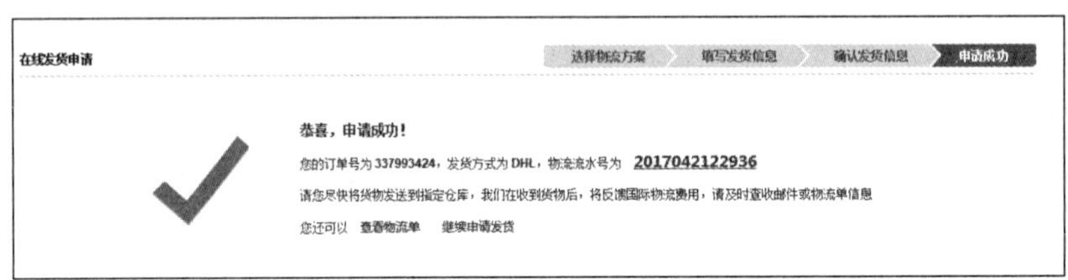

图 4-25

第七步，填写国内快递单号。在“我的 DHLink →我的订单→等待发货”列表中，填写国内快递单号，如图 4-26 所示。

您当前位置：我的DHLink > 我的订单

待处理订单：等待发货（21） 等待仓库收货（64） 等待支付运费（26） 等待仓库发货（0）

交易订单号	物流发货单号	仓库名称	国内物流	国内运单号	操作
337993424	2017042122936	广州仓库			查看 填写国内运单号 修改 取消
337821436	2017041415583	义乌仓库			查看 填写国内运单号 修改 取消
1500339973	2017041415582	义乌仓库			查看 填写国内运单号 修改 取消
337300987	201704087984	广州仓库			查看 填写国内运单号 修改 取消

图 4-26

第八步，支付运费。在仓库收到货后，此订单状态将变为“等待支付运费”，卖家可以单击“立即付款”进行在线支付，如图 4-27 所示。

待处理订单：等待发货（20） 等待仓库收货（64） 等待支付运费（26） 等待仓库发货（0）

交易订单号	物流发货单号	仓库名称	国际物流	国际运单号	计费重量	国际运费	操作
1500333643	2017021610802	义乌仓库	香港DHL	9665694323	1KG	￥229.49	查看 继续支付 取消支付 修改
1500330499	201701178893	深圳福永仓库	香港DHL	4844453036	6.566KG	￥682.52	查看 立即付款 修改
1500330402	201701168358	深圳福永仓库	香港DHL	4843865596	0.108KG	￥144.38	查看 立即付款 修改

图 4-27

页面跳转到 DHLink 平台的支付页面，平台支持“余额支付”或者支付宝在线支付，如图 4-28 所示。

图　4-28

支付完成后返回订单页面，单击“已完成支付”按钮即可。运费成功支付后，订单状态将切换为“发货已完成”，如图 4-29 所示。

图　4-29

第九步，回填运单号。在仓库返回国际运单号之后，卖家单击“填写发货信息”进行回填运单号完成发货，其中国际物流和国际运单号将会自动填好，同时支持修改，单击“确定”按钮完成发货，如图 4-30 所示。

图　4-30

完成发货后，可以单击“物流信息跟踪”进行物流信息的查询，如图 4-31 所示。

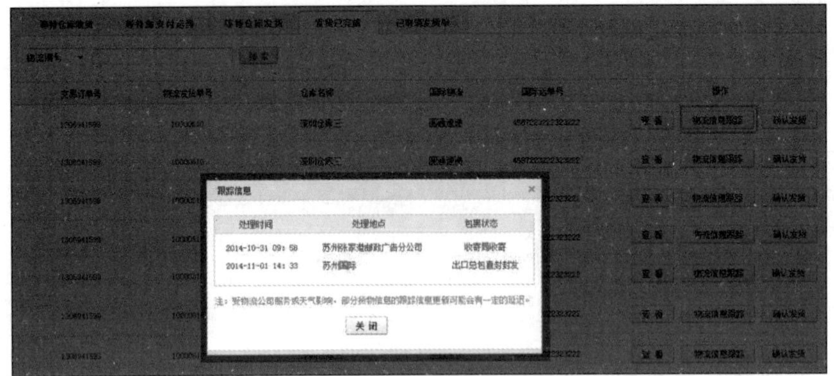

图 4-31

学习任务 4　了解 DHgate 平台海外仓和 DTC

任务目标

1. 了解何为海外仓。
2. 熟悉 DHgate 平台海外仓及其发货流程。
3. 了解 DHgate 平台数字贸易中心（DTC）。

建议学时

1 学时。

企业情景引入

小李在公司经理的指导下用国际 e 邮宝成功地发货了，他感受到了在线发货的便利。于是他来到经理的办公室对他表示感谢，经理对他说，在线发货是很便利，除了在线发货，跨境电商行业还有更强大的物流方式，那就是海外仓。虽然小李作为一个新手，离海外仓服务还很遥远，但是经理教给他的知识让他获益颇多。

知识点 1：海外仓介绍

一般来讲，小卖家可以通过平台发货，可以选择国际小包等渠道。但是，大卖家或者独立平台的卖家需要优化物流成本、考虑客户体验、整合物流资源并探索新的物流形式。虽然说直邮是国内常用的物流方式，但是对于跨境电商卖家而言，直邮耗时长、费用高。因此，若想拓宽利润空间，就必须解决物流这一大难题。因为各种物流方式都存在一些短板，海外仓成为刚需。

海外仓服务是指为卖家在销售目的地进行货物仓储、分拣、包装和派送的一站式控制与管理服务。作为一种创新的跨境电商模式，政府也支持企业建设一批出口产品的海外仓，既是推动跨境电子商务发展外贸商业模式的创新，也是实现外贸稳增长和优化升级的一项重要部署。

确切来说，海外仓应该包括头程运输、仓储管理和本地配送三个部分。

头程运输：中国商家通过海运、空运、陆运或者联运将商品运送至海外仓库。

仓储管理：中国商家通过物流信息系统，远程操作海外仓的货物，实时管理库存。

本地配送：海外仓储中心根据订单信息，通过当地邮政或快递将商品配送给客户。

知识点 2：主要的海外仓介绍

目前，市面上的海外仓主要有：亚马逊的 FBA、第三方海外仓、实力雄厚的卖家自建海外仓以及 DHgate 平台海外仓。

1. 亚马逊海外仓

亚马逊的 FBA 是由亚马逊提供的包括仓储、拣货打包、派送、收款、客服与退货处理的一条龙式物流服务。据亚马逊相关数据显示，2016 年亚马逊 FBA 为全球卖家配送超过 20 亿件商品，使用 FBA 服务的全球活跃卖家数量增长 70% 以上。而在美国之外，FBA 配送的商品数量增长了 80% 以上。作为世界上最大的在线零售商，亚马逊在美国菲尼克斯最大的仓库有 28 个足球场大小。

2. 第三方海外仓

跨境电商卖家与第三方“海外仓”的合作方式有两种：租用和合作建设。租用会存在操作费用、物流费用、仓储费用；合作建设则只产生物流费用。

相比亚马逊的 FBA 来说，第三方海外仓的很多问题在与客户的沟通方面比较及时，在清关方面也可以提供收件人和代交关税，而且价格比 FBA 优惠很多。

第三方海外仓的优势主要有以下几点。

（1）有助于提高单件商品的利润率。

（2）稳定的供应链有助于增加商品的销量。

（3）海外仓采取的集中运输模式突破了商品重量、体积和价格的限制，有助于扩大销售品类。

（4）海外仓所采取的集中海运方式大幅降低了单件商品的平均运费。

（5）稳定的销量、更多更好的买家反馈将提升卖家的账号表现。

第三方海外仓也存在弊端。

（1）如存货量预测不准可能会导致货物滞销。

（2）货物追踪如果存在差漏会导致丢失。

（3）海外仓服务商本身要做本土化服务和团队管理。

但从出口形势来看，海外仓的需求越来越明显，而且很多卖家开始呼吁提供更多如加工、金融、客服等海外仓增值服务。

3. 自建海外仓

在海外仓的选择上，跨境电商大卖家一般都会选择定制仓，中小卖家会选择第三方海外仓，而超大型卖家会布局自建海外仓。卖家自建海外仓时，卖家自己解决海外建立公司、仓库、通关、报税、物流配送等一系列的问题。

自建海外仓的优势很明显，除了灵活自由，公司可自己掌控系统的操作和管理。当然，自建海外仓需要雄厚的实力，其存在的风险和成本也会更高，海外仓涉及的关务、法务、税务等问题都比较烦琐。

4. DHgate 平台海外仓

自 2018 年 6 月起，DHgate 平台在洛杉矶、纽约、伦敦、法兰克福、马德里、布拉格、温哥华、悉尼、墨尔本等城市布局了 17 个海外仓，辐射北美、欧洲、澳洲。DHgate 平台海外仓提供的服务有：

（1）DDP 头程服务。海外仓头程运输服务：空运、海运、快递；指定地址 DDP 海外运输：可根据卖家指定地址运输。

（2）本地仓储和展示服务。提供 30 天免费仓储；对指定商品提供展示及买家现场验货服务。

（3）本地及跨境派送、退换货服务。

（4）仓内维修。维修范围：平衡电动车、3C 类。维修类型：主板维修、配件更换。

DHgate 平台海外仓优势明显，海运头程的起接点从 3CBM 降低至 1CBM，只要每票加 30 美元的操作费。海外仓的商品有专门的标识、搜索加权，还有活动专区，订单量会大大提升。其操作便捷，24h 闪电发货，1 ～ 5 天运抵，无清关缴税手续，配送效率提升，客户满意度上升，能够快速退换货，降低了商品的成本，缩短了回款时间。

DHgate 平台海外仓操作流程如图 4-32 所示。

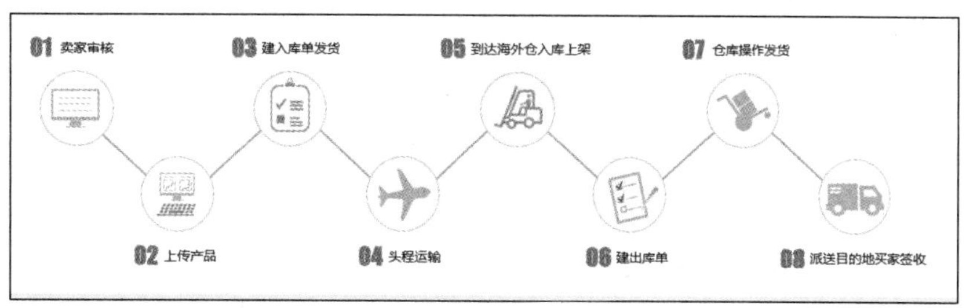

图　4-32

DHgate 平台海外仓的操作步骤如下。

（1）新用户注册。通过 http：//oversea.dhlink.com 网址登录后，单击“免费注册”按钮，如图 4-33 所示。

图　4-33

填写注册信息完成后，单击“提交注册信息并继续”按钮，如图 4-34 所示。

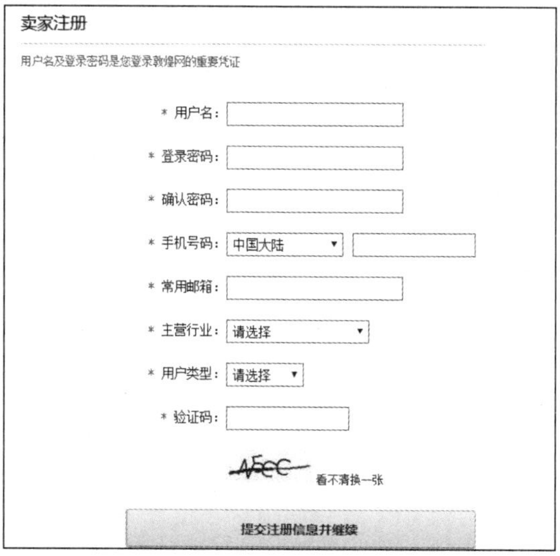

卖家注册

用户名及登录密码是您登录敦煌网的重要凭证

* 用户名：

* 登录密码：

* 确认密码：

* 手机号码：中国大陆

* 常用邮箱：

* 主营行业：请选择

* 用户类型：请选择

* 验证码：

看不清换一张

提交注册信息并继续

图　4-34

提交后，进入等待审核状态，如图 4-35 所示。待审核通过后，即可登录使用。

图 4-35

（2）通过 http：//oversea.dhlink.com 网址登录后，如图 4-36 所示。

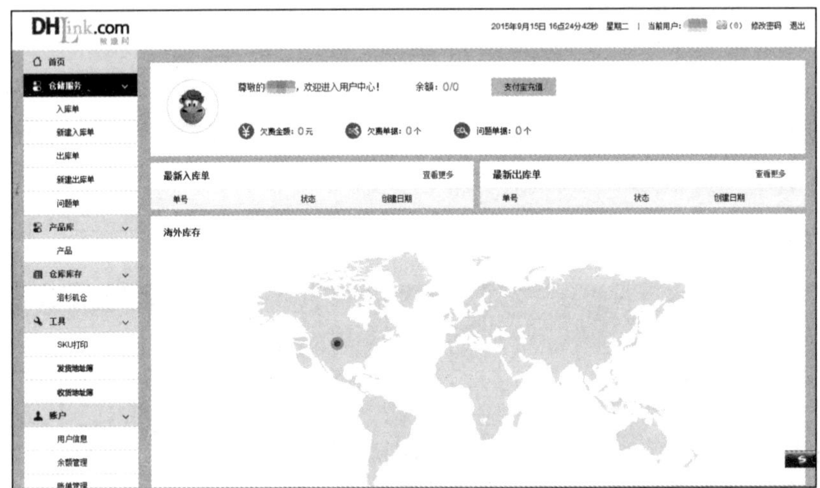

图 4-36

（3）上传产品。选择左边导航栏中的“产品”选项，进入产品上传界面，如图 4-37 所示。

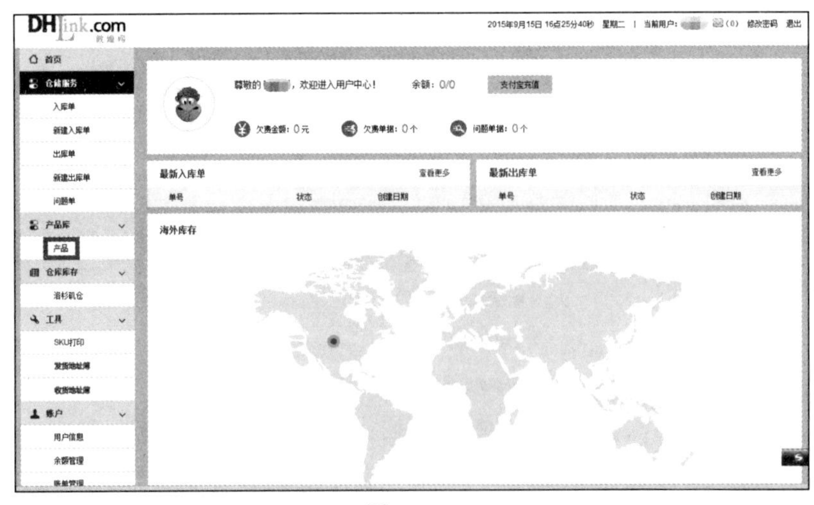

图 4-37

单击“新增产品”按钮，上传新产品，如图 4-38 所示。

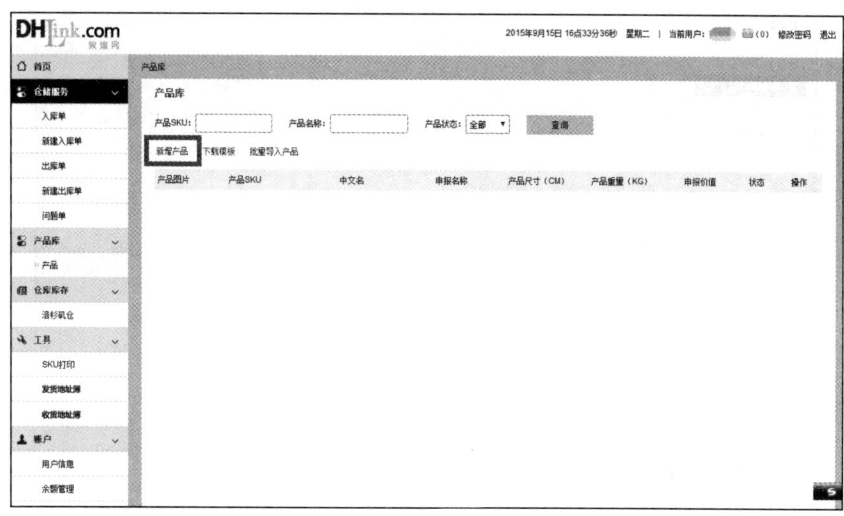

图　4-38

填写相关的产品信息，并单击“提交”按钮，如图 4-39 所示。

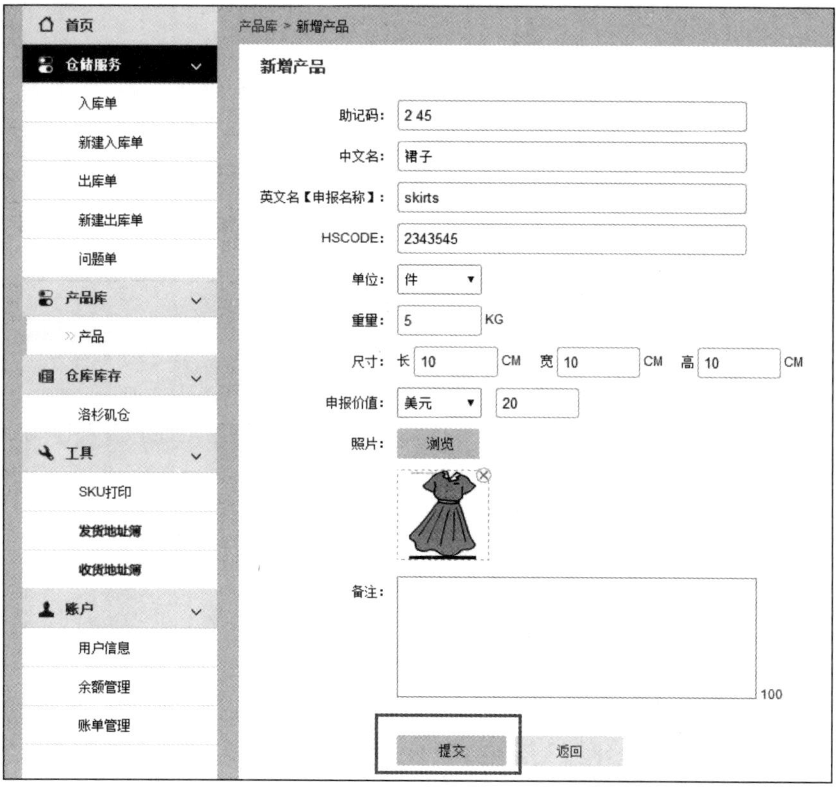

图　4-39

提交成功后，产品进入待审核状态。也可以单击“编辑”按钮，对已经提交而未审核的商品做进一步的编辑，如图 4-40 所示。

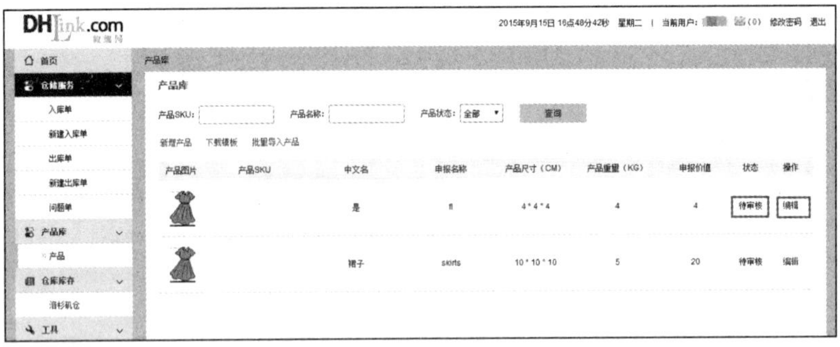

图 4-40

产品审核完成后，可以单击“查看”按钮查看产品信息，如图 4-41 所示。

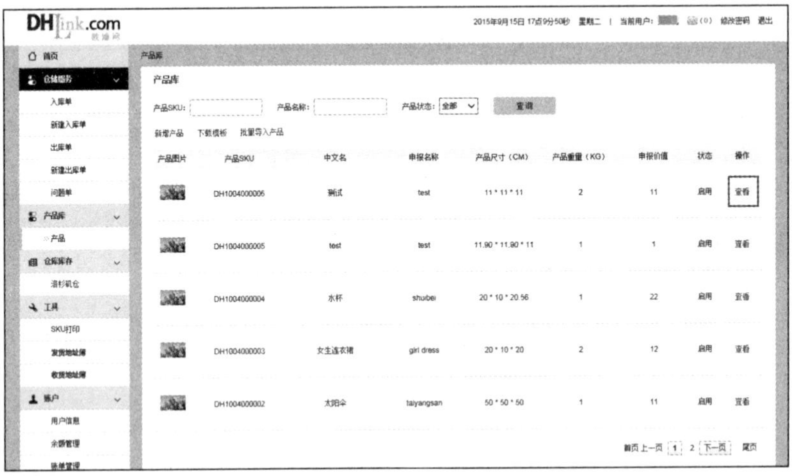

图 4-41

（4）新建入库单。选择“新建入库单”选项，如图 4-42 所示。

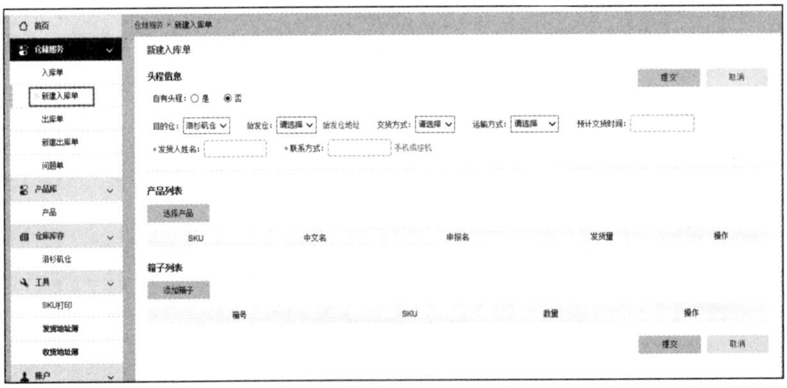

图 4-42

第一部分是头程信息选择。自有头程中的“是”表示卖家自行联系物流公司将货物发往洛杉矶仓库。卖家可以单击“目的仓地址”获取相应的地址信息，自行发货，如图 4-43 所示。

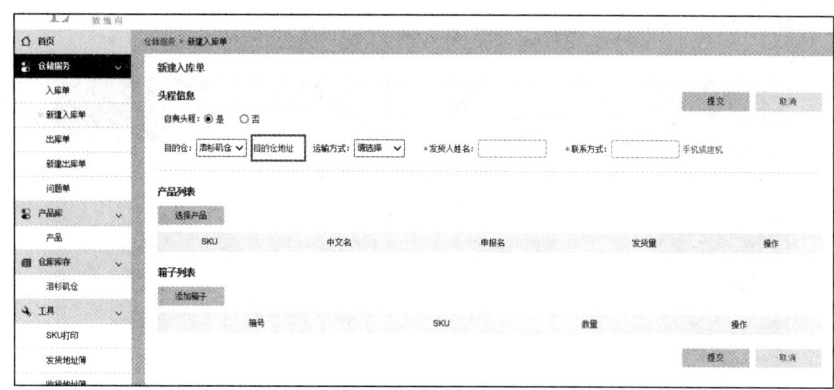

图　4-43

自有头程中的“否”表示卖家将货物发往 DHgate 平台仓库，由 DHgate 平台统一发往洛杉矶仓库。在页面中，需要选择深圳始发仓，然后卖家自行将货物发往深圳仓库，如图 4-44 所示。

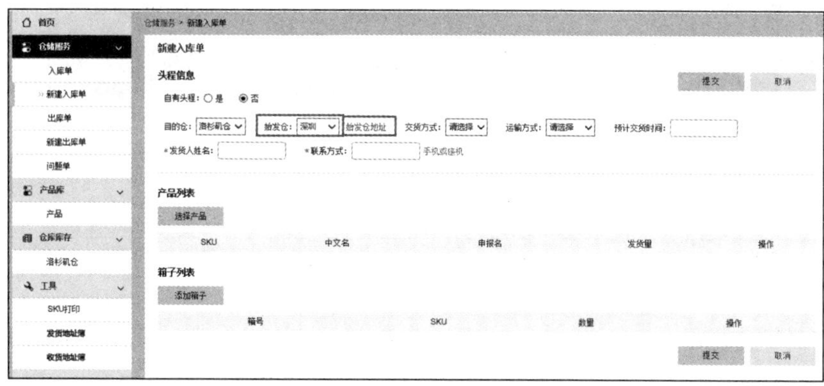

图　4-44

第二部分是产品列表，单击“选择产品”按钮，如图 4-45 所示。

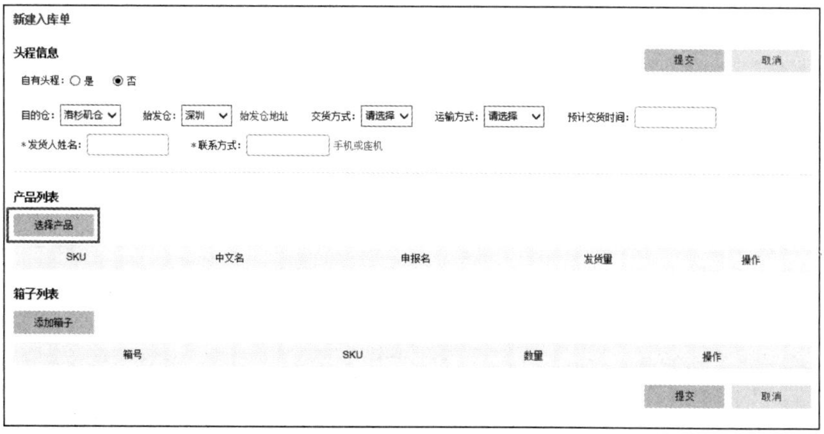

新建入库单

头程信息

提交　取消

自有头程：○是　◉否

目的仓：洛杉矶仓　始发仓：深圳　始发仓地址　交货方式：请选择　运输方式：请选择　预计交货时间：

*发货人姓名：　*联系方式：　手机或座机

产品列表

选择产品

SKU　中文名　申报名　发货量　操作

箱子列表

添加箱子

箱号　SKU　数量　操作

提交　取消

图　4-45

选择相应的产品，并单击“确定”按钮，如图 4-46 所示。

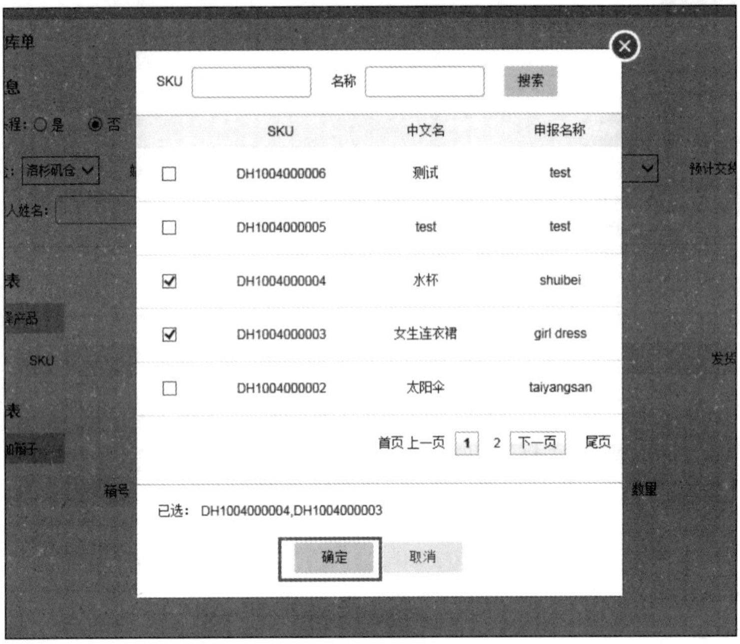

图 4-46

填写每种产品对应的发货量数目，如图 4-47 所示。

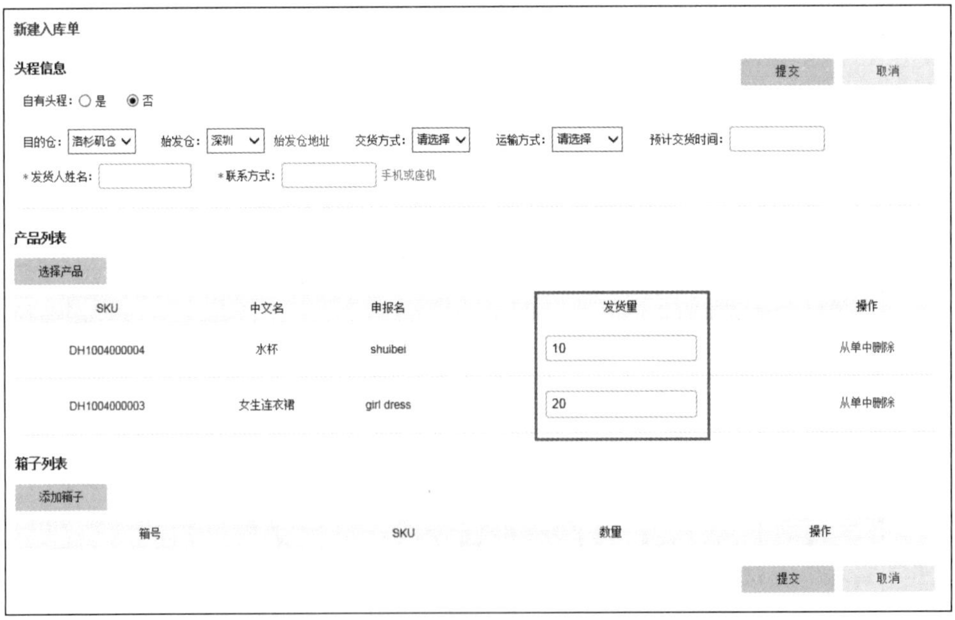

图 4-47

第三部分是箱子列表，单击“添加箱子”按钮，如图 4-48 所示。

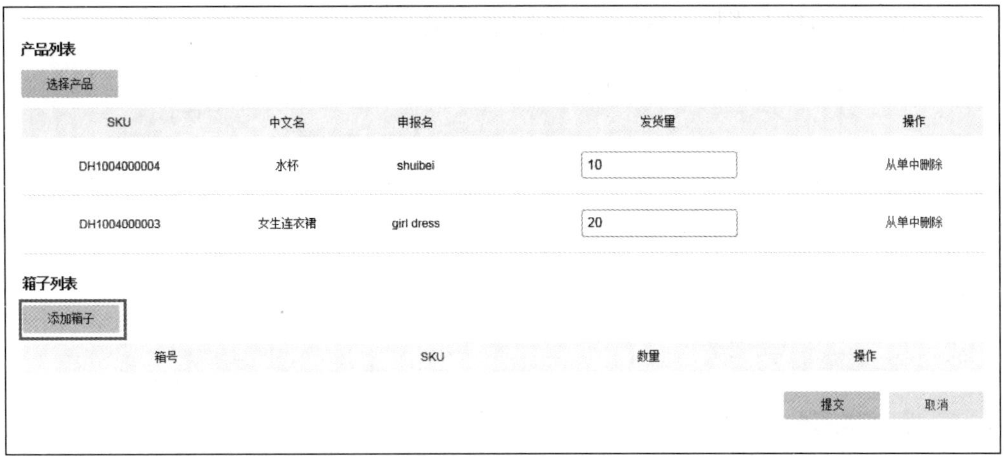

图　4-48

填入装箱数量，单击“确定”按钮。如图 4-49 所示为一个箱子所装的各种产品数量。

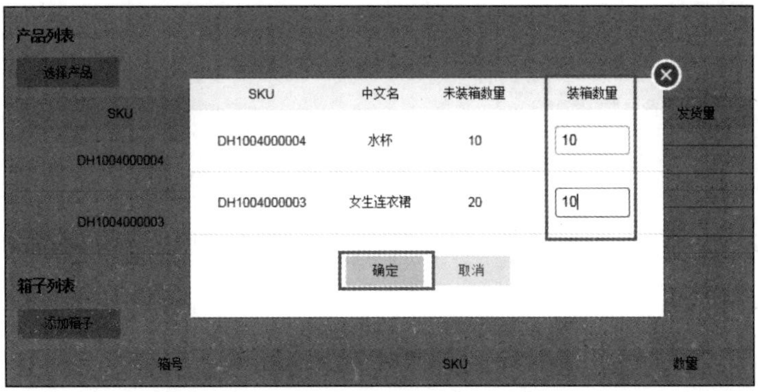

图　4-49

如果还有货物没有装完，则继续添加箱子，单击“确定”按钮。直到将剩余货物全部装完。单击“提交”按钮，如图 4-50 所示。

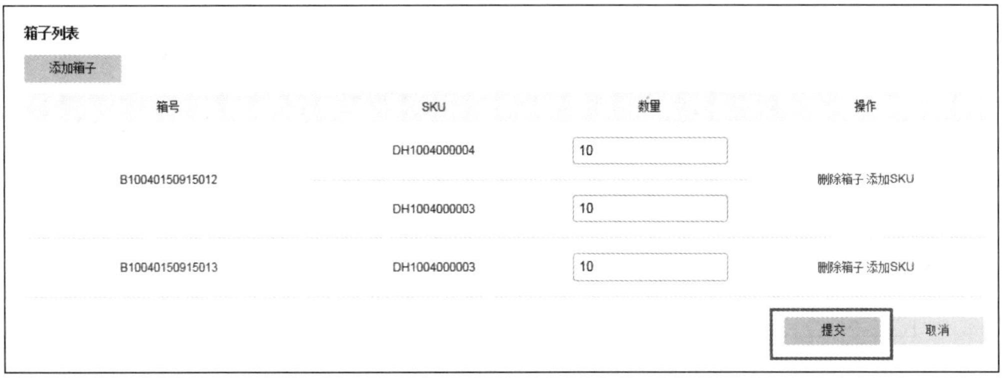

图　4-50

创建完成后，打印 SKU 及箱单，也可以继续创建入库单，如图 4-51 所示。

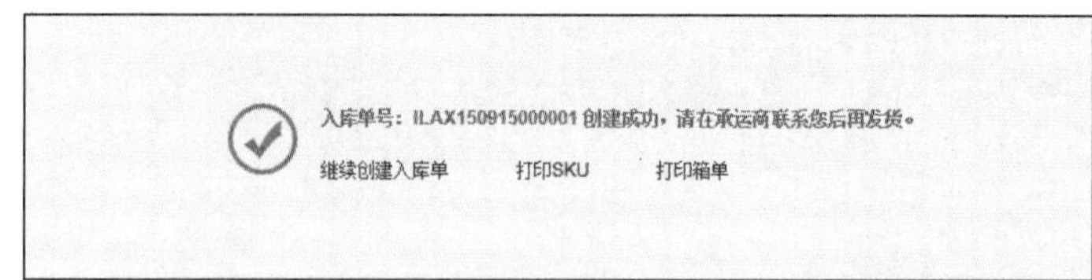

图 4-51

（5）新建出库单。选择“新建出库单”选项，如图 4-52 所示。

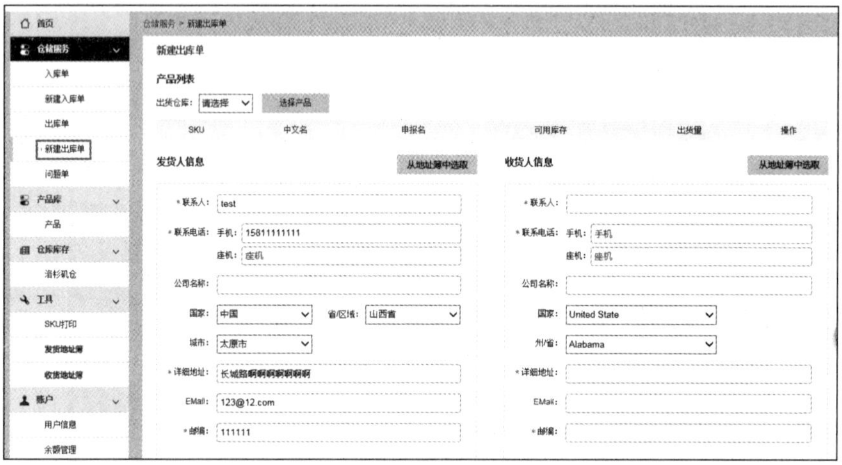

首页
仓储服务
入库单
新建入库单
出库单
新建出库单
问题单
产品库
产品
仓库库存
洛杉矶仓
工具
SKU打印
发货地址簿
收货地址簿
账户
用户信息
余额管理

仓储服务 > 新建出库单
新建出库单
产品列表
出货仓库：请选择　选择产品
SKU　中文名　申报名　可用库存　出货量　操作
发货人信息　从地址簿中选取
* 联系人：test
* 联系电话：手机：15811111111
座机：座机
公司名称：
国家：中国　省/区域：山西省
城市：太原市
* 详细地址：长城路啊啊啊啊啊啊啊
EMail：123@12.com
* 邮编：111111
收货人信息　从地址簿中选取
* 联系人：
* 联系电话：手机：手机
座机：座机
公司名称：
国家：United State
州/省：Alabama
* 详细地址：
EMail：
* 邮编：

图 4-52

单击“选择产品”按钮，加入要从海外仓发往买家的产品，如图 4-53 所示。

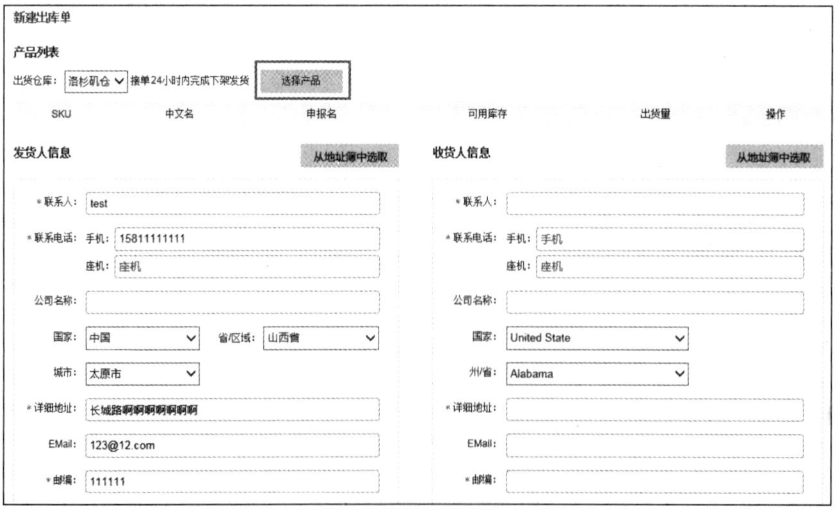

新建出库单
产品列表
出货仓库：洛杉矶仓　接单24小时内完成下架发货　选择产品
SKU　中文名　申报名　可用库存　出货量　操作
发货人信息　从地址簿中选取
* 联系人：test
* 联系电话：手机：15811111111
座机：座机
公司名称：
国家：中国　省/区域：山西省
城市：太原市
* 详细地址：长城路啊啊啊啊啊啊啊
EMail：123@12.com
* 邮编：111111
收货人信息　从地址簿中选取
* 联系人：
* 联系电话：手机：手机
座机：座机
公司名称：
国家：United State
州/省：Alabama
* 详细地址：
EMail：
* 邮编：

图 4-53

选择要发货的商品，单击“确定”按钮，如图 4-54 所示。

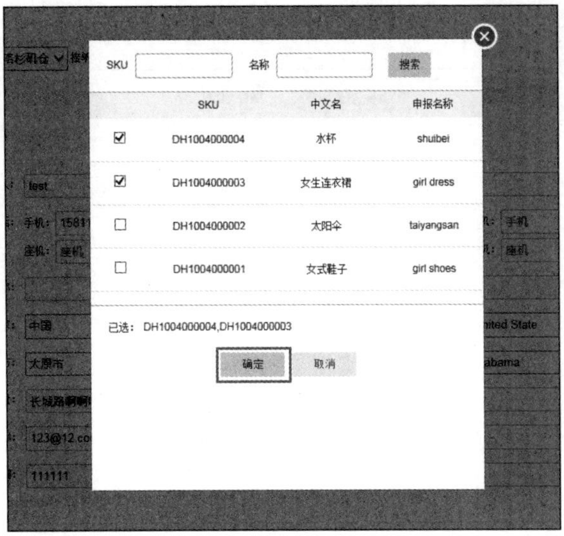

图　4-54

填写每种产品的出货量，如图 4-55 所示。

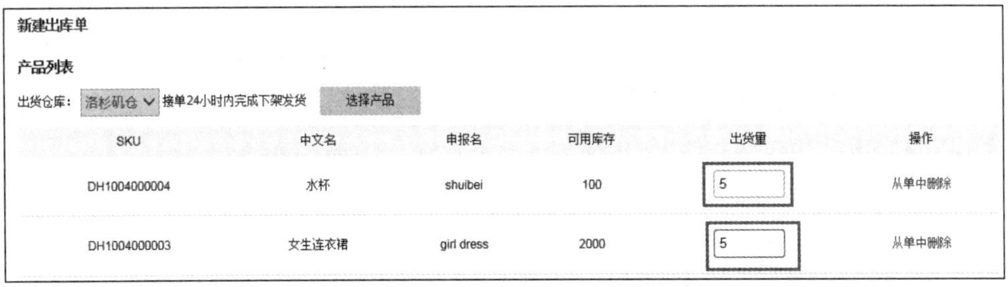

图　4-55

填写发货人信息和收货人信息。可以直接填写，也可以从地址簿中选取，如图 4-56 所示。

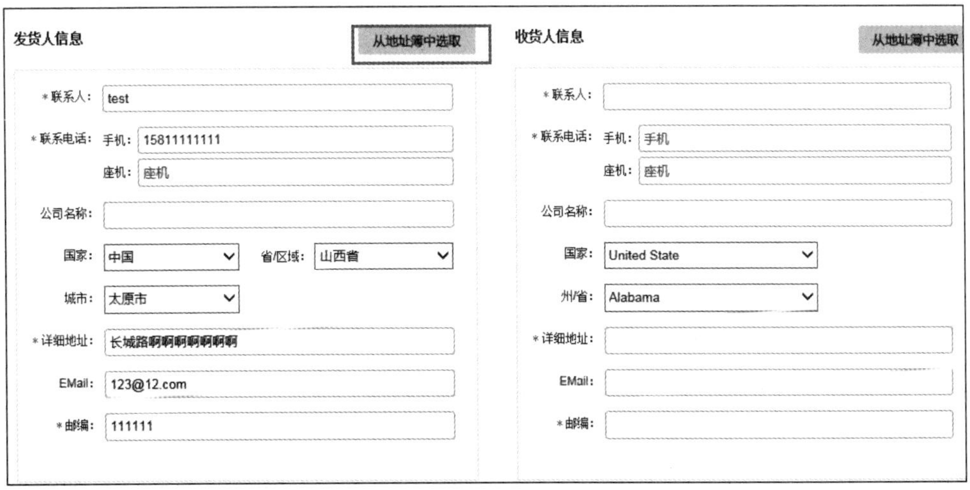

图　4-56

各项信息填写完成后，单击“提交”按钮，如图 4-57 所示。

发货人信息　从地址簿中选取

*联系人：test

*联系电话：手机：15811111111

座机：座机

公司名称：

国家：中国　省/区域：山西省

城市：太原市

*详细地址：长城路

EMail：123@12.com

*邮编：111111

收货人信息　从地址簿中选取

*联系人：Jack

*联系电话：手机：1321354355

座机：座机

公司名称：

国家：United State

州/省：Alabama

*详细地址：WERWER

EMail：

*邮编：234

电商订单号：23435

派送方式：UPS Ground　交货后通常在一到五天签收，覆盖50个州和波多黎各，UPS经济服务

提交　取消

图　4-57

（6）SKU 打印。提交完成后，选择“SKU 打印”选项，填写相关信息（SKU 信息可单击“产品”按钮，进行查看），单击“打印”按钮，如图 4-58 所示。

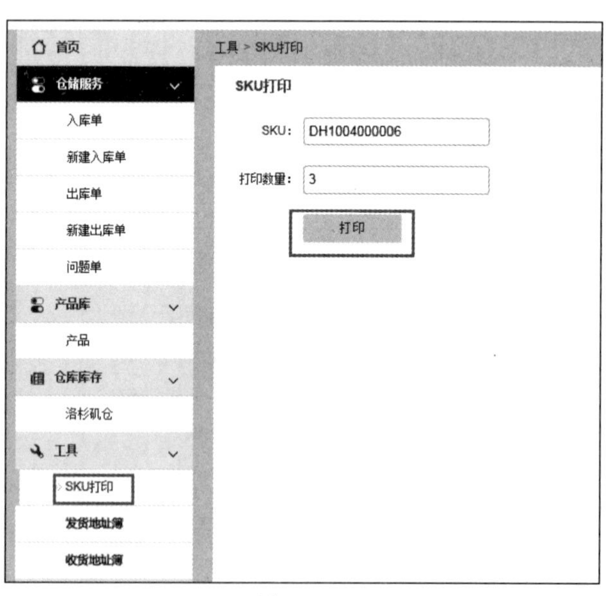

图　4-58

选择热敏产品标签，即可打印。要用 FBA 纸（热敏纸）打印，一般的打印机能打印，如图 4-59 所示，打印好后逐个贴在商品上。

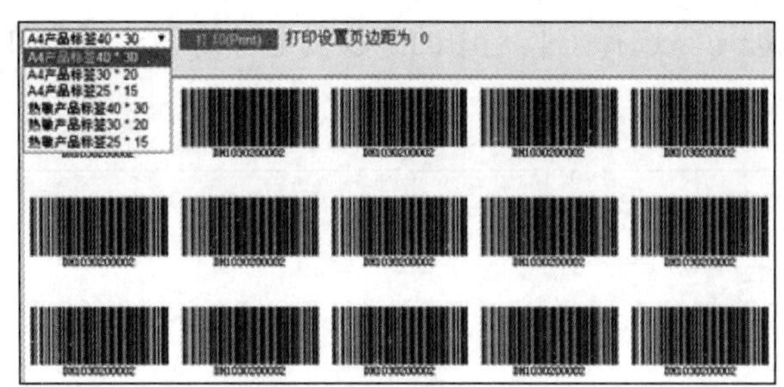

图　4-59

（7）添加发货地址簿。单击工具栏中的“发货地址簿”，单击“新建发货地址”按钮，如图 4-60 所示。

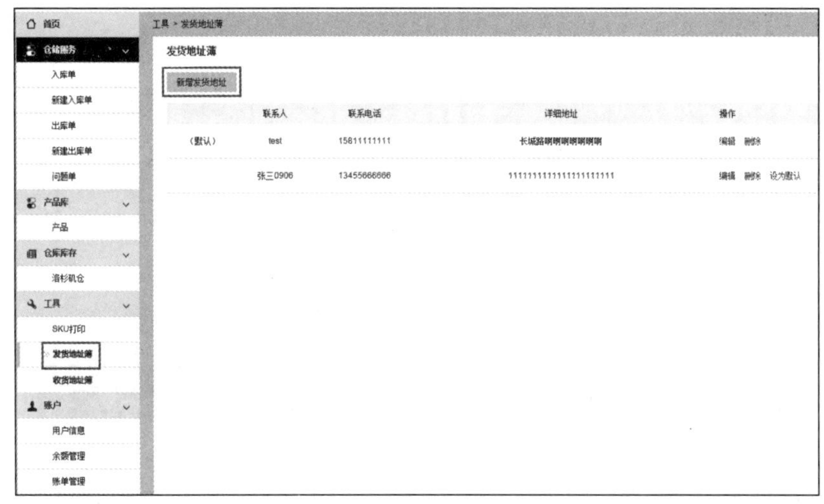

图　4-60

填写相关内容，单击“提交”按钮，如图 4-61 所示。可以选择是否将该发货地址设为默认地址。

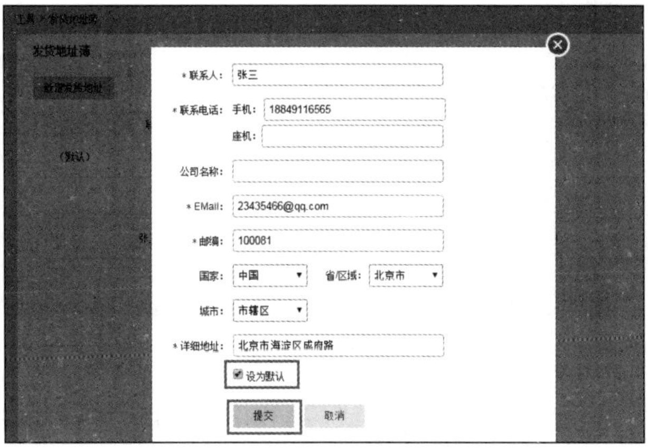

图　4-61

（8）添加收货地址簿。选择工具栏中的“收货地址簿”选项，单击“新增收货地址”按钮，如图 4-62 所示。

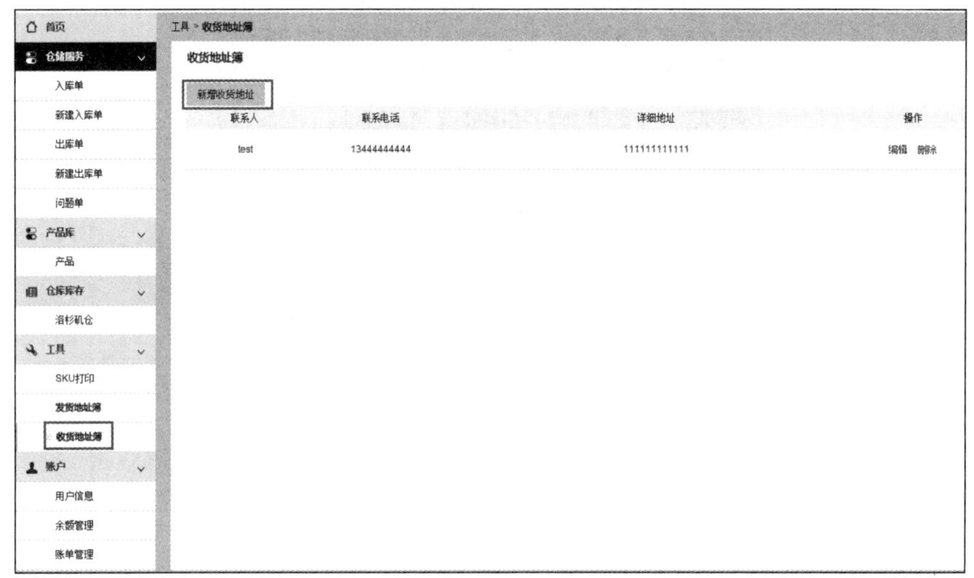

图 4-62

填写相关内容后，单击“提交”按钮，如图 4-63 所示。

图 4-63

（9）填写用户信息。选择“用户信息”选项，如图 4-64 所示。填写相关内容，单击“提交”按钮。

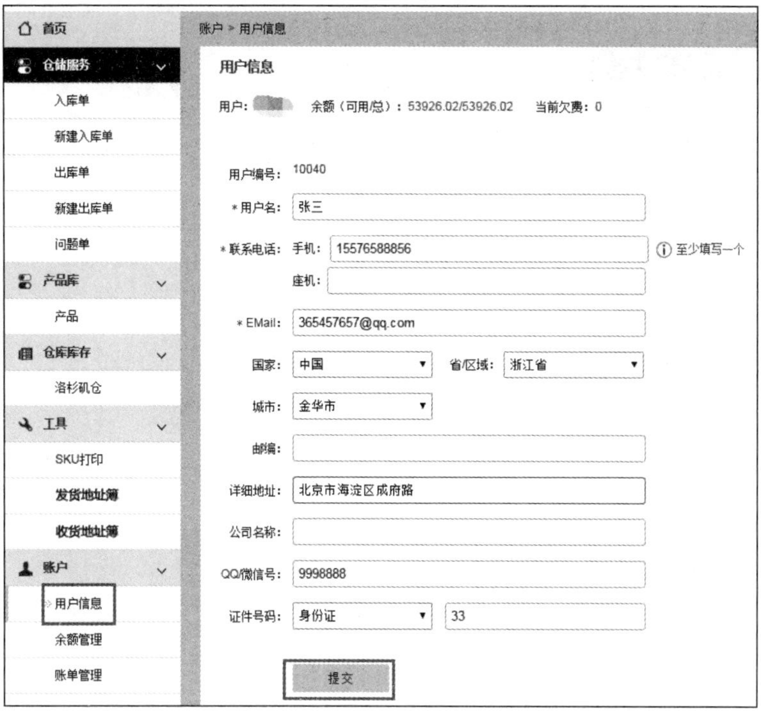

首页
仓储服务
入库单
新建入库单
出库单
新建出库单
问题单
产品库
产品
仓库库存
洛杉矶仓
工具
SKU打印
发货地址簿
收货地址簿
账户
用户信息
余额管理
账单管理

账户 > 用户信息

用户信息

用户：　余额（可用/总）：53926.02/53926.02　当前欠费：0

用户编号：10040
* 用户名：张三
* 联系电话：手机：15576588856　至少填写一个
座机：
* EMail：365457657@qq.com
国家：中国　省/区域：浙江省
城市：金华市
邮编：
详细地址：北京市海淀区成府路
公司名称：
QQ/微信号：9998888
证件号码：身份证　33
提交

图　4-64

（10）余额管理。选择“余额管理”选项，可以查看账户资金情况，也可以单击“支付宝充值”按钮添加账户资金，如图 4-65 所示。

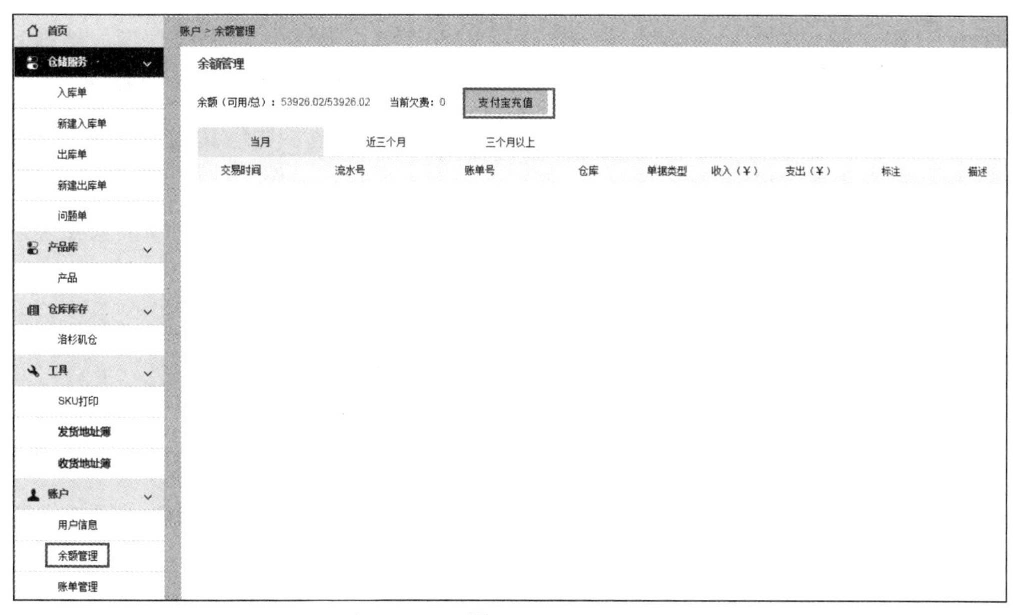

图　4-65

（11）账单管理。卖家可以选择“账单管理”查看欠费情况及收支明细，如图 4-66 所示。

图 4-66

知识点 3：DHgate 平台 DTC

DTC（数字贸易中心）是 DHgate 平台打造的集展示、交易、营销、售后、培训等多种服务于一体，线上、线下结合的数字贸易旗舰店模式。目前已在匈牙利、澳大利亚、西班牙、美国、土耳其、俄罗斯、秘鲁、阿联酋等 8 个国家落地，凭借其线下口碑配合线上辐射可快速迎合当地市场特点的优势，一直被卖家誉为能够获得线下优质流量的最佳模式。

2019 年，DHgate 平台强势推进与俄罗斯、欧洲、中东，以及其他亚洲国家知名电商平台的战略合作，协助卖家根据自身需求，打造多形式、多流量入口，整合线上线下营销方案，精准、快速地融入当地市场。目前，与亚洲新兴市场知名平台的战略合作已经取得重大进展，DHgate 平台将成为其旗下中国独一的战略合作平台。

此外，DHgate 平台将对 DTC 展开更具针对性的升级改造：首先加快不同城市的落地速度，打造全球连锁店模式；选择重点城市的核心商业区或者知名批发区落地，保证线下流量的体量和质量；在多语言站点开通 DTC 专区为其加码引流；通过 DHsocial App 实现分销代理；所有进入 DTC 的卖家均有专人跟进销售；同时 DHgate 平台为加盟商提供线下交易的商品及优势价格。预计这一系列的升级将更有效地整合各方面的资源，聚集线上、线下优质流量，更好地为卖家提供一站式服务，协助卖家扫清进入当地市场的障碍。

成功故事分享

新诚保海外仓服务，成就卖家创业梦想

我叫邱林，2004 年毕业后，怀揣着一个简单的梦想，带着毕业期的迷茫，和同学一起来到深圳这个陌生的城市。作为资深的“深漂”，经历过基础工作的单调，业务销售的艰辛，合伙公司的倒闭。这一路的磕磕绊绊让我重新审视在这个城市的意义。

在深圳，在这个淘金的时代，要如何才能立足？被这些问题困扰的同时，我也在琢磨如何突破现在的困境。

初建的外贸团队

2013 年 9 月，我正式进入外贸直销，开始招兵买马，也着手开始做多个平台。也曾做出一些成绩，也曾风生水起。但随后的 LED 行业发生了很大的变化，产品更新、价格降低，我的领导方向也出现了问题，导致后期的外贸团队再也无法支撑，最终只能全部解散，多年的积蓄也所剩无几。随后的几年里陆陆续续发生着变化，之前积累的客户也各奔东西、各奔前程。

经历了十年，完全体验到了成功的艰难，带领团队也并非谈笑风生如此简单。十年后的我再一次陷入迷茫，究竟是否要结束深漂的生活呢？

电商之初体验

迷茫的日子里我每天在网上看经济资讯，希望可以看到一些商机。无意中就看到了 DHgate 平台，在深入研究了三个月之后，决定尝试注册店铺经营跨境电商。一个全新的领域、一个完全脱离了传统营销的模式，对于初学者的我来说，非常有难度，也切身体会到了“看”和“做”有着太大的区别。

从开始的店铺注册，到产品上传，再到第一笔订单完成，我实现了我的又一次蜕变，这样坚持着，订单由少到多，也陆续有了自己稳定的买家。直到 2015 年 6 月一个月做了几千美元，我仍然感觉跨境电商远不如想象得那么简单，想要做一件事，更何况是要作为事业来奋斗的事，真的要付出非常多的时间和精力，去研究、摸索。好胜的个性驱使着我努力把自己的店铺做大、做好。我一直坚持的信念就是：“要想成功，必须发疯。”

新诚保海外仓服务，助力卖家成长

秉持着自己的创业梦想，专注于经营自己的店铺。从专心阅读 DHgate 平台各项政策规则开始，我专心研究，并严格按照平台政策经营店铺。慢慢地做出了属于自己的成绩，我的做法既简单又困难。

（1）精心挑选每件产品，确保每件产品的质量。

（2）上传产品时使用实拍图片，保证详尽、真实的产品描述。

（3）在服务方面，积极回复买家的咨询。

买家下单后，第一时间安排发货，保证充足的备货，选择优质的物流，确保买家按时

收到货品。店铺购物的买家，均给出满意的评价。

随着 2016 年 DHgate 平台卖家诚信保障服务体系升级，海外仓日益完善，我也在平台工作人员的帮助下加入了诚信保障服务计划，做起了海外仓。也就是从这一刻开始，店铺的销量又有了进一步的提升。海外仓的服务实现了店铺订单的海外本地化发货，提高了发货时效，降低了物流及时间成本。从根本上破除航空限制，打破常规，拓展店铺的销售优势。产品销量仅仅一个月的时间就增长了 30%，这极大地提升了买家的体验和店铺的竞争力。

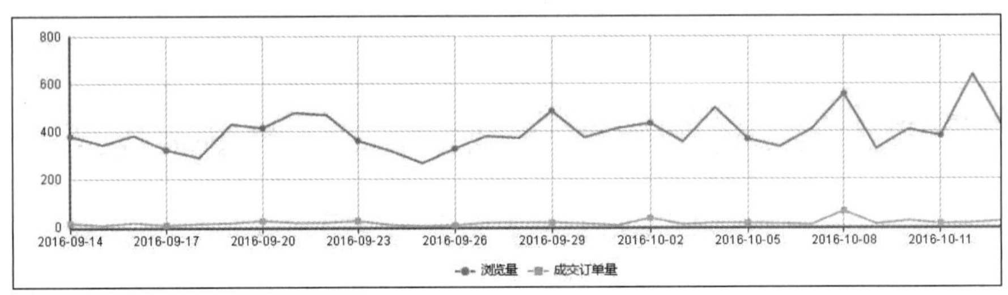

自己一度曾因挫折失去信心、深陷迷茫。直到在 DHgate 平台上开店，才找到多年来追寻创业梦想的方向，通过努力，有了自己的新公司、新团队、新领域。一步步地稳固了自己的事业，找到自己的价值。

创业的经历，让我接触到更多的人、事、物，更懂得责任和担当，找回了初心与满满的正能量。在此我希望通过自己的经验和力量帮助平台更多的卖家“成就创业梦想”。

资料来源：http：//seller.dhgate.com/story/c_35609.html。

一、选择题

1. 国际物流的主要方式有（　　）。

A. 国际快递　　B. 国际平邮

C. 国际空运　　D. 国际海运

2. 下列选项中（　　）属于国际四大商业快递。

A. TNT　　B. UPS

C. EMS　　D. DHL

3. 国际快递的共同点有（　　）。

A. 快递方式比较适合 100kg 以下的货物运输

B. 承运货物为文件、样品、货样广告品等没有商业价值的货物

C. 航空方式，门到门服务

D. 无偏远地区收费

4. DHgate 平台在线发货的两种运输方式是（　　）。

A. 国际 e 邮宝　　B. EMS 发货

C. DHLink 发货　　D. DHL 发货

5. 海外仓储应该包括（　　）。

A. 头程运输　　B. 在线发货

C. 仓储管理　　D. 本地配送

二、简答题

1. 什么是实重？什么是体积重量？

2. 选择快递方式与快递公司的原则有哪些？

3. 在线发货跟自发货相比有哪些优势？

4. 目前市场上主要有哪些海外仓？它们各自有什么优点？

5. 什么是 DHgate 平台数字贸易中心？对卖家有哪些作用？

三、案例题

北京的林先生需要给澳大利亚的买家发送物品，买家希望能够以较低廉的运费，在一周内收到货物。订单不大，是一个首饰盒。

林先生首先打电话给物流代理查询相关邮寄方式，礼品的重量约为 300g，物流工作人员建议林先生选择国际 EMS，到达时间为 5 ～ 7 天，DHL 包裹的到达时间仅为 2 ～ 4 天，但价格比 EMS 贵一倍。

除了邮政提供的 EMS 国际快递，还有几家大的快递公司也提供同样的服务，如 UPS、Fedex、DHL、TNT。目前这五家快递物流都提供快递状态查询服务。

林先生称量了包裹的重量为 304g，根据实际重量再次打电话询问：

EMS 快递：5 ～ 7 天，120 元，澳大利亚属于邮政运送国家的四区。

UPS：300.5 元（由第三方保险公司提供保价服务）。

FedEx：203 元（由第三方保险公司提供保价服务）。

DHL：292.5 元（由第三方保险公司提供保价服务）。

TNT：289.9 元（由第三方保险公司提供保价服务）。

该用何种方式、何种方法才能在最短的时间内并以相对便宜的价格将包裹安全地寄送到？大概花多少钱？多长时间？如何跟踪货物运输情况？

四、实训题

在 DHgate 平台用 e 邮宝给订单发货。

认识国际物流与 DHgate 平台海外仓考核评价表

序号	评 价 内 容	得分 / 分			综合得分 / 分
		自评	组评	师评	
1	了解国际物流的方式和特点				
2	熟悉如何进行线下发货				
3	熟悉 DHgate 平台在线发货				
4	了解 DHgate 平台海外仓				
5	了解 DHgate 平台数字贸易中心（DTC）				
合　计					

注 综合得分 = 自评 ×30%+ 组评 ×30%+ 师评 ×40%。

学习项目 4 总结与评价

建议学时

1 学时。（用来总结本学习项目各任务的学习、总结等情况。）

总结与评价过程

一、汇报总结

序　号	汇　报　人	值得学习的地方	有待改进的地方
1			
2			
3			
4			
5			
6			

二、综合评价

1. 专业能力评价

序　号	项 目 名 称	得　分
1	学习任务 1	
2	学习任务 2	
3	学习任务 3	
4	学习任务 4	
综合得分		

注 综合得分为本学习项目中各学习任务得分的平均值。

2. 职业素养能力评价

序号	评 价 内 容	评 价 标 准	得分 / 分			综合得分 / 分
			自评	组评	师评	
1	本项目知识掌握程度	是否了解国际物流相关知识				
		是否了解 DHgate 海外仓相关知识				
2	平台实操能力	能否操作线下发货				
		能否操作线上发货				
3	学习态度	上课是否认真听讲，勤于思考，独立钻研				
		课后是否认真完成老师布置的各项任务				
4	团队合作能力	是否积极配合团队的成员				
		是否对团队做出积极的贡献				
综合得分						

3. 综合得分

学习项目 1 综合得分 = 专业能力评价得分 ×60%+ 职业素养能力评价得分 ×40%+ 创新素养能力评价得分。

注：创新素养能力是指学生在学习的过程中提出的具有创新性、可行性的建议的能力；创新素养能力评价得分，满分 10 分（由老师根据表现评定），为加分项。

5 学习项目 5 了解 DHgate 平台营销系统

网络营销的作用不可或缺，精准的网络营销可以给卖家带来巨大的流量。DHgate 平台为卖家提供了丰富的站内营销资源，满足卖家不同的产品营销需求，帮助他们赢得更多的订单。同时，DHgate 平台也加强与全球互联网巨头谷歌的合作，借助 Google Shopping 在线营销系统，将平台卖家接入站外流量。网红营销是近年来兴起的大受欢迎的网络营销方法，DHinfluencer 网红智能营销的推出正是顺应了这种趋势。

项目目标

1. 熟悉 DHgate 平台的各种站内营销资源。
2. 熟悉 Google Shopping 推广方式。
3. 了解 DHinfluencer 网红智能营销。

4 学时。

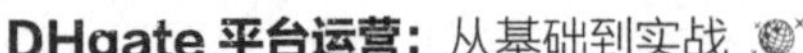

学习任务 1　熟悉站内营销资源

1. 熟悉展示计划。
2. 熟悉定向推广。
3. 熟悉流量快车。
4. 熟悉视觉精灵。
5. 了解骆驼客 CPS。

1.5 学时。

最近，小李有点烦。因为负责运营公司的 DHgate 平台卖家账号有一段时间了，每天登录店铺，除了平台发送的系统提醒消息之外，几乎很少收到平台买家的询盘或者订单。他心想，明明店铺里已经上传了不少产品，上传产品之前也对产品标题与关键词、产品描述和图片等产品属性认真地进行处理了啊。小李郁闷地敲开了经理办公室的门，经理告诉他不利用 DHgate 平台提供的各种站内营销资源，买家和订单怎么可能自己送上门来呢？小李似有所悟，决定好好研究一番 DHgate 平台的站内营销系统。

DHgate 平台营销系统整合了 DHgate 买家平台上的所有曝光资源，为平台卖家提供各种提高产品曝光的营销工具，包括买家首页、产品列表页、类目页、卖家端后台的单品与店铺广告投放等。DHgate 平台营销系统拥有丰富多样的产品曝光展现形式，灵活多样的计费方式，能满足广大卖家的各种产品营销需求，帮助平台卖家赢得更多的订单。下面主要介绍展示计划、定向推广、流量快车、视觉精灵与骆驼客 CPS 五种站内营销方法。

知识点 1：展示计划

展示计划是 DHgate 平台提供的一种广告投放形式，系统根据产品的特性精准投放，采用按单击收费的形式，性价比高，适合优质单品的推广。

展示计划的投放位置有：类目页的产品展示位、列表页下方的产品展示位、最终页第一屏展示位、平台买家登录后的 My DHgate 首页展示位。

1. 展示计划的优势

（1）操作简单便捷，平台卖家可以一键投放全店铺产品。而且，新品与热销品有着相同的展示机会，缩短了新品的出单周期。

（2）每日预算随时可控，性价比很高，展示不扣费，只按国外 IP 单击扣费。

（3）平台系统根据算法把卖家的商品推送到精准的买家面前，避免投放浪费。同时，在平台的各个页面展示卖家的商品，极大地增加了曝光量。

（4）展示计划好比一份店铺经营指南，通过展示计划报表分析，全面掌握店铺运营情况，为店铺的精细化运营做铺垫。

2. 展示计划的投放规则

（1）产品加入展示计划后即时生效，变成“投放中”状态；投放中状态的展示计划产品会进入推荐队列，系统会按照推荐算法把产品推荐到合适的位置进行展示。推荐算法是通过分析买家的购买行为、各类目与关键词下的产品特性、下单比率关联性等因素，计算出在每个被曝光的推荐位上最可能产生购买的展示计划产品。

（2）当每日展示计划的消耗达到设置的当日预算后，卖家的展示计划产品会从当日的推荐队列中撤出。

（3）当敦煌币账户余额小于 0 时，卖家所有的展示计划产品会自动变成“暂停”状态。

（4）展示计划是 3 个月的有效期，卖家如果在到期前没有手动延期，展示计划将暂停，如果想继续参与展示计划，需要单击“启动所有暂停产品”进行投放。

（5）参与展示计划的产品如果涉及侵权等问题被下架，展示计划将被暂停，产品恢复销售后，需要手动单击“启动所有暂停产品”继续投放。

3. 展示计划的投放流程

（1）进入广告系统，在导航上选择“展示计划”选项进入展示计划投放界面，如图 5-1 所示。

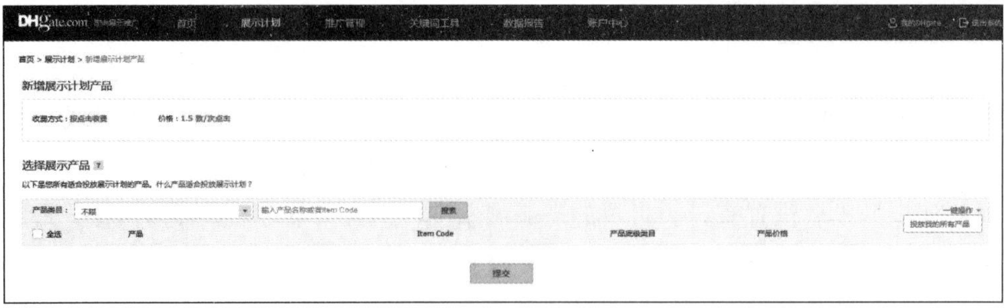

图 5-1

（2）选择要参加展示计划的产品，可多选，如图 5-2 所示。

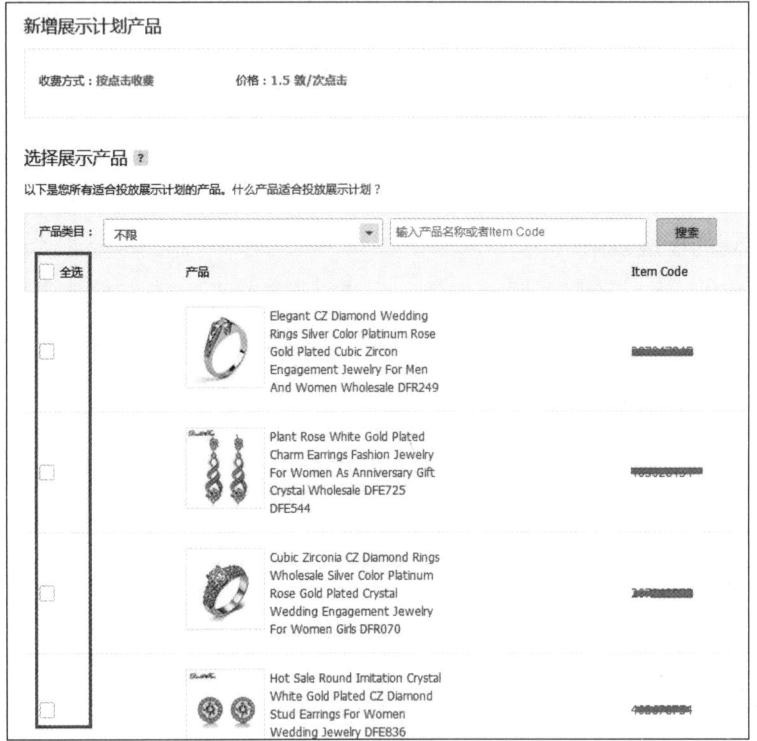

图 5-2

（3）店铺产品太多时，卖家可以使用“一键操作”工具进行投放，如图 5-3 所示。

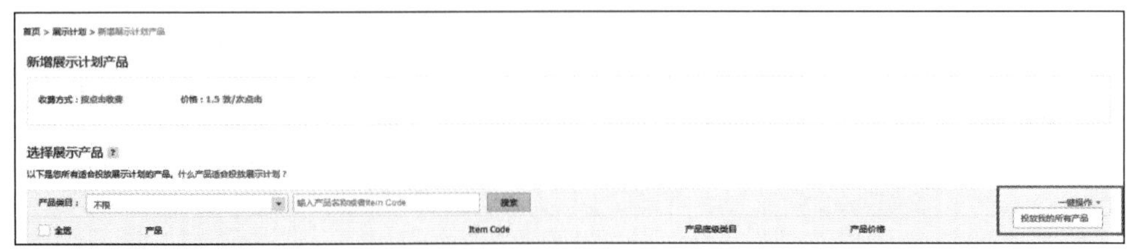

图 5-3

（4）如果信息填写无误，显示“产品提交成功”，如图 5-4 所示。

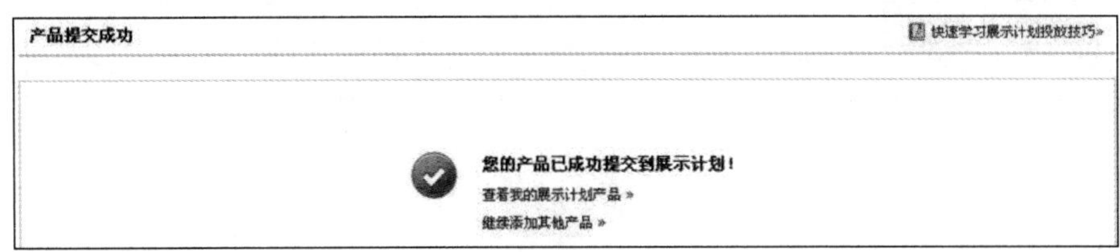

图　5-4

（5）提交完成后，可以在展示计划投放主界面的“我的展示计划产品”栏目中查看和管理已提交产品，如图 5-5 所示。

我的展示计划产品

共有 261 个产品：投放中 261 | 暂停 0　新增展示计划产品

全部　输入Item Code　搜索　一键操作

全选	Item Code	产品底级类目	加入日期	价格(数/次点击)	状态	提示	操作
	410974907	Hair Products	2018-06-27	1.5	投放中		暂停 | 退出 | 再营销
	410979742	Hair Products	2018-06-27	1.5	投放中		暂停 | 退出 | 再营销
	410457424	Hair Products	2018-06-27	1.5	投放中		暂停 | 退出 | 再营销
	409623958	Hair Products	2018-06-27	1.5	投放中		暂停 | 退出 | 再营销
	409583572	Hair Products	2018-06-27	1.5	投放中		暂停 | 退出 | 再营销

图　5-5

（6）可以使用“一键操作”工具对全部展示计划产品进行暂停、启动、退出操作，如图 5-6 所示。

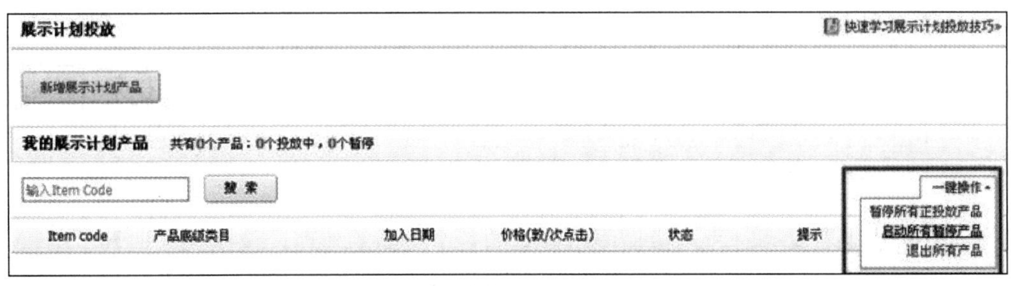

图　5-6

4. 展示计划数据报表的查看

登录广告系统，在“数据报表—展示计划数据报表”中查看，当天的投放数据会在第二天凌晨更新。展示计划报表分为投放明细和产品报表两种。

（1）可以查看所选时段内展示计划产品每天的投放信息，包括当天的浏览量、单击量和单击率；还可以查看展示计划产品每天的敦煌币花费情况，包括当天的敦煌金币、敦煌券的花费，也可以查看每天的明细，如图 5-7 所示。

首页 > 数据报告 > 展示计划数据报表

展示计划数据报表

投放明细　产品报表　　快速学习投放技巧»

投放时间：近一周　　默认排序

日期	浏览量	点击量	点击率	敦煌金币花费（数）	敦煌券花费（数）	总花费(数)	明细
2018-08-08	4713	4	0.08%	0.0	6.0	6.0	查看
2018-08-07	4657	12	0.26%	0.0	18.0	18.0	查看
2018-08-06	4336	11	0.25%	0.0	16.5	16.5	查看
2018-08-05	4660	6	0.13%	0.0	9.0	9.0	查看
2018-08-04	3869	9	0.23%	0.0	13.5	13.5	查看
2018-08-03	5496	9	0.16%	0.0	13.5	13.5	查看
2018-08-02	5506	10	0.18%	0.0	15.0	15.0	查看

图　5-7

（2）可以查看当天被展示过的展示计划产品的投放信息以及是在什么位置被展示，如图 5-8 所示。

展示计划投放明细（2012-03-18）　　快速学习投放技巧»

Item Code	产品名称	投放日期	浏览量	点击量	点击率	敦煌金币花费(数)	敦煌券花费(数)	总花费(数)	展示位置
125846789	2011 New Prom Dresses Sexy Sweetheart Floor Length Chiffon Sheath Evenir Dresses	2011-03-18	45897	3000	10.5%	2200	600	2900	查看
125846789	2011 New Prom Dres Sexy Sweetheart Floor Chiffon Sheath Evenir Dresses							2800	查看
125846789	2011 New Prom Dres Sexy Sweetheart Floor Chiffon Sheath Evenir Dresses							2800	查看
125846789	2011 New Prom Dresses Sexy Sweetheart Floor Length Chiffon Sheath Evening Dresses	2011-03-18	45897	3000	10.5%	2200	600	2800	查看

展示位置

展示位置	浏览量	点击量	点击率
DCP（类目页）橱窗	658	9	0.5%
列表页橱窗	658	9	0.5%
My DHgate首页橱窗	658	9	0.5%
Hot Selling页面	658	9	0.5%

共有4条记录，每页显示20条　　«上一页　1　下一页»

图　5-8

（3）可以查看某个时段内参加展示计划的各个产品的表现，包括展示次数、浏览 / 单击数据、花费数据等，如图 5-9 所示。

展示计划数据报表

投放明细　产品报表　　快速学习投放技巧»

投放时间：近一周

序号	Item Code	产品名称	展示次数	浏览量	点击量	点击率	敦煌金币花费(数)	敦煌券花费(数)	总花费(数)
1	[illegible]	Elegant CZ Diamond Wedding Rings Silver Color Platinum/Rose Gold Plated Cubic Zircon Engagement Jewelry For Men And Women Wholesale DFR249	787	1870	4	0.21%	0.0	6.0	6.0
2	[illegible]	Classic AAA+Cubic Zircon Elegant Rings Wholesale 18K Gold Plated Fashion Brand Party Jewelry For Women anel aneis New DFR091	76	82	0	0	0.0	0.0	0.0

图　5-9

5. 展示计划的投放误区

（1）只选择部分产品参加展示计划，等于放弃了被买家挑选的机会。因此，建议卖家进行全店铺展示计划的投放。

（2）上架产品未及时加入展示计划。新品参加展示计划，快速给新品带来曝光，可以减少新品的出单周期。

（3）展示计划管理不及时。产品因平台审核，展示计划会暂停，审核通过后，需卖家手动启动该产品的展示计划，以免损失曝光、流量。

（4）每日预算设置不合理，当日预算消耗完后，展示计划会自动暂停，第二天才会重新启动。卖家发现预算即将消耗完，可以增加预算。假如连续几天预算都是消耗完的，则可适当将预算增加到自己可承受的范围。

知识点 2：定向推广

定向推广是指通过平台买家搜索的关键词与卖家计划中所设置关键词的匹配度来抓取最符合买家购买意向的产品，最精准地展示在搜索页的右侧。平台卖家可以创建重点推广和快捷推广，在 PC 端和移动端进行展示。

重点推广适用于重点商品的推广管理。卖家最多可以创建 10 个重点计划，每个重点计划最多包含 100 个单元，每个单元内可以选择 1 个商品。建议优先选择市场热销或自身有销量、价格有优势的商品进行推广，如参考数据智囊分析中的商品成交转化率、加购物车量以及搜索单击率等数据。

快捷推广适用于普通商品的批量推广。卖家最多可以创建 30 个快捷推广计划，每个计划最多容纳 50 个商品、20 000 个关键词。快捷推广中的批量选词、出价等功能帮助卖家更加快速地建立自己的计划，捕捉更多的平台流量。

1. 定向推广的投放条件与优势

DHgate 平台对定向推广系统的使用设置了一定的要求，卖家账号必须具备以下三个条件才能进行定向推广。

（1）店铺账户处于非关闭或非冻结状态。

（2）店铺产品处于正常在线状态。

（3）平台卖家账户内有足够的余额。

如图 5-10 所示，可以看出定向推广对于 DHgate 平台卖家开展产品的站内营销拥有很大的优势。

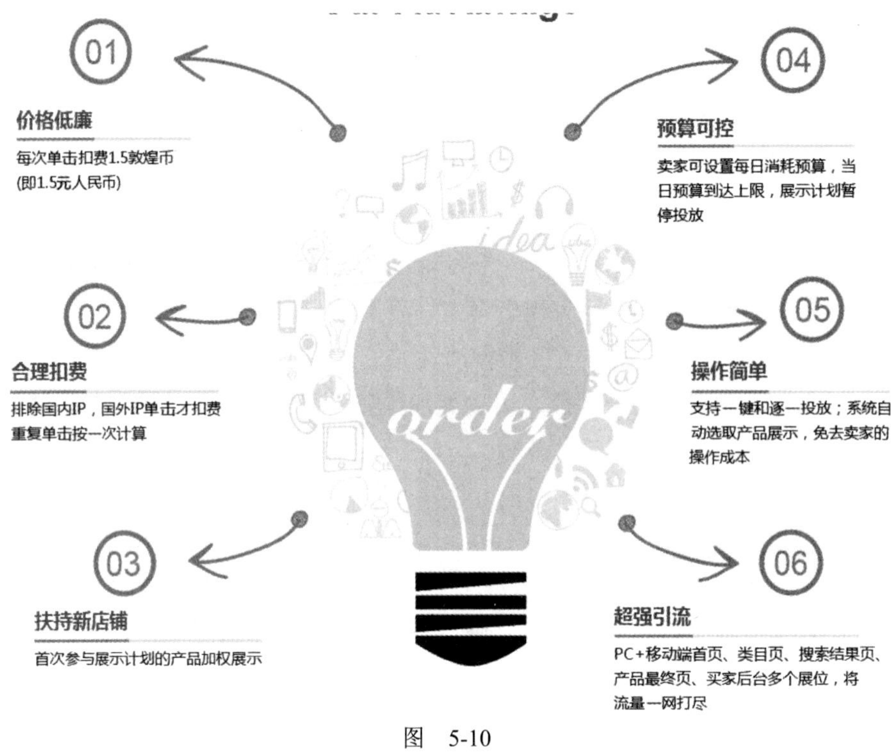

图 5-10

2. 定向推广的产品推荐原则

DHgate 平台卖家进行定向推广的产品，应该符合以下条件：

（1）店铺近期订单量大、成交金额多的热销产品，可以让卖家更易于获得单击、订单。

（2）与买家搜索匹配度最高的产品。通过关键词搜索展示给买家的产品更加精确，产品与搜索关键词匹配度更高，展示的产品更加精准。

（3）关键词出价高的产品。系统会根据公式及卖家对关键词的出价进行计算并排序，如果卖家的关键词质量分不够高，可以持续地对关键词进行出价，关键词质量分与出价决定最终排序结果。

3. 定性推广的扣费规则与展示位置

定向推广的实际扣费 = 下一名的出价 × 下一名的质量得分 / 卖家的质量得分 +0.01 敦煌币。产品展示不收费，仅在产生国外单击时才扣费，国内单击不收费，国外同一 IP 重复单击按一次扣费。

定向推广的广告位置排名取决于产品的广告评分。其中，移动端定向推广的广告位置出现在买家关键词搜索结果页第 7、14、21 等“7”的倍数页处，而 PC 端定向推广的展示位置如下。

（1）广告评分最高的前三名将展示在关键词的前 10 页搜索结果中：第一名展示在每页的第 3 位，第二名展示在每页的第 26 位，第三名展示在每页的第 27 位，如图 5-11 所示。

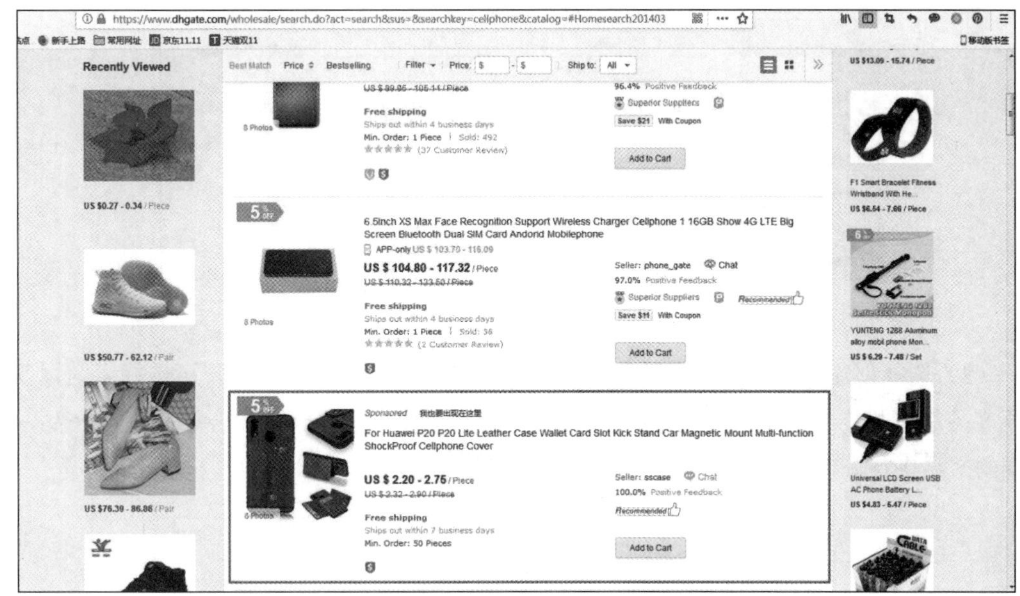

图　5-11

（2）广告评分的第四名及后续广告将展示在关键词搜索结果右侧，从第一页开始顺序排放，每页广告的数量为 18 个，如图 5-12 所示。

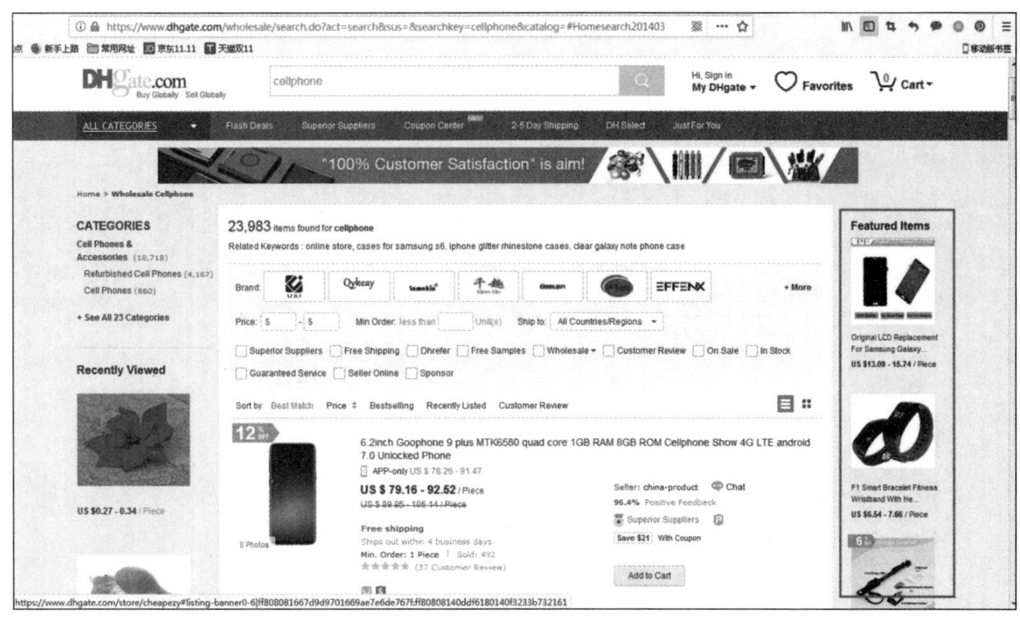

图　5-12

4. 定向推广的投放流程

（1）进入后台，找到定向推广位置，即推广营销→敦煌产品营销系统→推广管理→新建推广计划，如图 5-13 所示。

图 5-13

（2）选择创建计划的类型。选择重点推广时，只能推广 1 款产品，可选择店铺爆款、重要产品进行推广投放，最多只能创建 10 个推广计划；快捷推广适合推广多个产品，将店铺的产品进行分类，同类型的产品放在一个计划里进行推广，如图 5-14 所示。

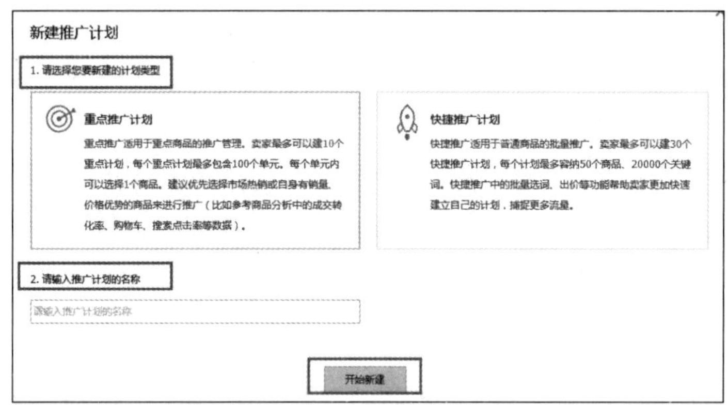

图 5-14

（3）选择产品创建后，为产品选择推广关键词，添加至右侧，再选择出价，如图 5-15 所示。

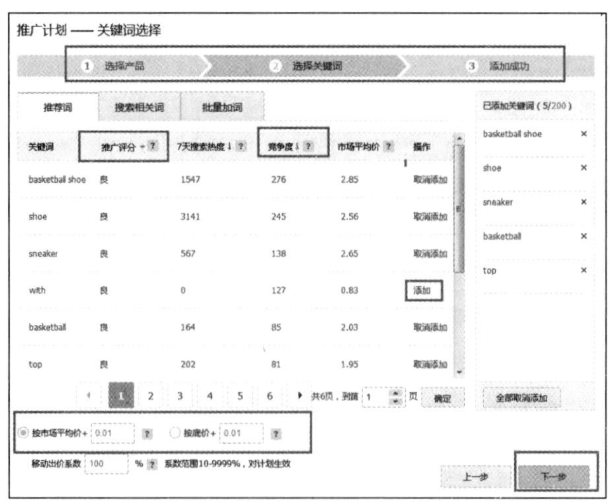

图 5-15

选择关键词时，可按照推广评分优先选择优良关键词，竞争度可按照降序排列，选取竞争度和热搜度相对较高的关键词进行投放；除推荐词之外，还可以批量加词，可以结合数据智囊——搜索词追踪里的行业搜索词，选取跟产品行业相关的热门词汇进行推广，如图 5-16 所示。

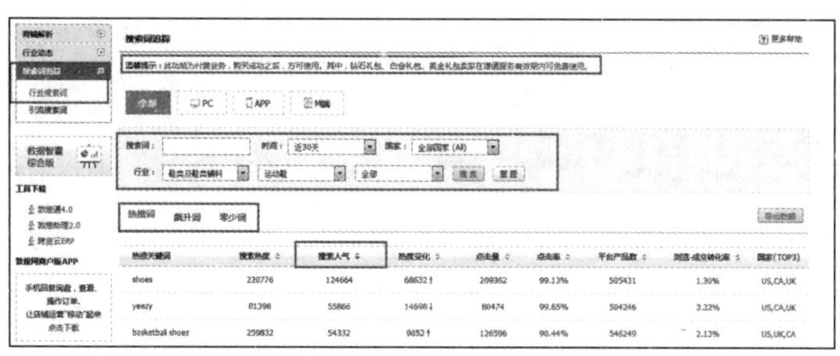

图　5-16

（4）添加成功后，进入推广计划里进行“修改关键词出价”，以让产品投放在第一页右侧，如图 5-17 所示。

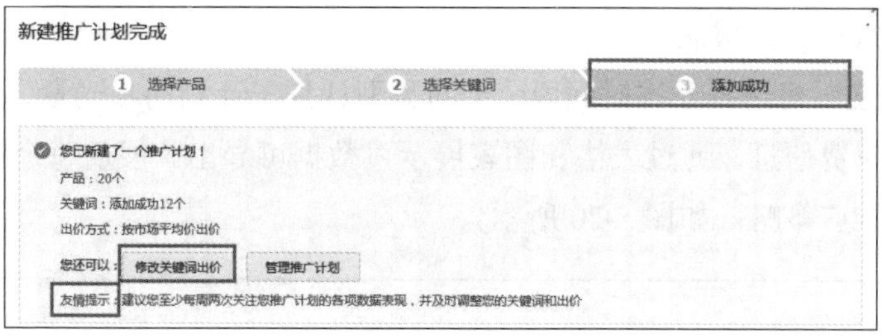

新建推广计划完成
1 选择产品
2 选择关键词
3 添加成功
您已新建了一个推广计划！
产品：20个
关键词：添加成功12个
出价方式：按市场平均价出价
您还可以：修改关键词出价　管理推广计划
友情提示：建议您至少每周两次关注您推广计划的各项数据表现，并及时调整您的关键词和出价

图　5-17

进入调价页面后，当预估排名显示在其他位置时，单击出价框进行调价。页面会显示市场平均价和近期第一页右侧平均价，价格高于第一页最低价方可进入第一页右侧进行展示，占据流量的有利位置，如图 5-18 所示。

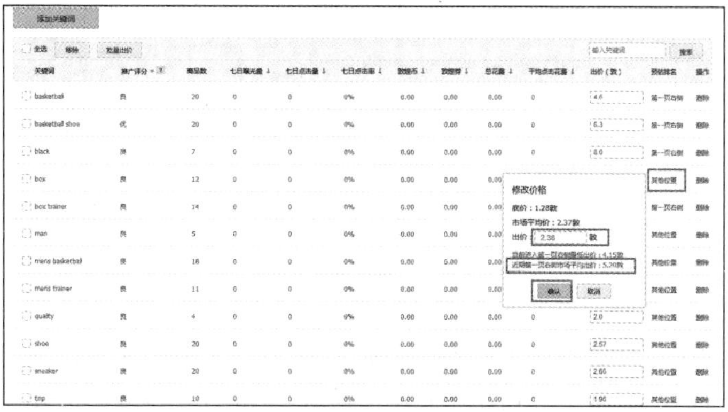

图　5-18

（5）在“推广管理”里，可以继续“新建推广计划”以及更改之前创建的计划和修改计划名称，如图 5-19 所示。

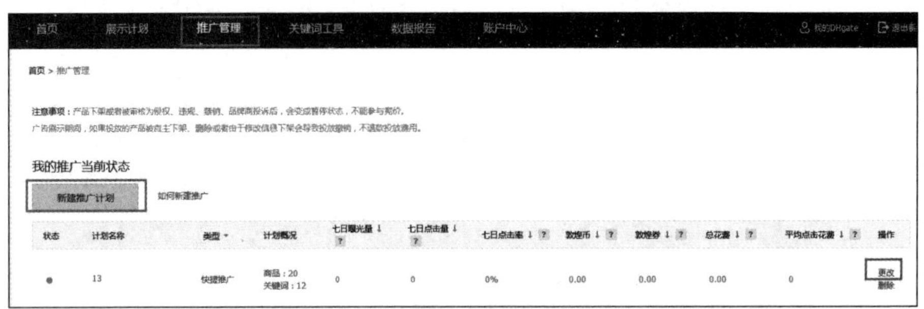

图　5-19

为了更好地保证卖家的推广效果，建议卖家定期对推广商品信息描述进行优化，同时选择正确的推广行业，以持续提升商品推广评分，同时设置具有竞争力的出价。在推广设置里，可以设置每个推广计划每天的消耗上限，一旦超出，则系统自动暂停该推广计划当日的引流推广，同时可对移动端定向推广进行出价设置。

5. 查看定向推广数据报表

（1）账户报告：可选择不同时间段、不同类型计划子计划的曝光量、单击量、单击率、花费、平均单击花费信息，通过表格和图表展示，数据可导出。展现每个推广计划的成果，及时调整和优化推广策略，如图 5-20 所示。

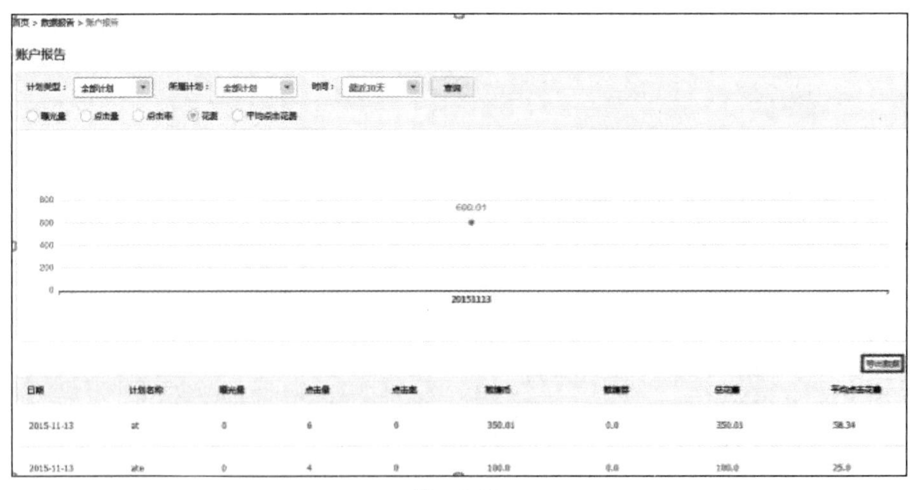

图　5-20

（2）商品报告：可筛选不同的时间段、推广方式、类型计划子计划内商品的曝光量、单击量、单击率、花费、平均单击花费信息，数据通过图表展示，可导出。数据详细列出了每件商品一段时间内的曝光、单击情况，相关人员可及时从推广方式、推广类型及商品标题 / 图片角度进行优化，找到最符合该商品推广的方式，如图 5-21 所示。

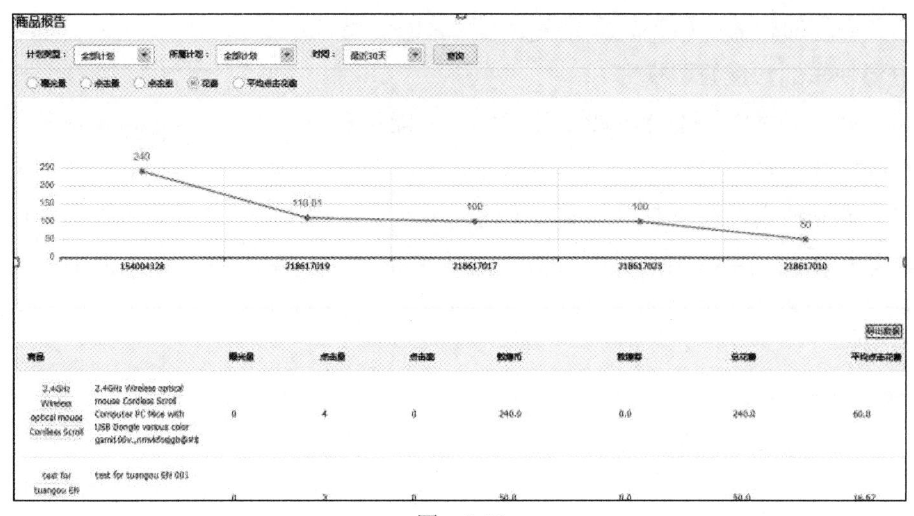

图　5-21

（3）关键词报告：可筛选不同时间段，图表显示不同类型计划子计划所属单元中关键词的曝光量、单击量、单击率、花费、平均单击花费信息，数据可导出。反映所投关键词在一段时间内的热度，及时调整投放的关键词，提高被搜索的概率，掌握买家搜索的趋势、意向与兴趣，如图 5-22 所示。

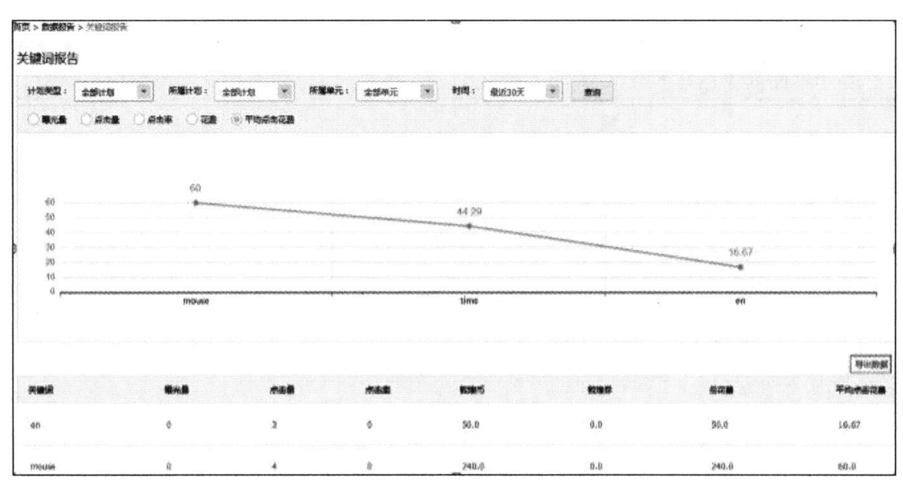

图　5-22

知识点 3：流量快车

流量快车是 DHgate 平台为卖家量身打造的强力引流工具，快车产品将会在搜索产品结果列表页中专属推广位置上高额曝光且无时间限制。流量快车产品会出现在产品类目列表页和关键词搜索列表页前 8 页的第 4、7、10…位，卖家可看到流量快车标识，产品的所

在目录、关键词的相关度和产品质量决定了流量快车产品的排序。

1. 流量快车的数量获取规则

DHgate 平台的卖家（低于标准的商户除外）能免费获得一定数量的流量快车。卖家可以自行选择审核通过的上架产品，添加成为流量快车产品，从而获得搜索产品结果列表页的高流量。卖家级别越高所获得流量快车的使用数量也越多；增值会员可根据会员类型获得专享流量快车使用数量，总数与卖家级别不叠加，比如增值获得 24 个流量快车，账户评级是标准商户有 3 个流量快车，那么一个账号总共有 24 个流量快车。具体的获取规则如图 5-23 所示。

普通卖家	
顶级商户（T 级）	9 个流量快车
顶级商户（P 级）	6 个流量快车
顶级商户（S 级）	3 个流量快车
增值卖家	
金骆驼卖家	36 个流量快车
银骆驼卖家	24 个流量快车
铜骆驼卖家	24 个流量快车
新卖家扶持	
1 个产品处于正常上架状态	可获得 1 个流量快车
10 个产品处于正常上架状态	可获得 2 个流量快车
30 个产品处于正常上架状态	可获得 3 个流量快车

图 5-23

2. 流量快车的操作流程

（1）进入“我的 DHgate—推广营销—流量快车”页面。

（2）单击添加产品，选择自己要加入流量快车的产品。

（3）通过产品编号、产品名称、所设关键词、产品组筛等维度选择的产品，提交后即可成为流量快车产品。

（4）密切关注流量快车产品的转化数据，根据实际表现，每周及时更新流量快车推广产品。

3. 高效运用流量快车的技巧

（1）优化产品图片，特别是首图。

（2）审视产品目录的关联性，产品所有的关键词是否符合行业发展。

（3）产品的最终页关联营销版块设定，提高转化率。

（4）控制店铺整体的纠纷、退款、好评率。

（5）分析行业特色、季节、产品表现等因素，密切关注快车产品的转化数据，根据实际表现，每周及时更新流量快车推广产品。

（6）流量快车产品将不再参加普通的产品排序，如果当前产品的流量已经达到一定的水平且排序位置很好，建议选择其他产品作为流量快车产品。

知识点 4：视觉精灵

视觉精灵是 DHgate 平台为商户店铺产品量身打造的强力引流工具，凡使用视觉精灵的产品将会在产品类目列表页、关键词搜索列表结果页以及卖家商铺页面中突出显示。

1. 视觉精灵产品的突显效果

加入视觉精灵的产品拥有明黄的底色或者显眼的边框，还能同时显示这两种效果。平台卖家可以购买底色、边框突显效果，也可以组合购买 2 种效果，如图 5-24 所示。

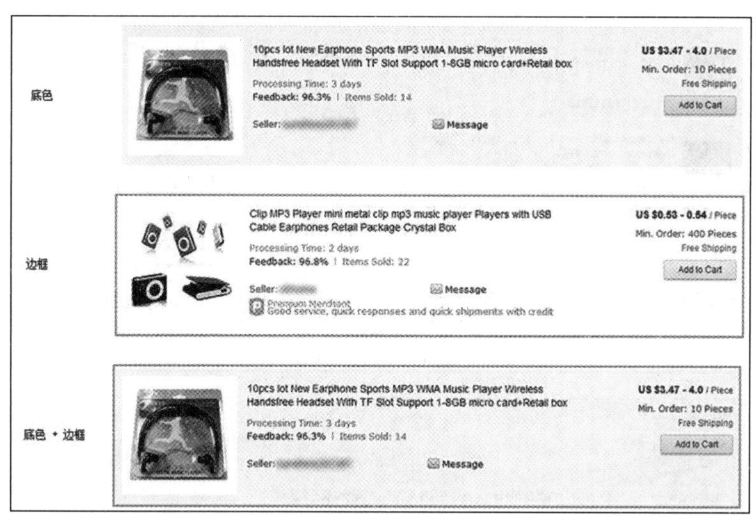

图　5-24

2. 视觉精灵的操作流程

（1）登录“我的 DHgate—推广营销—视觉精灵”页面。卖家可以通过产品名称、产品编号直接查找产品，也可以通过产品组来筛选加入视觉精灵的产品，如图 5-25 所示。

选择产品　×

关键字：产品名称　产品组：一级产品组　二级产品组…　搜 索

您可以选择一个上架产品，参加“突出显示计划”，所选产品将突出显示一周后恢复正常显示状态。

产品信息	产品组	有效期	
Wholesale - Q88 Pro 7 Inch Dual Core Tablet PC Android 4.2 OS Core Tablet PC ... 产品编号：365987	Children's cartoon style bags	2015-05-25	
Wholesale - Q88 Pro 7 Inch Dual Core Tablet PC Android 4.2 OS Core Tablet PC ... 产品编号：365987	Children's cartoon style bags	2015-05-25	选 择

图　5-25

（2）确定产品后，选择突显效果及服务期限，如图 5-26 所示。

图 5-26

（3）每个卖家账号每个周期限购一次突显效果，视觉精灵服务有效期内，卖家可随时单击“更换产品”按钮，任意更换推荐产品，如图 5-27 所示。

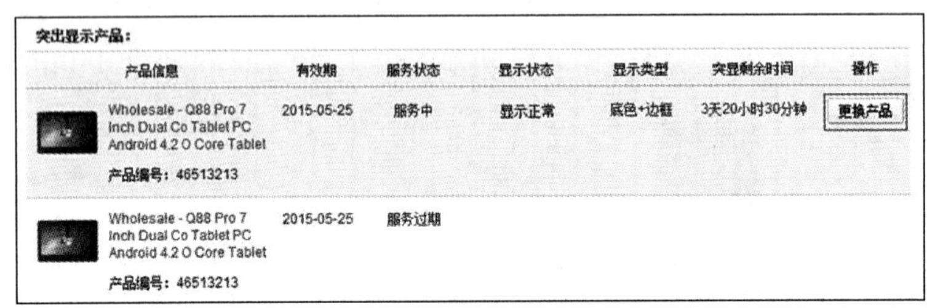

图 5-27

（4）通过产品名称、产品编号直接查找要更换的产品，也可以通过产品组来筛选产品，如图 5-28 所示。

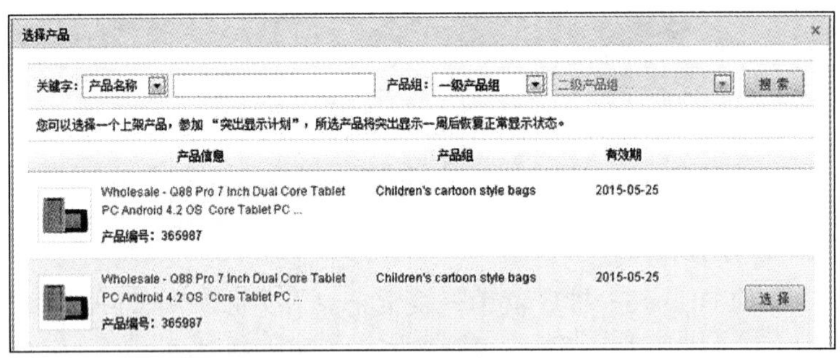

图 5-28

（5）更换完毕后，新产品突显效果立即生效。

3. 视觉精灵的选品技巧

（1）选品前，需充分了解行业目录、行业所推广关键词和产品情况，借助视觉精灵凸显功能，从而快速地吸引买家眼球。

（2）保持视觉精灵产品在有效期内一直处于审核通过且上架状态，以便保证视觉精灵可以正常使用。

（3）由于视觉精灵是对产品做突出显示，可以根据季节、节假日、行业趋势、产品特色等因素选择产品。

（4）每天查看数据报表，密切关注产品的转化数据，及时更换视觉精灵产品，以便提高营销效果。

知识点 5：骆驼客 CPS

骆驼客 CPS 是 DHgate 平台为卖家提供的一种新的营销工具。卖家可以给推手设定一定的佣金比例，让推手去帮助其分享商品链接，最终实现商品销售和推手以及买家获利的共赢。平台卖家可在店铺后台设置商品佣金，并对佣金比例进行调节。推广生效后，推手可将商品详情页分享商品链接到自己的社交媒体，消费者通过推手分享的商品链接完成购买后，推手和消费者都可领取相应的佣金。

1. 骆驼客 CPS 的投放流程

（1）登录“我的 DHgate—推广营销—骆驼客 CPS”页面，单击“添加推广产品”按钮，如图 5-29 所示。

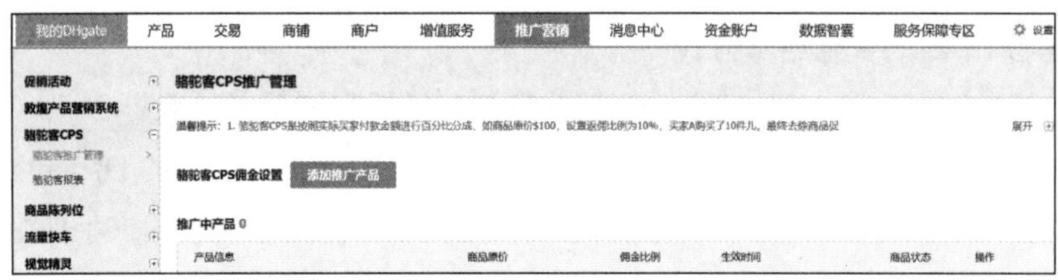

图　5-29

（2）选择产品列表中的一款，单击“下一步”按钮，如图 5-30 所示。

图　5-30

（3）在“推广佣金比例”框中设置 1%~50% 的佣金，单击“提交”按钮，如图 5-31 所示。

图 5-31

2. 骆驼客 CPS 的资金结算方式

（1）消费者支付后，即按佣金比例把钱款划到推手和消费者的账户。

（2）消费者确认收货 15 天后，佣金可放款给推手和消费者各自的 DHpay Account。

（3）若消费者确认收货的 15 天内发生退货退款，则把卖家货款和推手佣金原路返还。

（4）若消费者确认收货的 15 天后发生的退货退款，则卖家承担所有退款金额，推手佣金不需退还。

3. 骆驼客 CPS 的推广注意事项

（1）商品设置推广后，即刻生效，立即进入推广中。

（2）如果不自行取消推广，则商品一直处于推广中，如要取消，请在推广列表中单击“移除”按钮。

（3）推广中的商品可以进行推广佣金修改，修改保存后即刻生效。

（4）推广佣金发放是在买家购买确认收货或卖家请款后 15 天。

（5）返佣计算不包含物流费用。

（6）商品推广的生效与失效。当商品设置了推广，商品本身状态处于下架、待审核、已删除（非上架正常售卖状态）时，在 CPS 推广管理页面中不会移除推广（非上架商品买家无法下单），当商品再次上架后在 CPS 推广列表中将即刻生效，进入推广状态。

学习任务 2　了解站外营销方法

1. 熟悉 Google Shopping 推广。
2. 了解 DHinfluencer 网红智能营销。

1.5 学时。

企业情景引入

熟悉了 DHgate 平台的站内营销系统之后，小李就像发现了一片新大陆，开始对店铺内的不同的产品投放不同的广告，每天定时查看数据报表，并进行实时的优化。这天，经理又告诉他，除了掌握平台的站内营销方法，还要学会开展站外营销。

近年来，DHgate 平台与谷歌的合作进一步深化，Google Shopping 推广算是一大引流利器，而平台刚推出的 DHinfluencer 网红智能营销又是当前很火的一种营销手段。小李心想一定要与时俱进，不停止学习与提升自己的脚步。

近年来，随着跨境电商如火如荼的发展，越来越多的 DHgate 平台卖家不再局限于平台自身的流量，纷纷把目光投向海外营销方式，以获取更多的站外流量。下面主要介绍两种平台卖家普遍使用的站外引流方式，即 Google Shopping 推广与敦煌网 DhInfluencer 网红智能营销。

知识点 1：Google Shopping 推广

流量问题一直是困扰跨境电商卖家的头号问题。Google 拥有海量的流量资源与多样化的营销形式，通过大数据的支持，能够帮助卖家店铺商品提升曝光量。Google Shopping 是在 http：//www.google.com/shopping 上发布产品信息，产品信息以图片加文字及价格的方式展示给在 Google Shopping 以及 Google 上进行搜索的用户。当用户在 Google Shopping 页面搜索产品时，卖家的产品广告会出现在页面中。Google 会根据产品的出价高低、标题、描述与搜索词相关性等决定卖家的广告能否被搜索触发展示，用户通过单击 Google 展示的产品图片，将会直接跳转至卖家的产品页面进行购买。Google Shopping 的主页面如图 5-32 所示。

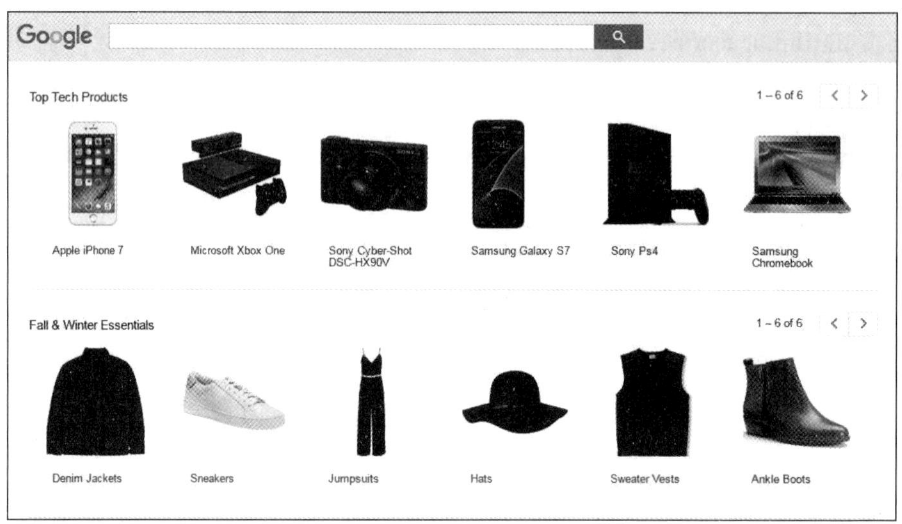

图 5-32

1. 与 Google 的深度合作以及 Google Shopping 站外自主引流的投放流程

鉴于 Google 在海外的市场份额，DHgate 平台卖家若能够将店铺内的产品推广到 Google Shopping 中，则会吸引来更多的优质买家。卖家可以通过多维度优化，为有潜力的产品带来更多的曝光量和单击率。一般而言，在 Google Shopping 上进行搜索的潜在买家有着较高的购买意向，相对于其他的推广渠道，Google Shopping 推广更便于用户挑选，推广成本也较低，成单率较高。

在 2018 APEC 中小企业跨境电商峰会期间，DHgate 平台宣布与全球互联网巨头谷歌达成合作，平台将通过谷歌在线营销系统，将广大商家接入站外流量大海，并为卖家提供以下服务。

（1）产品营销指导：DHgate 平台运营团队与谷歌专家合作，为卖家提供产品介绍及优化技能培训，包括基本原理和操作、海外市场分析、数据分析、优化指导、政策问题指导等。

（2）平台扶持，高额补贴：卖家会独享 DHgate 平台更多的扶持政策，实现商家的收益。

（3）自主投放操作：卖家拥有更多的操控权，可通过 DHgate 平台的后台直接实现对谷歌相关产品的操作，包括投放设置、查看数据报表等。

（4）谷歌前沿产品测试机会：有机会参与 Google AdWords 的新功能测试，先人一步掌握全球营销前沿趋势。

平台卖家可以创建自己的 Google Shopping 账户，掌控自己的 Google Shopping 产品推广，具体流程如图 5-33 所示。

图　5-33

DHgate 平台卖家只要通过后台账号，经过“报名审核产品—提交广告产品—优化广告及产品”这三个步骤，就可以把店铺里的产品投放在 Google Shopping 页面，为自己的店铺引来客户访问量，轻松赢得订单。

2. 某卖家的 Google Shopping 推广实例

某婚纱卖家在 Google Shopping 界面投放婚纱产品广告的流程与展示形式，具体内容扫描右侧二维码。

3. Google Shopping 站外自主引流注意事项

DHgate 平台卖家在开展 Google shopping 推广时，必须注意以下事项。

（1）卖家应该遵循 Google Shopping 政策，上传没有任何水印、边框和文字的图片，禁止推广违规产品。

（2）Google Shopping 政策不允许卖家售卖仿冒产品，包括带有仿冒产品的品牌商标与 Logo，或者盗用官方宣传图片，一经发现会有封停账户的风险。

（3）上传产品并设置出价。卖家可以为全部产品设置统一出价，或者应用建议出价。为想主推的热门产品或新品设定较高的出价，以获得更多的曝光机会。

（4）产品量是投放的基础。提交的产品越多，触发展示的机会也越多。

（5）对产品的出价、标题、描述的优化会直接影响到广告排名。排名越好，广告越容易被触发。广告被触发后，产品的图片和价格会直接展示给客户。这些信息都会影响买家是否单击您的广告以及下单。

（6）系统数据需要沉淀，频繁地更改出价和预算会适得其反，建议按周来进行优化。

知识点 2：DHinfluencer 网红智能营销

跨境电商卖家开展社交媒体营销，从内部来说，关键就是内容，专心去创造、收集和分享高质量的内容，即做好社交媒体优化（Social-Media Optimization，SMO）；从外部来说，就是做好 KOL 网红营销（Key Opinion Leader Influencer Marketing），和与卖家关联度大

并且有影响力的网红合作，帮助卖家宣传推广产品。例如，服装类目卖家可以联系时尚类博主，3C 产品类目卖家可以联系 3C 产品测评达人，宠物类目卖家可以联系爱宠达人等。

海外网红营销是指借助海外网红在品牌或产品的潜在受众中的影响，推动受众喜爱并选择该品牌或产品的营销活动。它是继 Fackbook、Google 推广乏力之后效果最好、增长最快的全新营销方式，其在用户引导、带动中的价值巨大。如何找到合适的网红来带货，对卖家来说是一种挑战。2017 年双 11 期间，DHgate 平台也推出了“网红带货”新模式 DHinfluencer。

1. DHinfluencer 网红智能营销服务平台的使用流程

DHgate 平台推出的 DHinfluencer 网红智能营销服务平台的使用流程，如图 5-34 所示。

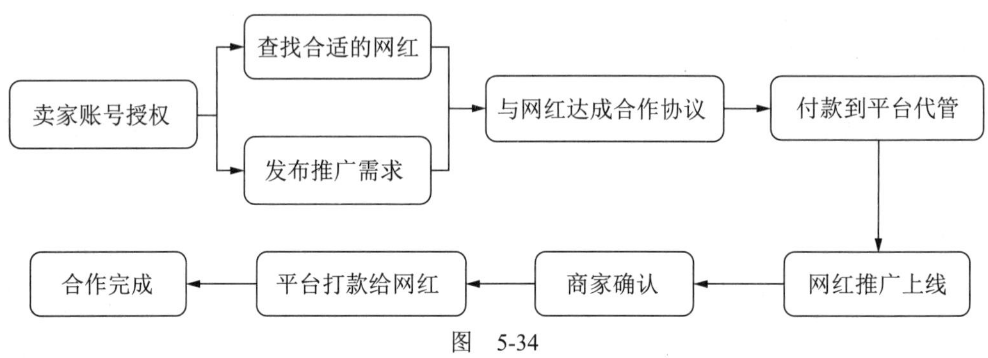

图 5-34

2. DHinfluencer 网红智能营销服务平台的登录方法

平台卖家可以通过以下两种方法登录 DHinfluencer 网红智能营销。

（1）从 DHinfluencer 平台直接登录，网址是 https：//www.dhinfluencer.com，如图 5-35 所示。

图 5-35

出现登录页面，输入 DHgate 平台卖家账号即可登录，如图 5-36 所示。

图 5-36

（2）卖家进入后台之后，依次进入“我的 DHgate—推广营销—站外广告管理—网红智能营销服务”，即进入 DHinfluencer 平台，如图 5-37 所示。

图 5-37

3. DHinfluencer 网红智能营销卖家后台操作方法介绍

下面是平台卖家进行 DHinfluencer 网红智能营销的具体步骤。

（1）进入商家后台操作页面，单击商家系统，如图 5-38 所示。

图 5-38

（2）单击“创建任务”，如图 5-39 所示。

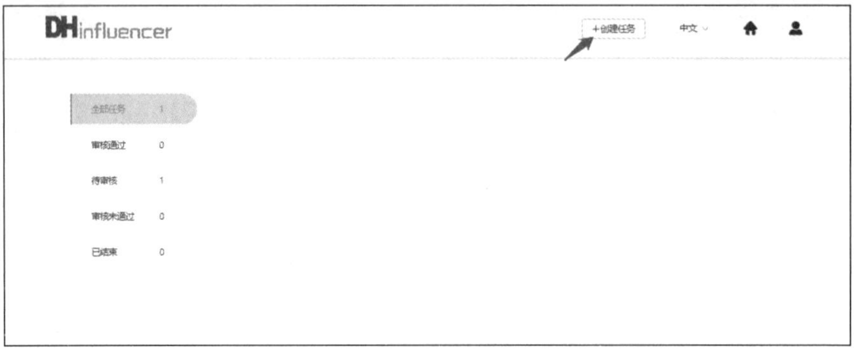

图 5-39

（3）创建任务需求。注意：任务名称需用英文填写；卖家根据推广产品的所需周期自行决定任务时间，如图 5-40 所示。

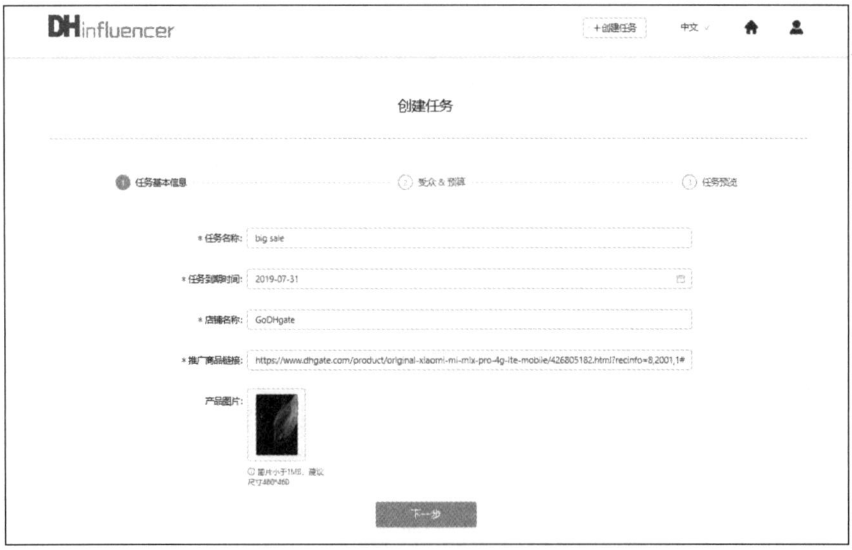

图 5-40

（4）填写预算。预算是支付给网红的费用。任务描述需用英文填写，内容包含推广目的、是否提供样品以及样品数量、网红制作内容要求等，如图 5-41 所示。

图　5-41

（5）任务预览，如图 5-42 所示。

图　5-42

（6）单击“提交”按钮，任务创建成功，可在任务列表中查看任务状态，如图 5-43 所示。

图 5-43

DHinfluencer 平台管理员会在 1 ～ 2 日内审核卖家发布的任务。通过后，管理员会根据产品以及卖家需求匹配适合的网红，与网红进行沟通后确定合作细节。卖家负责寄发样品给网红，待视频制作完成，卖家同意发布视频，需支付费用（按设定预算）给网红，视频上线即合作完成。

4. 平台卖家 GoDhgate 利用 DHinfluencer 网红智能营销的案例分享

2019 年 6 月 5 日，平台卖家 GoDhgate 创建了某款小米手机的促销推广任务，随后 DHinfluencer 平台管理员审核通过，如图 5-44 所示。

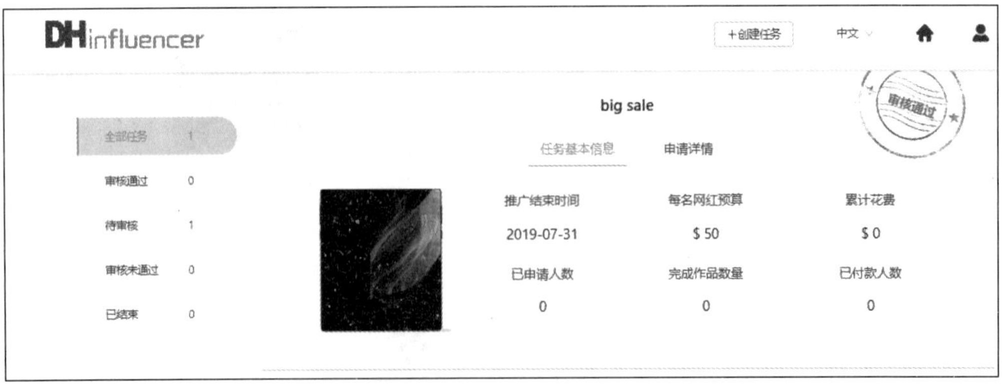

图 5-44

该卖家通过 DHinfluencer 网红智能营销投放某款小米手机产品的整个流程如下。

（1）6 月 7 日，平台管理员匹配到合适的网红资源，确定合作细节。

（2）6月9日，卖家按照地址寄发样品给网红。

（3）6月15日，网红收到样品。

（4）6月22日，视频制作完成（注意：视频制作周期一般为1～2周）。

（5）6月23日，卖家审核视频通过后并支付预算费用50美元。

（6）6月24日，视频上线，如图5-45所示。

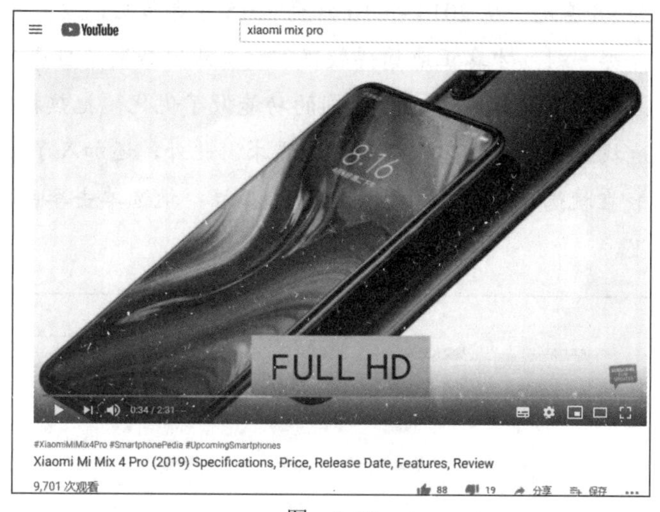

图 5-45

两周后，DHinfuencer管理员生成效果报表给到该卖家，如图5-46所示。

线上效果			DHgate平台站内效果		
观看量	点赞数	评论数	UV	Order	GMV
10204	382	56	1890	22	4400.12

图 5-46

成功故事分享

数据智囊——卖家店铺经营好帮手

作为卖家，我们最关心的就是成交和订单。我们做各种广告促销，都是为了成交和订单。如何销售是方法技巧，销售什么才是最重要的。技巧和方法再好，也是需要依托产品为基础的。无论大卖家、小卖家，做好基础的工作，才是成交最重要的一步。

初识数据智囊——搜索词追踪

数据智囊，最开始我也没有重视，关注的也不多。数据只是看看，没有很好地利用，每天也都是在发愁卖什么产品，这可能是所有卖家都曾经存在的问题。现在回过头来想，如果早几个月好好地利用这个工具，是大不同的。但是生活没有如果。

我正式使用数据智囊是在 2014 年 10 月，当时关注的是搜索词追踪，看到一个关键字，搜索热度和搜索人气数值都非常高，但是平台上的产品数量是非常少的。

第一周发现这个问题后，没有重视，也没有去找相关产品选择上传。第二周后，再次关注，发现这个关键字飙升的速度非常快，热度变化指数非常高，单击量也很高，平台上的产品数量依旧不多，但是比上周有增加。之后就去网上找了这款产品并且上传。第二天就出单了，客单价为 98 美元。从 2014 年 10 月至 2015 年春节后，这款产品卖得非常火爆，每天都有打包发货，那一刻，才真正地觉得数据智囊真正地帮到了自己。

搜索词我一直在使用，敦煌网还对搜索词的功能做了优化，把热搜词和飙升词分开显示，能让我更直观地找到买家的热门需求和潜力需求。此外，还加入了每个词的搜索热度、引用的产品数量，我在挑选关键词的时候就有了选择性：挑选单击率高、使用产品数少的关键词加入到标题里。

热搜词　飙升词　导出数据

热搜关键词	搜索热度	搜索人气	热度变化	点击量	平台产品数	国家(TOP3)
sex toys	7014	1888	1806↑	1720	202279	US,CA,AU
eyeshadow palette	6922	1896	786↑	3200	25097	US,NL,UK
beauty blender	5494	3348	1894↑	2356	2013	US,UK,CA
PMD	3786	2656	1602↑	1042	1302	US,CA,UK 美国，英国

我们平时总在说，没有订单，不知道卖什么。其实只要自己真正地静下来，关注平台推出的一系列工具，认真地去发现产品、上传产品，订单和成交都不是问题。很多的时候我们都是看得多、做得少，还在抱怨没有订单。要把梦想放到远方，低下头，专注做好眼前事。

再次挖掘数据智囊——商铺解析

我个人是非常关注选品的。产品是王道，在没有做好第一步之前，其他的都是浮云。商铺解析，这个栏目我一直觉得没用，现在看来，是我没有好好地利用。它是你所有工作最直接的反应，可以从中发现问题，找出解决方法。

例如，当你集中上传了一段时间的产品，仍然没有出单，那就要查找是什么原因。商铺解析就可以通过数据概况结合数据图来看，非常简单、非常实用。通过分析数据，你可以做出调整，如价格、打包方式、标题关键字优化、物流方式、促销活动。调整过后，你再对比数据，看有哪些变化。

我认为，每个卖家每天早上第一件事都应该是看店铺的数据。然后再开始一天的工作安排，而不是盲目地开始工作，走到一半后，发现走不下去了，再来找原因。

深度剖析数据智囊——行业概况

行业概况栏目简单、直接、有效、快速，提供最近的热卖产品和出单产品的信息。有时候，你看到别人出单的产品，也许不是你认为可以热卖的产品。也就是说，不能依靠直觉判断产品能否出单。你可以根据不同类目的出单产品，来拓展自己的产品线。当然，任何数据和工具都不会给你保证有效，你需要的是尝试，如何利用这些工具来尝试—跟进—发现问题—调整。

行业排名

类目排名　商铺排名　产品排名

成交量指数　TOP10

序号	产品名称	成交量指数	成交金额指数	成交人数指数
1	[illegible]	12,000	1,200.00	1
2	[illegible]	9,600	1,536.00	1

利用工具的好处就是节省时间和犯错成本，在最短的时间内复制成功，这是网络时代创业的特点。如果只是用来跟卖的话，意义不大。不要一看到这个产品出单了，就赶紧去上传，然后卖一个比对方还低的价格，你要先看对方出单的产品卖价，然后你再去核算你的成本、你需要的利润空间。你还需要差异化销售，如在打包、物流方式上和其他卖家有所区别。这样会吸引到一部分客户，而不是一味地低价销售。

我有个专门的表格，里面是自动调整的公式，输入相应的信息后，利润率和售价自动跳出，我会根据这些数据进行差异化销售。无论是大卖家还是小卖家，数据化是非常关键的，你的成交、你的利润，都是需要数据来说话的，而不是凭感觉。如果我们每看到一个产品，第一反应是用计算器来算的话，那你就会发现数据的奥秘。要利用好数据，无论是平台数据还是自己的运营数据。

其实，平台工具是完全可以满足需求的。工具很简单，但是人们往往喜欢高深玄虚的东西，对于简单平实的东西，人们并不会在意。但是，给人惊喜的，往往就是这些看似简单的东西。所有的方法都用过了，所有的努力都付出了，然后你再说，为什么我没有订单，唯一的原因就是“懒”。

资料来源：https：//seller.dhgate.com/story/c_17542.html#cms_storywaimao-list-5，有删改。

一、选择题

1. 展示计划的优势包括（　　）。

A. 操作简单便捷，平台卖家可以一键投放全店铺产品。而且，新品与热销品有着相同的展示机会，缩短了新品的出单周期

B. 每日预算随时可控，性价比很高，展示不扣费，只按国外 IP 单击扣费

C. 平台系统根据算法把卖家的商品推送到精准的买家面前，避免投放浪费。同时，在平台的各个页面展示卖家的商品，极大地增加了曝光量

D. 展示计划好比一份店铺经营指南，通过展示计划报表分析，全面掌握店铺运营情况，为店铺的精细化运营做铺垫

2. 平台卖家应该注意的展示计划投放误区有（　　）。

A. 只选择部分产品参加展示计划，等于放弃了被买家挑选的机会

B. 上架产品未及时加入展示计划

C. 展示计划管理不及时

D. 每日预算设置不合理，卖家发现预算即将消耗完，可以增加预算

3. 进行产品的定向推广，平台卖家必须将（　　）。

A. 店铺账户处于非关闭或非冻结状态　　B. 平台卖家账户内有足够的余额

C. 店铺产品处于正常的在线状态　　D. 店铺产品分为普通产品和重点产品

4. 平台卖家可以查看的定向推广数据报表有（　　）。

A. 账户报告　　B. 商品报告

C. 搜索词报告　　D. 关键词报告

5. 下列情况中，满足流量快车产品数量获取规则的有（　　）。

A. 平台卖家是顶级商户，可以拥有 9 个流量快车产品，同时又是拥有 36 个流量快车产品的金骆驼卖家，那么该卖家的流量快车产品总数是 45 个

B. 平台卖家是顶级商户，可以拥有 9 个流量快车产品，同时又是拥有 36 个流量快车产品的金骆驼卖家，那么该卖家的流量快车产品总数是 36 个

C. 平台卖家是优秀商户，可以拥有 6 个流量快车产品，同时又是拥有 24 个流量快车产品的银骆驼卖家，那么该卖家的流量快车产品总数是 24 个

D. 平台卖家是优秀商户，可以拥有 6 个流量快车产品，同时又是拥有 24 个流量快车产品的银骆驼卖家，那么该卖家的流量快车产品总数是 30 个

二、简答题

1. 卖家选择店铺的产品参加展示计划时，需要注意哪些问题？

2. 如何提高定向推广的投放成功率？

3. 如何提升加入流量快车产品的流量与排序位置？

4. 卖家选择视觉精灵产品时有什么技巧？

5. 进行骆驼客 CPS 推广时有哪些注意事项？

三、案例题

王先生经营着一家鞋厂，想着把自家生产的运动鞋销往世界各地。他听朋友说 DHgate 平台不错，就在平台上注册了一个卖家账号。由于自己生产的鞋子不是知名品牌，王先生私自把店铺里的产品图片打上了与某知名运动品牌极其相似的 Logo 标识，并且在产品的

标题和描述里加入了其他运动鞋品牌的名称，他还打算通过 Google Shopping 推广店铺里的产品，希望借此吸引买家下单。请分析：

（1）王先生的做法有何不妥之处？

（2）DHgate 平台卖家进行 Google Shopping 营销时，应该注意哪些问题？

四、实训题

请结合 DHgate 平台的各种站内营销资源，参照卖家店铺后台的数据智囊，对所使用的营销方法进行分析与相应的优化。

了解 DHgate 平台营销系统考核评价表

序号	评价内容	得分 / 分			综合得分 / 分
		自评	组评	师评	
1	对 DHgate 平台各种站内营销资源的熟悉程度				
2	对 Google Shopping 推广的熟悉程度				
3	对 DHinfluencer 网红智能营销的了解程度				
合　计					

注 综合得分 = 自评 ×30%+ 组评 ×30%+ 师评 ×40%。

学习项目 5　总结与评价

建议学时

1 学时。（用来总结本学习项目各任务的学习、总结等情况。）

总结与评价过程

一、汇报总结

序号	汇　报　人	值得学习的地方	有待改进的地方
1			
2			
3			
4			
5			
6			

二、综合评价

1. 专业能力评价

序　　号	项 目 名 称	得　　分
1	学习任务 1	
2	学习任务 2	
综合得分		

注 综合得分为本学习项目中各学习任务得分的平均值。

2. 职业素养能力评价

序号	评 价 内 容	评 价 标 准	得分 / 分			综合得分 / 分
			自评	组评	师评	
1	平台的熟悉度	能否详细介绍 DHgate 平台的各种站内营销资源				
		能否熟悉站外 Google Shopping 推广				
2	平台实操能力	能否熟练投放 DHgate 平台的各种站内营销资源				
		能否熟练进行 Google Shopping 推广与 DHinfluencer 网红智能营销				
3	学习态度	上课是否认真听讲，勤于思考，独立钻研				
		课后是否认真完成老师布置的各项任务				

续表

序号	评价内容	评价标准	得分 / 分			综合得分 / 分
			自评	组评	师评	
4	团队合作能力	是否积极配合团队的成员				
		是否对团队做出积极的贡献				
综合得分						

3. 综合得分

学习项目 1 综合得分 = 专业能力评价得分 ×60%+ 职业素养能力评价得分 ×40%+ 创新素养能力评价得分。

注：创新素养能力是指学生在学习的过程中提出的具有创新性、可行性的建议的能力；创新素养能力评价得分，满分 10 分（由老师根据表现评定），为加分项。

6 学习项目 6 熟悉 DHgate 平台交易管理

交易管理是跨境电商企业的日常工作之一。在 DHgate 平台上，该项工作主要包括不同订单状态的操作、订单的风险控制管理以及卖家资金账户管理。熟悉诸如修改未付款订单的价格、延长未付款订单的付款时间与延长待发货订单的备货期等流程操作，把握订单的风险控制，对平台卖家提升账号的经营成效至关重要，而请款、放款与提现则保证了卖家账户资金的合理流动。

项目目标

1. 熟悉 DHgate 平台的订单管理。
2. 熟悉 DHgate 平台的风控管理。
3. 掌握请款、放款与提现的流程。

4 学时。

学习任务 1　熟悉平台的订单管理

任务目标

1. 了解不同订单状态的查看与操作。
2. 熟悉卖家后台订单的备货管理与发货流程。
3. 掌握避免提供虚拟运单号的技巧。

建议学时

2 学时。

企业情景引入

一大早，小李登录经理让他负责的一个 DHgate 平台卖家账号，眼前一亮——3 条未读站内信！他点开信息，只见其中 2 条写着“[DHgate] 恭喜！买家下单购买了您的产品！”，又切换到“我的订单”处，待处理订单一栏里显示有：未付款（1），待发货（2）。能够在短时间内就出单，身为跨境电商新手的小李感到既幸运又激动，瞬间对自己的跨境电商之路信心倍增，想着接下来要尽快熟悉订单的发货与备货流程。

老师讲

订单管理是跨境电商卖家的一项主要工作。所谓订单管理，是指由订单管理部门对客户的需求信息进行及时的处理，是从客户下订单开始到客户收到货物为止的一系列过程，是物流活动的关键之一。

知识点 1：查看订单状态

1. 卖家后台的登录方法

登录卖家账号，进入卖家后台的信息页面，可以查询所有产品的订单，有两种途径查

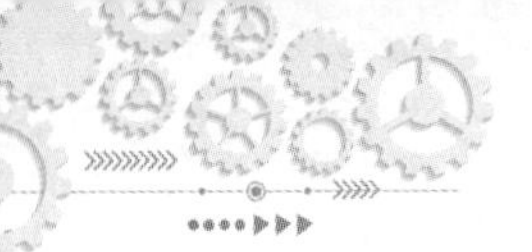

看“我的订单”。

第一种途径：进入“我的 DHgate”后，页面中间显示了卖家需要关注的不同事项，包括服务能力分、交易、产品、处罚与物流标准 5 项，如图 6-1 所示。

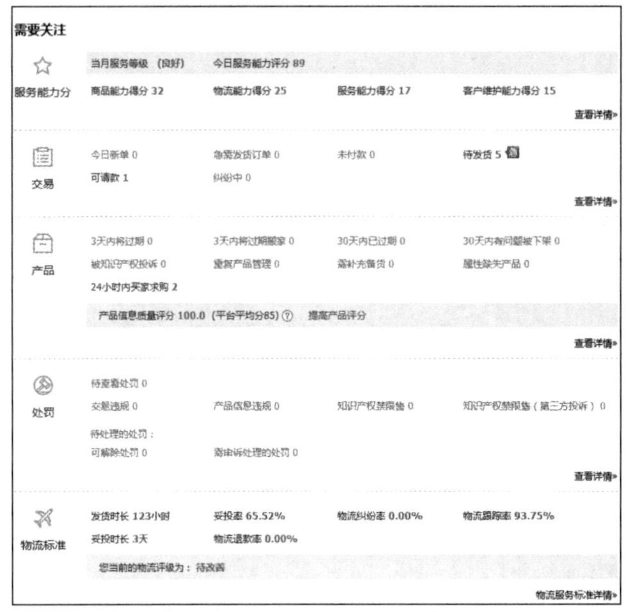

图 6-1

第二种途径：依次进入“我的 DHgate—交易—我的订单”，也可查看卖家所有的订单，包括待处理订单和关注订单，如图 6-2 所示。

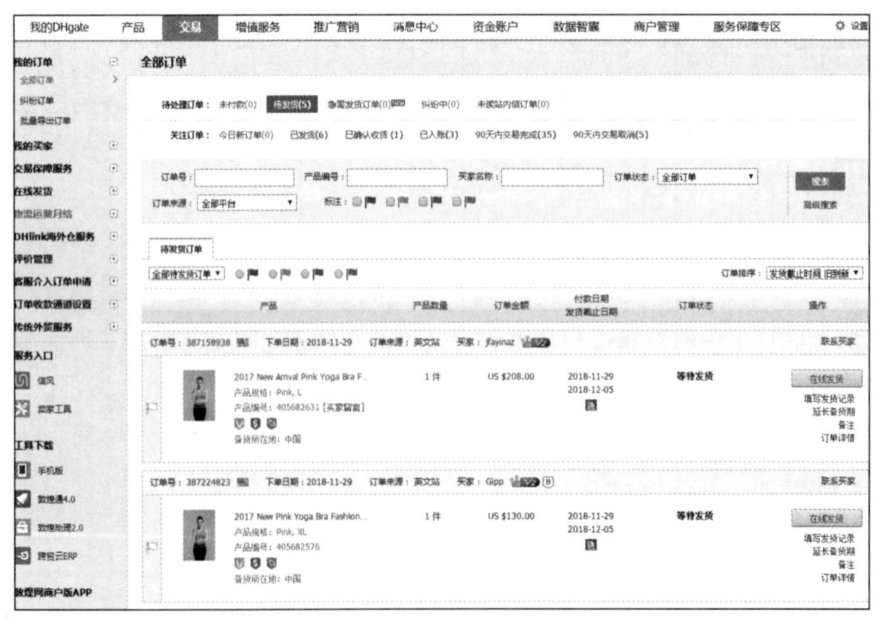

图 6-2

2. 待处理订单

DHgate 平台上的待处理订单指的是下面 5 种订单状态。

（1）未付款：买家提交订单后，未付款的订单。

（2）待发货：买家已付款，卖家尚未发货，没有填写运单号的订单。

（3）急需发货：买家已付款，临近最后发货期限的订单。

（4）纠纷中：存在纠纷的订单，单击后，可进入纠纷订单页面。

（5）未读站内信订单：订单站内信有未读消息的订单。

3. 关注订单

DHgate 平台上的关注订单主要包括如下 6 种订单状态。

（1）今日新订单：买家当天已付款和未付款的订单。

（2）已发货：卖家按照规定的备货期发货的订单。

（3）已确认收货：卖家已签收并在买家后台页面确认妥投的订单。

（4）已入账：平台根据买家确认货物妥投或者卖家申请放款后如期放款给卖家的订单。

（5）90 天交易完成或交易取消：买家与卖家在 90 天内已经完成所有交易流程，处于交易关闭状态的订单，或者 90 天内被取消的所有订单。

（6）验货宝订单：验货宝订单发给买家之前，会由 DHgate 平台仓库的专业检验人员对包裹拆包查验，经检验没有问题的货物直接发给买家，与订单不一致的货物会第一时间通知卖家，待换为合格货物后再发给买家。

知识点 2：订单状态的操作

针对不同的订单状态，平台卖家可以根据后台的提示进行相关的操作。主要包括未付款订单的价格修改、未付款订单的延长付款时间、待发货订单或急需发货订单的备货期延长等。

1. 未付款订单的价格修改

DHgate 平台提供涨价和降价两种不同的订单价格修改方式。涨价是卖家向买家发起的，经买家同意方可生效，如买家不同意，则订单的价格不改变。降价也是由卖家自主发起的，提交后立即生效。系统支持多次调价，但必须是相对原价同一方向的价格调整，也就是说，涨价后可以调整涨价幅度，但不可以降价。

不管是涨价还是降价，卖家对订单价格进行修改时，需要按照以下 5 个步骤进行。

（1）依次进入“我的 DHgate—交易—我的订单—待处理订单”，选择“未付款”选项，如图 6-3 所示。

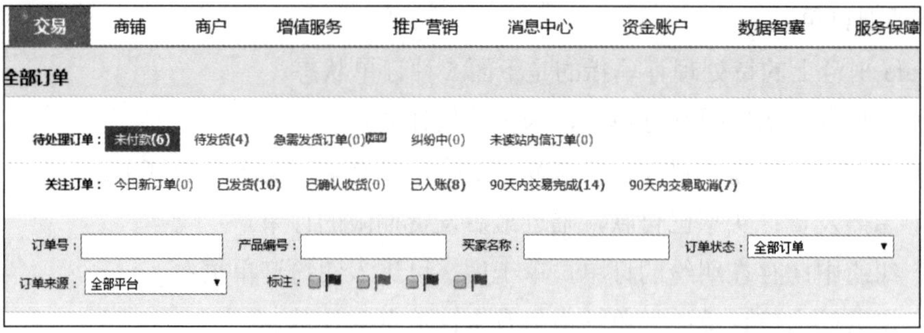

交易 商铺 商户 增值服务 推广营销 消息中心 资金账户 数据智囊 服务保障

全部订单

待处理订单： 未付款(6) 待发货(4) 急需发货订单(0) 纠纷中(0) 未读站内信订单(0)

关注订单： 今日新订单(0) 已发货(10) 已确认收货(0) 已入账(8) 90天内交易完成(14) 90天内交易取消(7)

订单号： 产品编号： 买家名称： 订单状态：全部订单

订单来源：全部平台 标注：

图 6-3

（2）单击订单金额下方的“修改价格”链接，进入“订单修改价格”页面，如图 6-4 所示。

图 6-4

（3）选择“涨价”或“降价”单选框，并输入增加或者降低的金额，如图 6-5 所示。

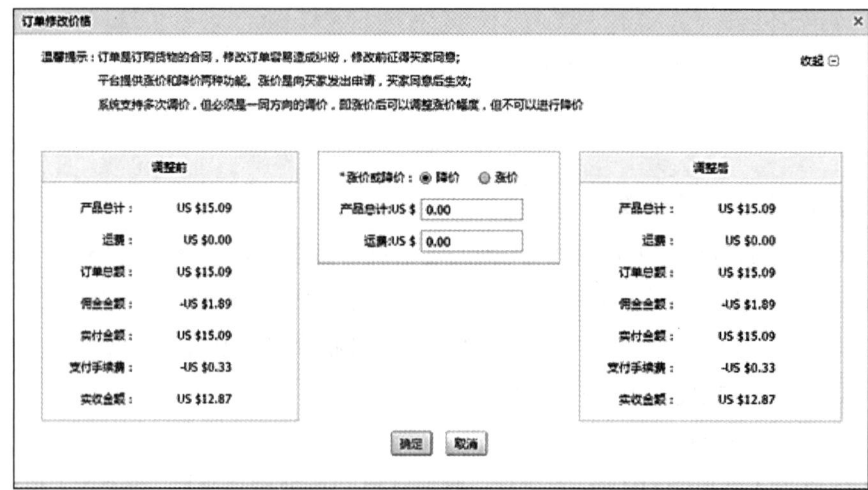

图 6-5

（4）在“US”后输入涨价或降价金额，如果是涨价需要选择涨价的原因及描述，以方便买家查看，如图 6-6 所示。

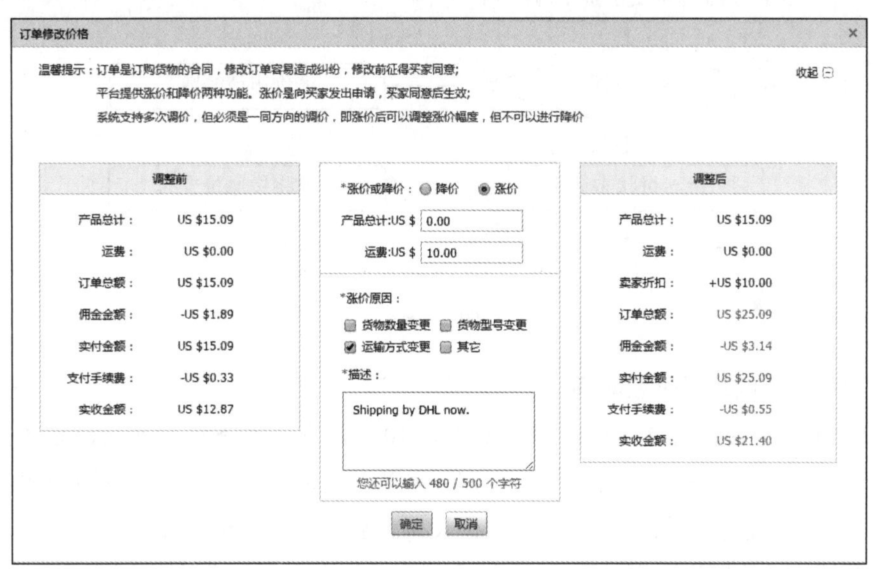

图　6-6

（5）单击“确定”按钮，卖家完成价格修改操作，买家在后台会收到相关的提示，如图 6-7 所示。

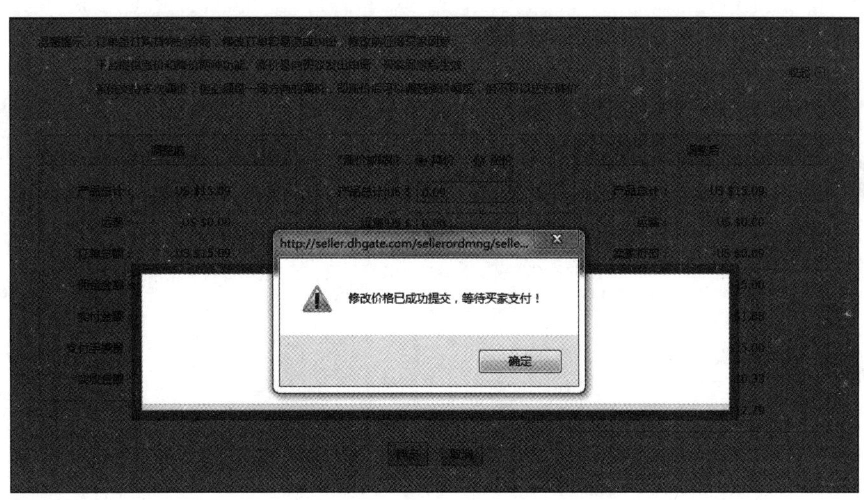

图　6-7

需要注意的是，DHgate 平台要求涨价是必须经过买家认可的。所以，平台卖家应该在买家支付订单之前，向买家提交涨价申请。买家可以选择接受或者拒绝申请。申请的具体操作步骤与结果如图 6-8 所示。

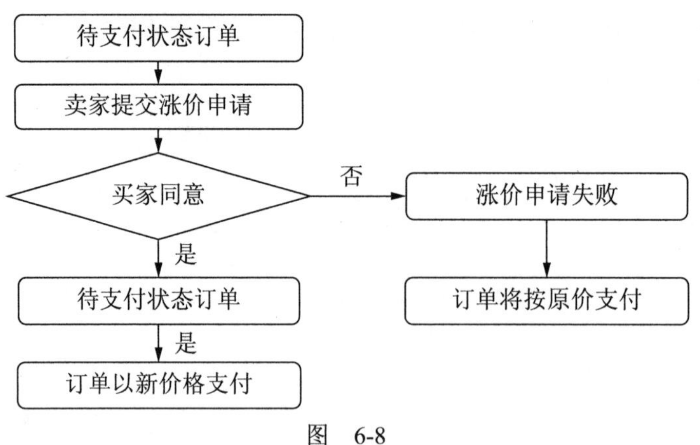

图　6-8

2. 未付款订单的延长付款时间

DHgate 平台上的未付款订单的付款期限为 10 天，在买家下单后 5 天，系统会自动发送催款信，提醒买家在 5 天之内付款，过期订单就自动取消。因此，卖家可以单击“提醒买家付款”或者“延长付款时间”，申请延长付款截止日，避免买家未及时付款，订单被平台自动取消。具体操作流程如下。

（1）选择“未付款”选项，进入全部未付款订单列表，可以见到订单右侧显示“提醒买家付款”或“延长付款时间”，如图 6-9 所示。

图　6-9

（2）选择某未付款订单，在该订单信息显示页面的最右侧单击“提醒买家付款”或“延长付款时间”，根据卖家的发货预期时间，选择 1 ～ 30 天不同的延长付款截止日，如图 6-10 所示。

图　6-10

（3）单击“确定”按钮，完成延长付款时间的操作。

3. 待发货订单或急需发货订单的备货期延长

如果碰到特殊情况，不得不延长发货截止日，卖家需要先和买家沟通情况，征求买家的同意。因为只有一次申请的机会，卖家须事先联系买家，慎重操作。而且，订单必须同时满足以下三个条件，卖家才可以在“我的订单” 中向买家提出延长发货截止日的请求：①订单状态为“等待卖家发货”或 “卖家部分发货”。②卖家未超过订单规定的备货期。③之前卖家未提出该订单的延长备货期请求。延长备货期的操作步骤如下。

（1）在“我的 DHgate—交易—我的订单—待发货”中找到需要申请延期发货的订单，单击“延长备货期”按钮，如图 6-11 所示。

图　6-11

（2）选择“延长天数”及“原因”，单击“提交”按钮，系统会弹出再次核实延期申请的信息框。一旦确认就无法再次提交申请，请在确定提交申请之前仔细核对“延期天数”及“原因”，如图 6-12 所示。

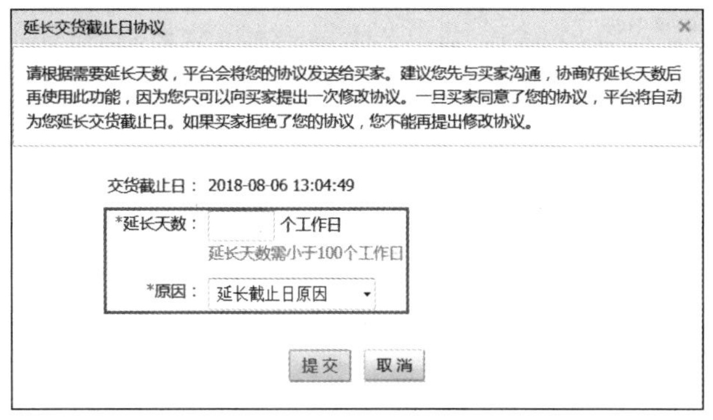

图　6-12

（3）核实无误后，单击“确定”按钮，延长截止日申请成功，系统将会发站内信及邮件通知买家，如图 6-13 所示。

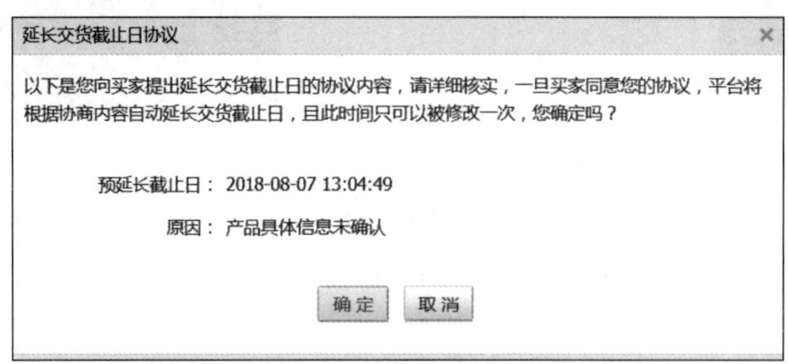

图 6-13

如果买家长时间未响应申请，卖家可以通过站内信发信息提醒买家查看延期申请并及时回复，如图 6-14 所示。

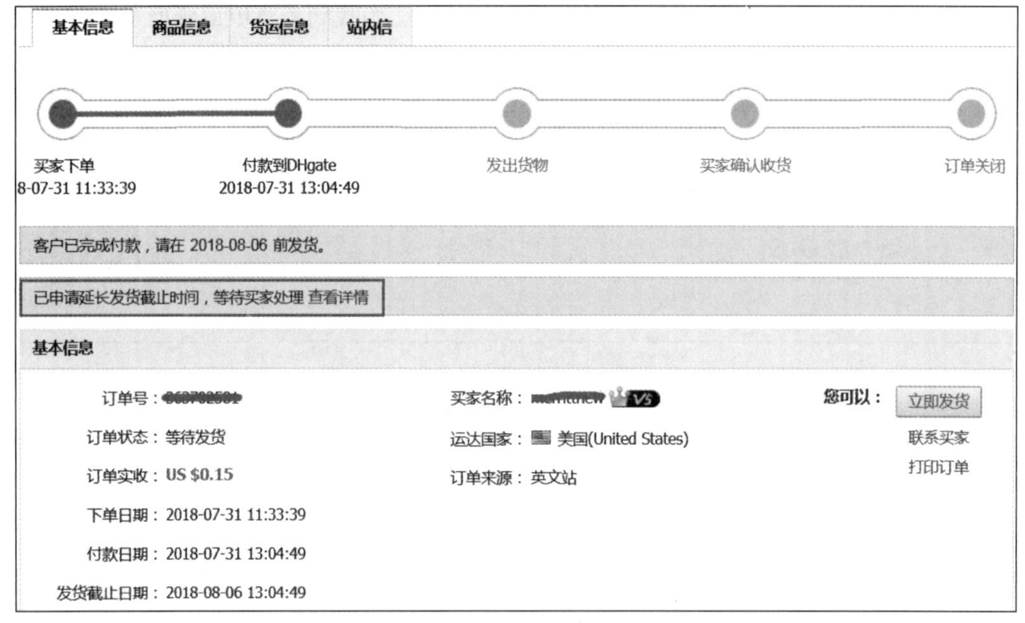

图 6-14

（4）卖家提交备货期的申请后，买家会收到站内信提醒，订单页面页会显示“Seller requests additional processing time”，如图 6-15 所示。

（5）买家单击“View Detail”查看详情，并选择同意或者拒绝该延长备货期的申请，如图 6-16 所示。

（6）如果买家同意延期申请，那么在订单列表中即可看到订单状态为“延长备货期成功”，如图 6-17 所示。

All Orders　Awaiting Payment(21)　Awaiting Shipment(2)　Awaiting Confirm(37)　Awaiting Review(5)　Dispute Orders(35)　Completed Orders　Canceled Orders

Search Your Orders

All　Search

1 year　All Orders　Order By: Order Date　Order Export

2018-07-31 11:33:39　Amount: US $ 0.16　Seller　Online Chat　Message Seller　Order NO:

Items being processed　Seller requests additional processing time.View Detail

cell phone replacement batter ...　1 Piece　View Detail

Option:　Request Refund

US $37.16　Re-order

Showing Results 1 - 1 of 1　1　Go to Page 1 GO

图　6-15

Proposed to postpone the shipment deadline.

Current Shipment Deadline: 2018-08-06 13:04

Proposed Shipment Deadline: 2018-08-07 13:04

Delay Reason: Product requirement is not specified.

Agree　Disagree

Note:If you not have previously agreed to this adjustment with the seller, please click "Disagree" and your order price will not change.

图　6-16

图　6-17

知识点 3：备货管理

备货管理是 DHgate 平台卖家进行交易管理的另一大工作内容。卖家在账号后台能够进行备货管理的产品包括上架的产品和下架的产品，这些产品又被分为有备货产品和待备货产品两类。

1. 备货信息设置

卖家可以通过“备货设置”和“批量备货设置”进行备货状态信息的设置，还可以在上架的产品和下架的产品列表中通过修改产品信息，在修改产品信息页面的“产品销售信息”页面进行备货状态信息设置，如图 6-18 所示。

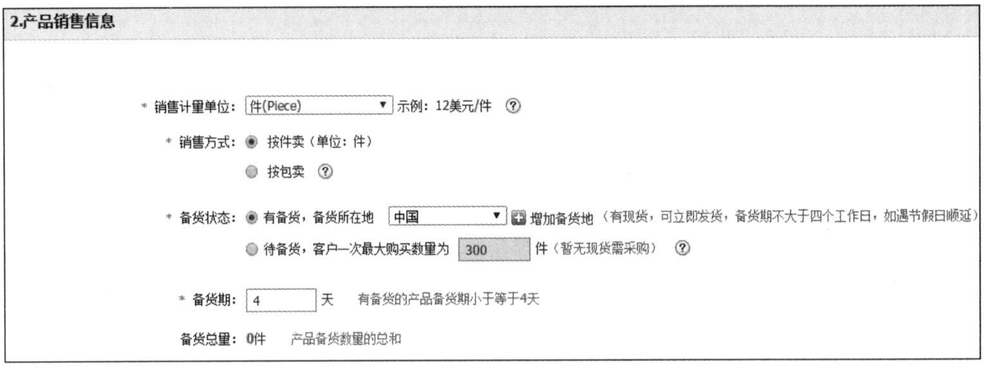

2.产品销售信息

* 销售计量单位：件(Piece) 示例：12美元/件

* 销售方式：按件卖（单位：件）

按包卖

* 备货状态：有备货，备货所在地 中国 增加备货地（有现货，可立即发货，备货期不大于四个工作日，如遇节假日顺延）

待备货，客户一次最大购买数量为 300 件（暂无现货需采购）

* 备货期：4 天 有备货的产品备货期小于等于4天

备货总量：0件 产品备货数量的总和

图 6-18

当有备货产品的产品数量将售完时，系统会自动将其列为需要补充备货的产品，提醒卖家进行备货补充。

2. 备货期的计算

产品的备货状态分为有备货与待备货。其中，处于有备货状态的产品的备货期小于等于 4 个工作日，而处于待备货状态的产品的备货期小于等于 60 个工作日。

订单的发货截止时间指的是买家付款时间 + 备货期。备货期以工作日计算，遇法定节假日顺延。订单遇到以下情况，则不计算备货期。

（1）周末或者节假日，备货期顺延。

（2）发货前，订单被风控调查，标注黄条时，停止计算备货期，调查结束如果订单仍需执行，那么系统自动恢复计算备货期。

（3）发货前协议纠纷，卖家拒绝并选择“我已备货，不同意退款”，系统将在买家发起协议之后的 7 天后判断该订单是否已超过备货期，如果已超过备货期自动执行退款；如果没有超过备货期，将在之后的每一天做判断，直至超过备货期未发货，执行退款。买家发起纠纷之后的 7 天内不会对备货期做判断，即不会执行退款。

3. 一键修改备货状态功能说明

为了方便平台卖家根据实际的配送情况，灵活又高效地管理产品的备货状态和备货期，DHgate 平台新增“一键修改备货状态”的功能。具体操作步骤如下。

（1）登录卖家后台“我的 DHgate—产品—备货管理”，选择要修改备货状态的产品组，可以选定所有产品或通过指定产品组设定修改范围，如图 6-19 所示。

（2）单击“一键修改备货状态”，弹出“一键切换备货状态”页面。卖家可以根据实际需要，单击“有备货转化为待备货”“待备货转化为有备货”选项卡进行切换。从有备货转化为待备货时，请填写好备货期及一次最大的购买数量，如图 6-20 所示；从待备货转化为有备货时，请填写好备货所在地、备货数量、备货期。

（3）单击“提交”按钮进入提交结果页，如图 6-21 所示。

图 6-19

一键修改备货状态

有备货转化为待备货　　待备货转化为有备货

一次性将所选范围内产品的备货状态修改为 待备货 状态

产品范围：所有产品

指定产品组

备货期：　天

一次最大购买数量：

提交

图 6-20

一键修改备货状态

有备货转化为待备货　　待备货转化为有备货

您确认要将所有有备货状态产品转换为待备货状态吗？

确认提交　　上一步

图 6-21

知识点 4：发货

卖家在 DHgate 平台上操作发货事宜，主要涉及货运单号的填写与修改、货运方式的变更说明与变更影响。此外，卖家应该杜绝提供虚假运单号，以避免买家据此提起纠纷。

1. 货运单号的填写与修改

（1）运单号的填写。登录“我的 DHgate—交易—我的订单”，进入“待处理订单”列表，显示“待发货”或“急需发货”，单击“填写发货记录”按钮。进入该订单详情页面后，再次单击“填写发货记录”，根据买家选择的物流方式填写对应的单号。

（2）运单号的修改。针对已经填写单号的订单，如发现单号错误或者改变了货运方式，卖家可在“关注订单—已发货--填写发货记录”中进行修改。需要注意的是，每个订单允许修改 3 次，超过修改次数则不再允许操作，如图 6-22 所示。

发货记录信息　　在线发货　填写发货记录

每个订单允许修改 3 次，您已修改了 1 次！　　使用信风融资　包裹货值维护　如何使用在线发货

运单号	物流方式	发货审核	发货时间	备注	操作
3293479103	DHL		2019-08-06 14:19:02		查看物流　修改　修改记录

图　6-22

2. 货运方式的变更说明与变更影响

买家下单后，DHgate 平台系统无法对货运方式进行更改，卖家应该按照买家下单选择的物流方式安排发货。如果无法按原有的运输方式发货，一定要通过站内信与买家进行沟通协商，在买家同意变更之后再发货，以免引起不必要的纠纷，既给买家造成不便，又会让自己遭受损失。

卖家未按照买家指定的货运方式执行订单，且买家就此升级纠纷，平台将视为卖家责任。平台调解中心介入后，会根据订单实际的货运方式所产生的运费和买家指定并已经支付了的运费额度，裁决卖家对买家进行相应的补偿，见表 6-1。

表　6-1

买家选用的货运方式	卖家实际执行的货运方式	补 偿 比 例
FedEx/DHL/TNT/UPS	EMS	1% ～ 10%
EMS	邮政小包	15% ～ 40%
FedEx/DHL/TNT/UPS	邮政小包	15% ～ 40%

3. 避免虚假运单号的违规操作

虚假运单号是指卖家填写的货运单号无货运信息、物流上网信息延迟，或有货运信息但长时间无妥投，对买家或平台造成误导等行为。为了营造更和谐、安全、公平的交易氛围，降低纠纷率，提高卖家的出单率，DHgate 平台在买家页面开启举报虚假运单号入口。为避免平台账号信誉受到影响，卖家应尽量避免填写虚假运单号。

（1）虚假运单号的违规情形。虚假运单号根据严重程度，分为一般违规和严重违规，违规情节严重者将直接关闭账户。违规情形包括但不限于以下举例，卖家应该杜绝此类情况的发生。

一般违规包括以下 4 种情形。

1）卖家填写的货运单号超过规定时效，无物流上网信息。一般快递及平邮发货，首次填写货运单号后，超过 5 个工作日无物流上网信息；四大快递发货，首次填写货运单号后，超过 3 个工作日无物流上网信息。

2）卖家填写的货运单号长时间停留在第一条收寄信息，无后续货运跟踪信息。

3）卖家将真实的货运单号通过线下的方式提供给买家。

4）卖家填写的货运单号无货运信息或虽然有效但与订单交易明显无关。

严重违规的情形有下列 4 种。

1）多次发生虚假运单号一般违规行为。

2）虚假运单号订单金额较大。

3）卖家在买家开启纠纷后才发货，影响买家购物体验。

4）卖家在平台调查过程中做虚假陈述或提供虚假证明资料。

（2）对填写虚假运单号的处罚。如果卖家填写了虚假运单号，DHgate 平台核实买家的举报属实之后，将根据不同的违规情形，做出相应的处罚，见表 6-2。

表　6-2

违规情形	账户处罚	产品处罚
虚假运单号一般违规	2 张黄牌 / 次	相关产品下架 7 天
虚假运单号严重违规	6 张黄牌 / 次	相关产品下架 7 天
虚假运单号情节严重	关闭账户	全部下架

（3）卖家避免填写虚假运单号的方式。卖家可以采取下列 4 种方式，根据不同的情况执行订单，避免提供虚假运单号给买家，从而也避免了因为虚假运单号而发生的潜在纠纷。

1）根据产品的实际情况，设置合理的备货期。同时，选择优质的货代公司，选择可以查询到货运信息的货运方式。

2）发货后，及时填写真实有效的货运单号，而且填写的运单号要与货运方式相匹配。在填写发货记录的备注信息里，可以直接将对应国家的货运官方网站查询链接填写上去，如 EMS 和 HongKong Post 可以在官网上找到买家当地的货运查询链接。

3）如果使用 DHL 发货方式，会有转单号，应及时到后台将原单号改为转单号。

4）当无法如期发货时，应及时主动地与买家进行沟通，并在得到买家同意后延长备货期。

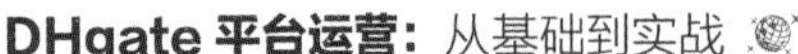

学习任务 2　熟悉平台的风控管理

任务目标

1. 了解 DHgate 平台的风险控制关注点。
2. 熟悉 DHgate 平台的风险控制流程。
3. 掌握 DHgate 平台防范交易风险的策略。

建议学时

0.5 学时。

企业情景引入

一早，小李就收到两个订单，内心的激动之情未消，他单击“待发货订单”按钮，想看看是哪个国家的客户下的单，却发现其中一个订单的状态下方显示有一串黄橙色的字，写着“请暂停执行，高风险订单，DHgate 风控调查中”。小李的心顿时又提了上来，起身赶往经理的办公室，告诉他这个坏消息。经理安慰他少安毋躁，说这是 DHgate 平台的订单风险控制机制，只管耐心等待平台的风控结果出来，再执行该订单也不迟，坏消息也会变成好消息。

老师讲

在线外贸交易总伴有一定的风险性，而信用卡支付风险也是自信用卡使用之初即存在于所有接受国际信用卡支付的行业里。随着跨境电子商务的发展与信用卡消费的普及，和信用卡交易相关的组织、机构都在通力合作，力图降低信用卡支付的风险。

当卖家账号后台的订单有风险时，DHgate 平台会有风控交易的提醒吗？DHgate 平台是第一家提出风控概念的跨境电商网站，平台建立了国内第一支针对外贸交易的专业风控队伍。DHgate 平台风控贯穿于整个交易的始终，从买家开始注册一直到放款，每个环节都对交易的风险性进行监控。DHgate 平台风控部门在收到买家支付后，会先对订单进行风险审核，审核没有问题的订单再进行确认处理；同时，在确认订单后仍有大量的巡检工作，以保证支付及交易安全。

知识点 1：DHgate 平台的订单风控关注点

DHgate 平台的订单风险审核是有依据的，其主要关注点在于：

（1）关注来自高风险国家的订单。

（2）关注来自高风险 IP 的订单。

（3）关注高风险行业的订单。

（4）关注有过欺诈行为的买家的订单。

（5）关注下单行为异常的买家的订单。

（6）关注支付行为异常的买家的订单。

知识点 2：卖家账号的风险订单提示与 DHgate 平台的风控调查进度

DHgate 平台会实时监控订单的风险，如遇订单有风险，平台会通过站内信、邮件以及卖家后台订单以标黄条的形式通知卖家，如图 6-23 所示。

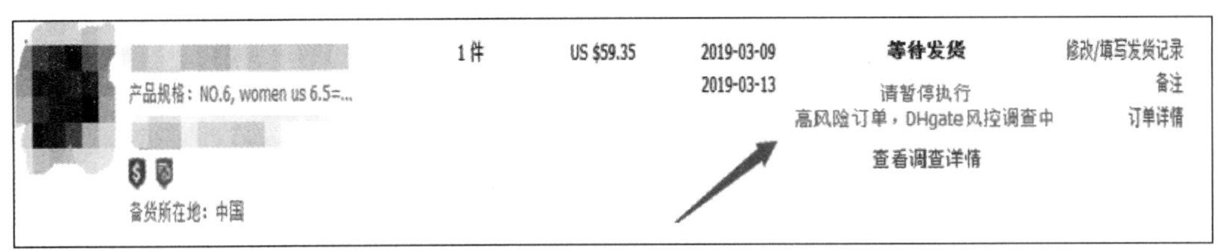

图　6-23

同时，DHgate 平台也会告知卖家风控调查的调查进度，如图 6-24 所示。

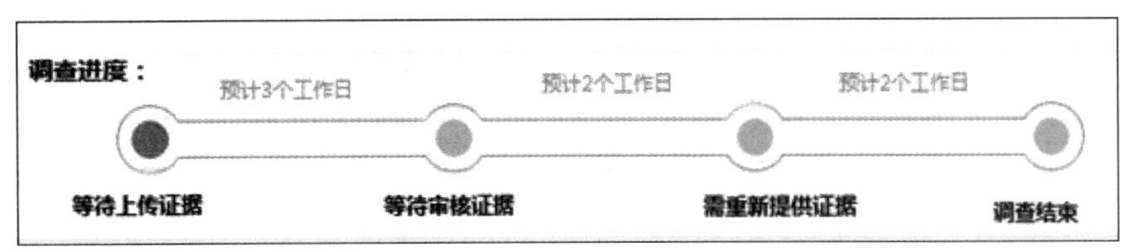

图　6-24

在收到这类通知后，卖家务必不要发货，而是等待 DHgate 平台风控部门的调查结果。同时，卖家也可以通过站内信请买家配合 DHgate 平台的调查与认证。此时，平台的订单流程将会暂停，不会发生退款等情况。所以，卖家不要担心退款，也不要填写虚假运单号；只有黄条取消，订单确认没有问题的，订单流程才会恢复正常，届时卖家只要按照正常的备货、发货流程进行操作即可。

知识点 3：DHgate 平台订单风险控制的具体流程

对于上面显示的标有这类黄条的订单，是 DHgate 平台风控部门确认的高风险订单。风控部门需要再次对订单进行审核，对买家进行调查。卖家在收到这类通知后，如果没有发货，请务必不要发出，等待 DHgate 平台风控部门的调查结果；如果卖家已经发货，建议通过站内信请买家提供资料配合 DHgate 平台的调查与认证。如果确认没有风险，风控部门会将黄条取消，并解冻款项确认订单，卖家可以继续执行订单；确认有风险的订单，DHgate 平台将会取消订单，退款给买家。这类订单的调查期通常在 5 个工作日以内，具体的流程如图 6-25 所示。

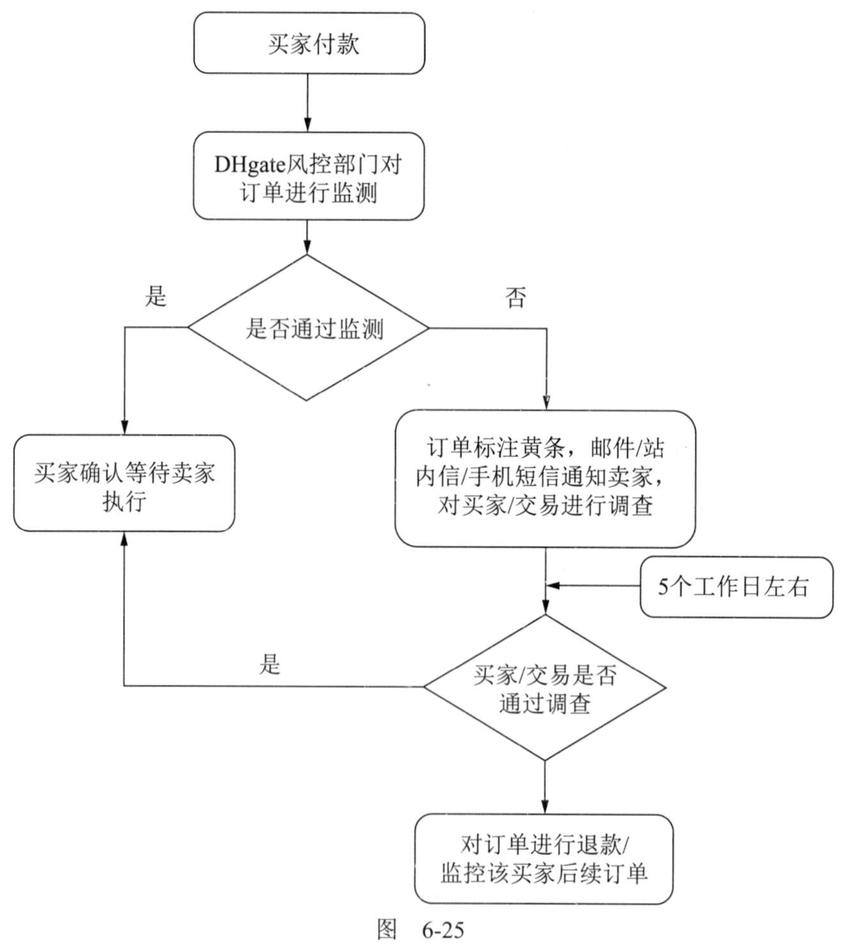

图　6-25

知识点 4：平台卖家防范交易风险的策略

尽管 DHgate 平台已经在系统中对买家在支付前后都设定了各种风控措施，但是仍然有一些狡猾的骗子买家绕过层层防护进行欺诈交易。下面从实际操作的角度给平台卖家提供几点建议。

（1）当买家提出更改订单的发货地址时，建议其在系统中进行更改。DHgate 平台风控系统只能对留在系统中的地址做检测和监控，遇到买家站内信中要求更改发货地址的，卖家应该要求买家在系统中进行更改。买家拒绝配合的，建议卖家发邮件至 safetycenter@DHgate.com 申请风控检查。

（2）在发货前检查买家的发货地址。在调查高风险订单的过程中，DHgate 平台风控部门发现有些买家的国家填的是泰国，可是在地区栏里填的又是河内，二者明显不匹配。这样就不只是存在买家欺诈的风险，还有货物无法正常妥投的风险，卖家一定要引起注意。

（3）警惕买家在 A 类产品中下单，站内信中又要求卖家发 B 类产品的订单。DHgate 平台风控部门对有些高危产品目录做了支付限制，但是站内信中对产品类型的更改是 DHgate 平台风控系统无法监测和检查到的。对于这类买家，也建议卖家发送邮件至 safetycenter@DHgate.com 申请风控检查。

（4）记录不良买家的记录与订单。DHgate 平台系统本身会对那些有过不良交易的买家和订单进行记录以及分析，但这些狡猾的骗子会通过不断变化身份和特征再次来到平台上作案。建议卖家可以对有过不良记录的买家和订单进行记录，记录他们的产品特征、地址特征、语言特征和下单行为特征，防止这些买家再次行骗。如果遇到这类的买家，建议卖家发送邮件至 safetycenter@DHgate.com 申请风控检查。

（5）保留订单相关资料至少 10 个月，如货运底单等。根据国际惯例以及 VISA、MASTER 组织的规定，持卡人在交易成功后的 180 天内均有权向发卡行提出调查或者拒付异议，发卡行有 30 天的时间向收单行邮寄文件，收单行亦有 30 天的时间向商户收集资料，商户提供资料后，收单行可在 45/60 天的时间内向发卡行再递单，而发卡行也可于收到递单后 45/60 天内提出第二次拒付。被调查过的交易拒付期为交易成功后的 300 天，即 10 个月。所以，保留发货底单对卖家应对买家后期可能提起的信用卡撤单拒付起到关键的证据作用。

（6）对员工开展风控意识培训，提高员工的整体风控意识。互联网不可避免地存在着安全漏洞。因此，卖家要对所有网上交易欺诈及退款追索相关的风险有一个彻底的认识，企业有必要对员工开展风控意识培训，使他们熟悉企业所面临的风险及相应的风险防控方法。

学习任务 3　熟悉卖家账户资金管理

1. 熟悉 DHgate 平台的请款流程。
2. 熟悉 DHgate 平台的卖家账户放款规则。
3. 熟悉 DHgate 平台的提现设置。

0.5 学时。

了解 DHgate 平台对订单的风控机制之后，小李悬着的心终于放了下来，对平台保障卖家货物与资金安全的行动深表赞赏。他所负责的卖家账号正逐步走上正轨，出单平稳、发货迅速、买家好评率很高。最近，正是每年一度的欧美圣诞采购旺季，小李所在的跨境电商企业的每日订单量暴增，这也给公司的资金流动带来一定的压力。经理吩咐小李要及时对已发货的订单进行请款，熟悉 DHgate 平台的放款规则，以保证公司能够顺利提现。

请款、放款与提现涉及 DHgate 平台卖家对虚拟账号的资金管理，是卖家完成发货之后与买家确认收货之前卖家对订单款项的不同操作。卖家适时请款与提现对卖家的资金流动有着很大的影响，而对平台关于卖家账号放款规则的了解有助于卖家管理好账户上的资金。

知识点 1：请款

请款是指若买家未主动确认签收的订单，卖家可以申请 DHgate 平台根据卖家上传的运单号核实妥投情况，并根据妥投情况在卖家资金账户中增加记录订单所对应的款项，以促成订单完成与交易成功。卖家在订单显示妥投之后，方可进行请款的操作。所以，有必要先了解妥投与未妥投的概念。

1. 妥投与未妥投

妥投（delivered and signed for）意思是已经妥善投递，即根据寄件人指定的地址和收件人或合法代收人按照规定手续将邮件投交无误。对已妥投的邮件，发生丢失、短少或损毁等情况，邮局不再承担责任。一个国际包裹的妥投情况如图 6-26 所示。

› DHL Global | › Express | **Tracking**

Track DHL Express Shipments

Here's the fastest way to check the status of your shipment. No need to call Customer Service – our online results give you real-time, detailed progress as your shipment speeds through the DHL network.

Result Summary

✓	**Waybill: 5530255312** Signed for by: LEFT LTR BOX › Get Proof of Delivery	**Wednesday, July 03, 2019 at 10:09** **Origin Service Area:** › HONG KONG - TSING YI - HONG KONG **Destination Service Area:** › DENVER, CO - TRINIDAD - USA	1 Piece

	Wednesday, July 03, 2019	**Location**	**Time**	**Piece**
13	Delivered - Signed for by: LEFT LTR BOX	TRINIDAD	10:09	1 Piece
12	Forwarded for delivery	DENVER, CO - USA	08:39	1 Piece
	Monday, July 01, 2019	**Location**	**Time**	**Piece**
11	Forwarded for delivery	DENVER, CO - USA	19:51	1 Piece
10	Arrived at Delivery Facility in DENVER - USA	DENVER, CO - USA	03:06	1 Piece
9	Departed Facility in CINCINNATI HUB - USA	CINCINNATI HUB, OH - USA	01:39	1 Piece
	Sunday, June 30, 2019	**Location**	**Time**	**Piece**
8	Processed at CINCINNATI HUB - USA	CINCINNATI HUB, OH - USA	20:58	1 Piece
7	Clearance processing complete at CINCINNATI HUB - USA	CINCINNATI HUB, OH - USA	18:03	1 Piece
	Saturday, June 29, 2019	**Location**	**Time**	**Piece**
6	Customs status updated	CINCINNATI HUB, OH - USA	09:06	
5	Departed Facility in HONG KONG - HONG KONG	HONG KONG - HONG KONG	15:59	1 Piece
4	Processed at HONG KONG - HONG KONG	HONG KONG - HONG KONG	10:54	1 Piece
3	Arrived at Sort Facility HONG KONG - HONG KONG	HONG KONG - HONG KONG	04:40	1 Piece
2	Departed Facility in HONG KONG - HONG KONG	HONG KONG - HONG KONG	03:16	1 Piece
1	Shipment picked up	HONG KONG - HONG KONG	01:46	1 Piece

图　6-26

未妥投（notice left）包含两层含义：①邮件到达寄达地的投递局，暂未投递。②邮件已经投递过显示的“未妥投”，由于收件人不在或未联系上收件人等原因，邮件暂时未能投出的，邮局会再跟客户保持联系。常见的显示未妥投的具体原因如下。

（1）收件人不在指定地址。

（2）收件人名址有误 / 不详。

（3）收件人要求延迟投递。

（4）邮件错发（后续会转到正确的投递部门进行投递）。

（5）收件人拒收该邮件。

（6）查无此人。

2. DHgate 平台的请款流程

当通过货运单号查到货物已经完全投递到买家地址后，卖家申请平台放款的具体步骤如下。

（1）在“我的 DHgate—交易—待处理订单—已发货”里找到此订单，单击“请款”按钮。

（2）在收到卖家的请款申请后，DHgate 平台会在 1 个工作日内审核，核实此订单没有任何问题之后，如国家、时间、邮编和签收人信息一致，平台会发催点信给买家，买家 5 天之内没有提交任何异议（如纠纷、“退款或退货”协议等），则订单完成。

（3）否则，卖家的请款将被拒绝，订单会被延迟放款，届时卖家可以在“我的 DHgate—交易—待处理订单—已发货”里查看订单自动完成的时间。卖家对交易中的“已发货订单”可进行请款操作，如图 6-27 所示。

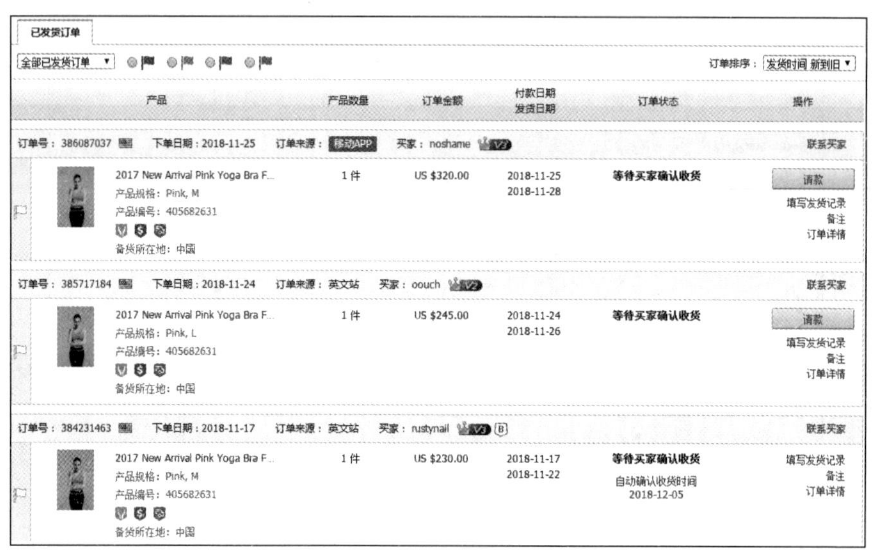

图 6-27

3. 关于请款的注意事项

（1）“请款”按钮会在卖家正确填写货运单号之日起 5 天到订单确认收款后的 90 天内出现，请款只能申请两次，且两次请款时间的间隔至少为三天。

（2）发货后，卖家应及时通过站内信与买家保持沟通。如果联系不到买家，且在货运公司的官方网站查看到货物处于没有成功投递的状态，卖家务必联系货运公司，尽快确认货物的状态，以防货物丢失的情况发生。

知识点 2：放款

放款是在卖家向平台请款之后发生的，指的是 DHgate 平台将卖家已交易完成订单的款项转移到卖家的虚拟账户里。平台制定了完备的卖家账户放款规则，以建立安全和谐的交易环境，保证平台的正常运营。

1. 有货运跟踪号的放款方式

DHgate 平台目前支持 EMS、DHL、FedEx、UPS、TNT、USPS、HK Post、China

Post、燕文、Equick 等可在线跟踪的货运方式。针对有货运跟踪号的放款方式，订单的放款规则有三种：买家主动确认签收；买家未主动确认签收，卖家请款；买家未主动确认签收，卖家在订单确认收款后的 90 天内也未请款。

（1）买家主动确认签收时的放款。买家确认签收的订单，除被风控调查订单之外，DHgate 平台会对订单的货运信息进行核实，如果订单查询妥投，会根据妥投信息做出处理，见表 6-3。

表　6-3

类别	货运情况	订单完成时间
第一类	妥投且时间、邮编和签收人都一致	此订单款项可放款至买家资金账户，订单完成
第二类	妥投且时间、邮编和签收人任意一项一致	账户放款可能延长或暂停
第三类	部分未妥投、全部未妥投或者无查询信息	账户放款可能延长或暂停

（2）买家未主动确认签收，卖家请款时的放款。买家未主动确认签收的订单，卖家请款后，平台会先根据卖家上传的运单号核实妥投情况并做出相应的处理，见表 6-4。

表　6-4

类别	货运情况	订单完成时间
第一类	妥投且时间、邮编和签收人都一致	发送催点信给买家，买家在 5 天内未发起任何投诉、协议或者纠纷，也没有邮件回复，将该订单款项放款至卖家资金账户，订单完成
第二类	妥投且时间、邮编和签收人任意一项一致	账户放款可能延长或暂停
第三类	部分未妥投、全部未妥投或者无查询信息	账户放款可能延长或暂停

（3）买家未主动确认签收，卖家在订单确认收款后的 90 天内也未请款时的放款。卖家完全发货后，若买家一直未确认签收，并且卖家在订单确认收款后 120 天内也未请款，平台将在完全发货 120 天后将该订单款项放款至卖家资金账户，订单完成。

2. 异常账户及交易放款规则

为建立公平、诚信、透明的平台运营环境，卖家账户及交易符合以下条件时，账户放款将可能被延迟或暂停，有下列五种情形。

（1）当前有黄条的订单，放款将被延迟；黄条去除后，放款流程继续。

（2）当卖家当前账户纠纷率过高时，卖家账户放款将被延迟，见表 6-5。

表　6-5

卖家账户类型	最早放款时间
纠纷率为 25% ～ 40%	20 天
纠纷率为 40% ～ 50%	45 天
纠纷率大于 50%	100 天

（3）当卖家账户及交易表现异常时，平台可能人工介入对卖家账户或交易进行必要的调查，根据其异常程度，卖家账户或订单放款将可能被延迟或无固定期限暂停。卖家账户放款被无固定期限暂停时，卖家账户及其关联账户将被无固定期限冻结，并不允许再在平台注册新账户。

（4）无固定期限暂停放款判定规则。当卖家账户或交易违反以下一条或几条规则时，放款将可能被无固定期限暂停。

1）交易为虚假交易。

2）卖家实际销售产品为侵权品或禁销品。

3）卖家关联账户处于因平台调查关闭账户状态。

4）卖家关联账户处于无固定期限限制提款状态。

5）卖家账户被司法机关调查中。

6）卖家账户及其交易涉及其他违法行为。

（5）当卖家账户触犯多个放款限制规则时，最终放款延迟时间按时限较长者执行。

知识点 3：提现

提现是指 DHgate 平台打款到卖家的银行账户。在卖家申请提款后，平台将在第 14 个工作日安排结算。平台完成结算后，根据卖家收款银行的相关政策，人民币账户一般在 2 ～ 3 个工作日之内，美元账户一般在 3 ～ 4 个工作日内收到款项。如遇境内外公共节假日，则到账时间顺延。目前，提现分为主动提现和自动提现。

1. 主动提现

主动提现，即手动提现。当资金账户的余额大于最小提现金额时，卖家可以选择手动提现功能。选择提现的银行账户，以及输入提现金额，单击“确认”按钮后就可以完成提现操作。当完成提现操作后，在资金账户交易记录中看到的提现状态是“已受理”，DHgate 平台的财务人员进行发汇后，提现记录的状态将变更为“成功”。主动提现的提现流程如下。

（1）设置提现账户与提现金额，如图 6-28 所示。

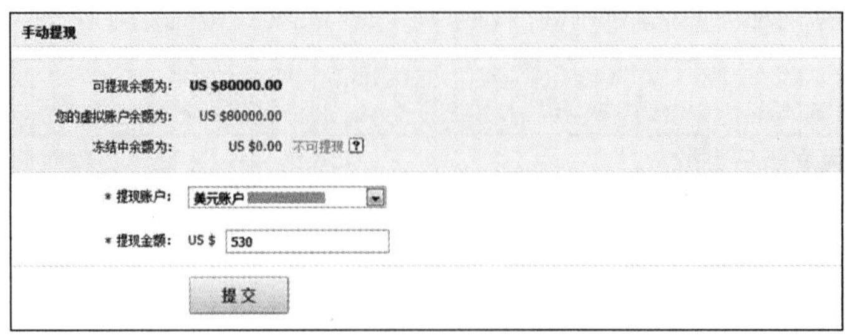

图 6-28

（2）确认提现账户与提现金额的设置，如图 6-29 所示。

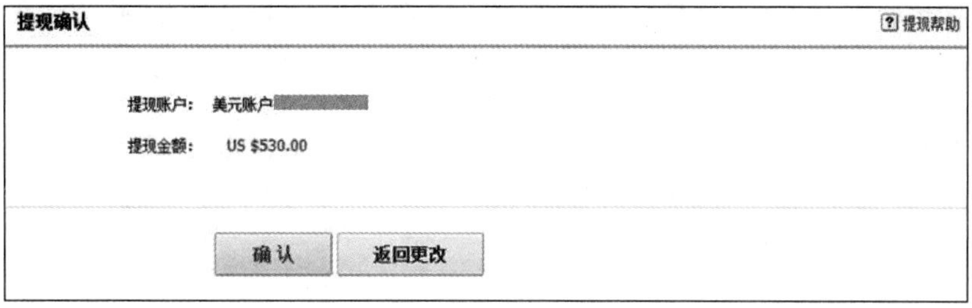

提现确认　提现帮助

提现账户：美元账户

提现金额：US $530.00

确 认　返回更改

图　6-29

（3）成功提交受理提现请求，如图 6-30 所示。

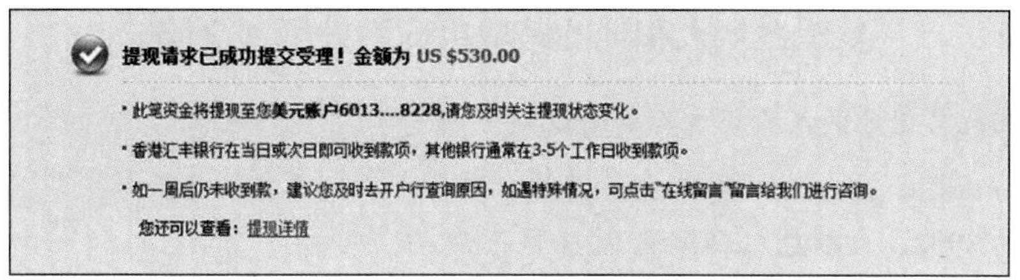

图　6-30

2. 自动提现

平台卖家可以自主选择开启或者关闭自动提现功能。登录到“我的 DHgate—资金账户设置—提现账户设置”，开启自动提现功能，也可以选择自动提现的账户。如果选择了自动提现，DHgate 平台会将卖家的款项定时转账至其银行账户中。自动提现的设置如图 6-31 所示。

DHgate.com　买全球，卖全球　首页

人民币提现 | 美元提现 | 提现账户设置

招商银行　尾号：9399　验证已通过！　查看信息 | 修改信息

中国工商银行　尾号：0427　验证已通过！　查看信息 | 修改信息

自动提现设置

开启自动提现：

请选择自动提现的账户：美元账户　人民币账户

请设置自动提现金额下限：US $ 1000

图　6-31

3. 提现失败的原因与解决方案

卖家的提现请求会被平台拒绝，导致提现失败。具体的退款原因与解决方案，见表 6-6。

表 6-6

退款原因	解决方案
按照外管局要求或者收款银行的规定退回	请使用人民币提现
银行要求提供明确的付款目的或款项性质	通过在线客户，提供银行要求的信息
收款人信息填写有误或补全	更正收款信息
未注明退回原因	请使用人民币提现

成功故事分享

梦想合伙人和他的跨境电商海外拓展之路

他从未如此自信地涌入跨境电商海外拓展之路。

——2016 全球梦想合伙人　深圳市创琦志科技有限公司　林少为

林少为的 2008，金融危机和传统 B2B 贸易

2008 年，当人们还沉浸在奥运会的欢腾中时，外贸从业者们可能已经逐步意识到了红利即将缩减的未来。林少为恰恰在此时萌生了创业的想法，而数年后他还会因此被其他创业者作为学习的样本。

2008 年的金融危机后发酵的 2009 是传统 B2B 行业的冬天，那一年他步入了 B2B 贸易的圈子，在随后的几年，随着人口红利的消失、综合成本的增加，传统 B2B 行业逐渐步入下行的趋势。

从事了 5 年的 B2B 贸易，伴随着整个行业的行情在走下坡路，虽然当时个人业绩还是维持着不错的体量，但是利润率却风光不在，整体公司订单的不稳定，工厂的规模也从原来的 700 多人逐渐缩减到 300 多人。重复性的渠道模式、大环境的变迁及其改变现状的渴望让他滋生了创业的念头。

2014 年，林少为和他的跨境电商元年

与时代共同起舞，林少为抓住了跨境电商的第一次行业机遇。2014 年被称为“跨境电商元年”。即将步入而立之年的林少为毅然进入了跨境电商 B2C 的创业浪潮大军中。2 月 14 日，在深圳宝安固戍 $50m^2$ 的小小办公室里，迈出了自己创业征程的第一步。

首先，他新建了自己的品牌及其宣传网站，还选了跨境电商平台敦煌网作为首选平台。

初入平台，很多细杂的活及其要应对的东西比想象中繁杂得多、琐碎的多，这可以说是一个每个月惯于捉几只大鱼的渔夫，忽然转变要去捉一批批的小鱼——看似区别不大，但是细里却有很多迥异的状况，几乎有点不适应。但是令他欣喜的是，通过从零开始的摸索及其努力，第一个订单生成时那种感觉美好得难以言喻。

不过，更多的是，因为这跨越了自己的温水环境，也是迎战新挑战的成功感带来鼓舞与召唤的象征。初步的胜利的果实让他更加坚定，创业虽然辛苦，但却是心之所属，听从自己内心的召唤，能够追随自己心底的热情，无悔自己的选择。

2016 年，坚持做自己的人生舵手

林少为和他的深圳创琦志科技有限公司做得风生水起。产品类型丰富、功能新颖，还特别注重强化品牌，进一步深入海外市场。从原始爆发式增长到全新转型。在全球共享的跨境电商盛宴上，林少为坚持做小而美、强化本土化客户服务，掌舵自己的人生。

站在今天的起点，林少为回顾他的敦煌网跨境电商的旅程，在经历了原始性的爆发式增长回归到新的路口转型的起点后，觉得有以下两点感悟尤为深刻。

感悟 1：梦想高远、脚踏实地，做尖做精、做小而美

中国人做生意习惯性地看别人做得好就跟风、大打价格战，抢占客户跟流量，这种模式往往容易互相伤害且难长久。本质上还是产品的精细化、差异化上的投入不足，品牌化的战略执行得还不够彻底，这两者是相辅相成、互相促进的。

人们往往趋向于跟风做杂品、炒热货，或者停留在花上一些钱给一些公众化产品线注册个牌子的表面化功夫。倘若沉下心来研究一个产品线，做纵深、做行业的专家，逐步沉淀，这样不仅更持久，而且能更坚定地赢得客户的长久青睐。

其实这条路上不乏成功的例子，如日本的 YKK，这家普通的拉链公司，靠卖拉链存活百年。因此，梦想高远脚踏实地做尖、做精、做小而美。

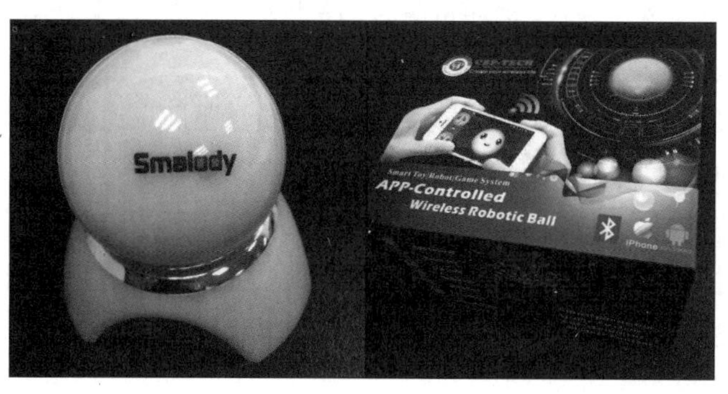

感悟 2：客户服务本土化

除了做好品牌跟供应链的优势，在敦煌网跨境电商路线上，需要更强力地推进客户服务本土化，这是回归商业本质的话题。优良的服务品质一直是这条回路里的虚弱地带，一旦加强的话，会猛增成一道后劲的推力。对于品牌形象也好、销售的持续带动也好，增强服务优势及其进一步扩大最后一公里路线上的整合，是个关键！

海外仓的布局及其售后的优化环节及这条路上还有好多能为这个口碑增砖添瓦的事情，就要不遗余力地去做好。

未来的跨境电商之路必然会跨越所有的距离，融汇成全世界共享的盛宴。这其中的定位和方向掌握在每个今天立志成为重要一环的人们的信念之中。

在这困难又充满希冀的环境里，会有更多的挫折，会有更多别人觉得没有想到、遇到的一些困难，往往对自己的人生的境界期望得到不断提高的年轻骄子会更耐得住寂寞，因为他们希望得来的回报不仅是金钱、物质和荣誉，更多的是通过掌舵自己人生的方向来增强对人生的理解跟升华。

从 2008 年创业起步，到 2014 年抓住跨境电商的第一个行业机遇，再到 2016 年的矢志不移。在林少为的创业路上，我们看见了他人生舵手的光芒，看见了被梦想照亮的创业者世界。

资料来源：http：//seller.dhgate.com/story/c_37298.html，有删改。

一、选择题

1. 待处理订单包括（　　）。

A. 未付款　　B. 待发货

C. 急需发货　　D. 纠纷中

2. 关于订单备货期的计算，正确的表述有（　　）。

A. 周末或者节假日，备货期不顺延

B. 发货前，订单被风控调查，标注黄条时，停止计算备货期，调查结束如订单仍需执行，系统自动恢复计算备货期

C. 发货前协议纠纷，卖家拒绝并选择“我已备货，不同意退款”，系统将在买家发起协议之后的 7 天后判断该订单已超过备货期自动执行退款

D. 发货前协议纠纷，卖家拒绝并选择“我已备货，不同意退款”，在买家发起协议后的 7 天后，系统判断该订单没有超过备货期，并在之后的每一天做判断，直至超过备货期未发货执行退款

3. 下列属于虚拟运单号的严重违规情形有（　　）。

A. 虚假运单号订单金额较大

B. 卖家将真实货运单号通过线下的方式提供给买家

C. 卖家在平台调查过程中做虚假陈述或提供虚假证明资料

D. 卖家在买家开启纠纷后才发货，影响买家的购物体验

4. DHgate 平台的订单风险审核的关注点有（　　）。

A. 关注来自高风险国家的订单

B. 关注来自高风险 IP 的订单

C. 关注有过欺诈行为的买家的订单

D. 关注支付行为异常的买家的订单

5. 当卖家账户或交易违反以下（　　）规则时，放款将可能被无固定期限暂停。

A. 交易为虚假交易

B. 卖家实际销售产品为侵权品或禁销品

C. 卖家关联账户处于因平台调查关闭账户状态

D. 卖家关联账户处于无固定期限限制提款状态

二、简答题

1. 平台卖家如何修改未付款订单的价格？

2. 平台卖家如何修改未付款订单的延长付款时间？

3. 卖家如何避免填写虚假运单号，从而避免买家因为虚假运单号而引发潜在纠纷？

4. 卖家如何防范和应对交易风险？

5. DHgate 平台无固定期限暂停放款给卖家的判定规则有哪些？

三、案例题

张先生运营着一个 DHgate 平台卖家账号，有一天，他接到一笔来自加拿大的订单，该买家选择的运输方式是 EMS。发货时，他发现重量在 2kg 之内的包裹发 e 邮宝的话要比发 EMS 的运费便宜了将近一半，于是未经买家同意擅自变更为 e 邮宝发货。买家收到货物之后提起了协议纠纷，声称因为卖家私自选择与自己下单时不同的运输方式，致使收货时间比预期晚了三天，遂要求退款。请分析：

（1）张先生的做法有何不妥之处？

（2）在该买家将纠纷升级之前，张先生应该如何与买家沟通化解问题？

四、实训题

针对放款阶段进行的账户或订单处理存在异议时，卖家如何进行在线申诉。

熟悉 DHgate 平台交易管理考核评价表

序号	评价内容	得分 / 分			综合得分 / 分
		自评	组评	师评	
1	对卖家账号不同订单状态操作的熟悉程度				
2	对 DHgate 平台风险控制系统的掌握程度				
3	对卖家账户请款流程、放款规则与提现设置的了解程度				
合　计					

注 综合得分 = 自评 ×30%+ 组评 ×30%+ 师评 ×40%。

学习项目 6　总结与评价

建议学时

1 学时。（用来总结本学习项目各任务的学习、总结等情况。）

总结与评价过程

一、汇报总结

序　号	汇　报　人	值得学习的地方	有待改进的地方
1			
2			
3			
4			
5			
6			

二、综合评价

1. 专业能力评价

序　号	项目名称	得　分
1	学习任务 1	
2	学习任务 2	
3	学习任务 3	
综合得分		

注 综合得分为本学习项目中各学习任务得分的平均值。

2. 职业素养能力评价

序号	评价内容	评价标准	得分 / 分			综合得分 / 分
			自评	组评	师评	
1	平台的熟悉度	能否熟悉卖家后台的不同订单状态				
		能否熟悉 DHgate 平台的风险控制机制				
2	平台实操能力	能否熟练查看与操作不同的订单状态				
		能否识别高风险订单，防范交易风险				
3	学习态度	上课是否认真听讲，勤于思考，独立钻研				
		课后是否认真完成老师布置的各项任务				
4	团队合作能力	是否积极配合团队的其他成员				
		是否对团队做出积极的贡献				
综合得分						

3. 综合得分

学习项目 1 综合得分 = 专业能力评价得分 ×60%+ 职业素养能力评价得分 ×40%+ 创新素养能力评价得分。

注：创新素养能力是指学生在学习的过程中提出的具有创新性、可行性的建议的能力；创新素养能力评价得分，满分 10 分（由老师根据表现评定），为加分项。

7 学习项目 7 开发与维护 DHgate 平台买家

成功的客户关系管理有助于现代企业的长期良性发展。运营跨境电商企业，同样离不开对线上客户的开发与管理。跨境电商卖家应该了解线上买家的购买行为、习惯，从专业的角度消除他们对网购的担忧，积极挖掘潜在买家。同时，要对已成交的买家进行分类管理，针对不同的客户给与不同的营销跟踪，从而提升店铺的回购率，降低老客户的流失率。DHgate 平台适时推出了店铺买家管理 SCRM 工具，满足平台卖家有效管理店铺买家的需求。

项目目标

1. 了解 DHgate 平台买家概况。
2. 掌握开发 DHgate 平台潜在买家的技巧。
3. 掌握维护 DHgate 平台现有买家的技巧。
4. 熟悉 DHgate 平台店铺买家管理 SCRM 工具。

4 学时。

学习任务 1　开发平台潜在买家

1. 了解 DHgate 平台买家概况。
2. 掌握回复 DHgate 平台买家询盘信息的技巧。
3. 掌握将平台买家的未付款订单转化为成交订单的技巧。
4. 熟悉购物车营销。

2 学时。

入职两个月来，小李逐渐熟悉了跨境电商企业的基本工作流程，负责运营的 DHgate 平台卖家账号出单较为平稳，但是离爆单还有很长的一段路。小李觉得很有必要研究一番平台买家的心理特征与购买行为、习惯等，以成功地将买家的询盘信息或未付款订单及时转化为成交订单。于是，小李打开了后台的数据智囊，查看相关的数据。

开发潜在买家是 DHgate 平台卖家必须长期关注的一件事情。当店铺经营发展到一定的阶段后，就必须挖掘潜在买家的需求，从而获得更长久的发展空间。了解 DHgate 平台买家的购买行为、习惯对于平台卖家赢得更多的订单至关重要，卖家可以从买家类型与分布、买家购物习惯、买家的担忧三方面去了解最真实的平台买家“性格”，主动挖掘潜在的客户需求。

知识点 1：了解 DHgate 平台买家

1. 平台买家的类型与分布

了解平台买家的分类，对于卖家后期开展有效的针对性营销很关键。根据买家购买商品后是否自用与转售，可以将 DHgate 平台的买家分为以下三种类型。

（1）中间商：购买后再转售，或者直接面对终端消费者，进货量可大可小。

（2）公司采购商：主要是为公司需求而采购的客户，而非再次销售，进货量比较大。

（3）个人消费者：即购买自用的消费者，其购买的几乎都是单品。

DHgate 平台的买家主要分布在北美、欧洲、澳大利亚、新西兰等，这些地方总共占了 80% 的比例，而其他国家只占了 20%。同时，从平台的其他相关数据分析，近年来巴西、俄罗斯等新兴市场蕴藏着无限的潜力。平台买家的地区分布如图 7-1 所示。

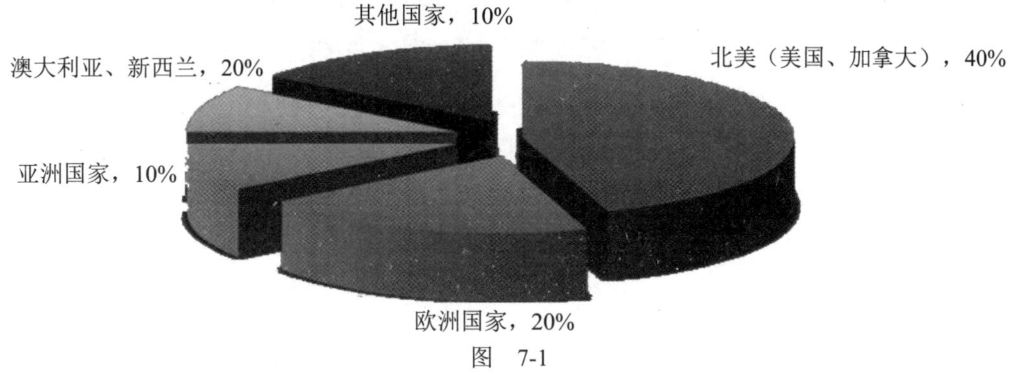

图 7-1

2. 平台买家的购买习惯

（1）买家的搜索习惯。一般而言，网络消费者的购买习惯分为搜索式购物与浏览式购物。搜索式买家有着较为明确的购买需求，对所需购买的具体商品比较清楚，他们的购物行为偏理性，计划性较强，对促销、广告等信息的兴趣度不高。相比之下，浏览式买家的购物目的较模糊，购买需求不清晰，对所要购买的商品也不大了解，其购物行为偏感性，因而购买行为的随机性较大，对广告、促销等信息的兴趣度就比较高。

DHgate 平台为买家提供了搜索的可能，买家可以在主页的位置输入所需产品的基本关键词进行搜索，同时也可以随意浏览页面上展示的各类商品，从而找到相应的产品与平台卖家的店铺，如图 7-2 所示。

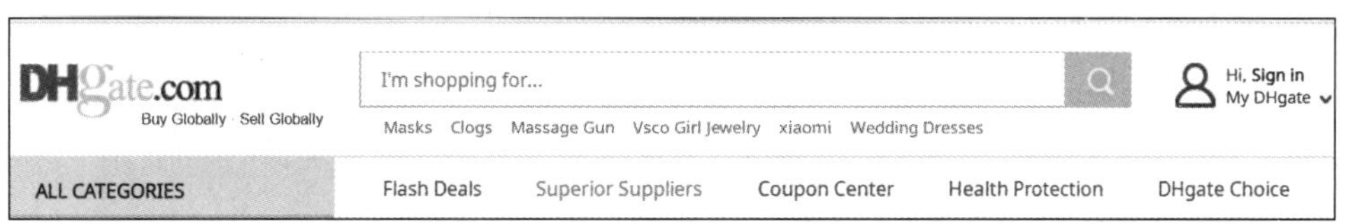

图 7-2

（2）买家的访问时间。如图 7-3 所示，平台买家访问有明显的周期性，在每周的周二和周三是买家访问最活跃的时段。平台买家最活跃的时间是每天的北京时间晚上 0 点到早上 6 点，而北京时间早上 9 点到晚上 6 点则是平台卖家每天的活跃时间，这就与买家的访问时间不匹配。所以，卖家要想快速出单，应该在买家的活跃时间段内安排人员值班，以快速回复买家询盘，并促进成交。

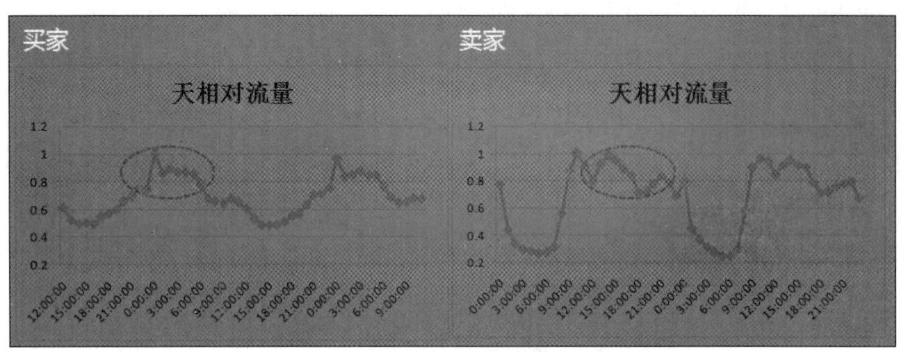

图 7-3

（3）买家的支付习惯。对买家支付习惯的了解，有助于平台卖家减少在成交的过程中诸如信用卡拒付之类的纠纷。众所周知，美国人的信用卡普及率接近 100%，每个消费者拥有自己的信用得分，超前消费是他们的生活常态。美国人习惯使用网上支付手段，善于保护自身利益，对卖家的产品要求高。对平台卖家而言，产品描述一定要准确，避免产生不必要的纠纷。

3. 平台买家的担忧

根据一份最近的、针对 DHgate 平台买家的问卷调查显示，买家表示了以下 13 个方面在平台上购物的担忧，同时平台也给出了 4 个有针对性的对策建议。可以看出，消除平台买家的担忧是促成卖家出单的一剂良药，如图 7-4 所示。

清晰且精美的货品实物照片

信任ESCROW交易方式

服务协议及退换货协议

产品描述详尽

担忧	百分比
购买前更希望见到真实商品	35.7%
担心交易的安全性	33.7%
交易需要提供信用卡信息	23.5%
退换货程序困难	22.8%
运费高昂	17.5%
不能直接与销售人员交谈	14.5%
对网上交易没有信心	10.1%
发错货品	8.6%
没有足够的产信息	5.8%
差劲的客户服务	5.3%
价格高昂	4.1%
不适于易腐烂物品	2.5%
其他因素	1.8%

图 7-4

知识点 2：回复平台买家询盘信息的技巧

询盘又称询价，英文是 inquiry 或 enquiry，是指买方为了购买某种商品，向卖方询问有关交易条件的意思表示。一个好的询盘回复可以极大提升订单交易的成功率。回复询盘时，卖家应该从回复的时间点、回复语言的专业性与全面性两个方面，试图抓住买家的心，作出及时又恰当的回复，最终成功地将询盘转化成订单。

1. 把握世界各地时差与回复买家信息时的时间点

DHgate 平台的买家来自世界各地，由于时差的关系，买家发送信息的时间会有所不同。收到买家的站内信询盘后，卖家必须对世界各地与中国的时差了如指掌，根据不同国家的时差及时地回复买家的消息。对由于种种原因暂时不能回复的，应尽早站内信告诉买家可以在什么时候回复他提出的问题，而不是置之不理；对于不能完整回复的，应先回答买家可以回复的部分问题，再告诉买家一个确切的时间来回复剩余的问题。当然，只要卖家在线，任何时候都可以回复买家的消息，以让买家尽快得到答复，少让他们等待，或者错过任何一条消息。

下面，我们来看平台卖家 sunnee 在回复买家 jann2 的询盘信息时对时间点的把握。如图 7-5 所示，买家 jann2 来自美国，与中国的时差大约 12h，也就是他在当天中国时间 2018 年 10 月 25 日的中午 12：29 向卖家发起了询盘，sunnee 在不到 20min 的时间里立马作出反应，回复的内容很有针对性，也很有礼貌，之后买家又在他的当地时间第二天上午再次联系卖家，当时正是卖家的午夜时间 10 月 26 日的 2：03，当时 sunnee 不在线，因此没有及时回复买家。

图　7-5

如图 7-6 所示，sunnee 在第二天上午中国时间 10 月 26 日的 9：55 回复了该买家的信息，随后买家也很快向其发送新的消息。这样一来一往几个回合之后，该买家最终在 sunnee 的店铺里成功下单。

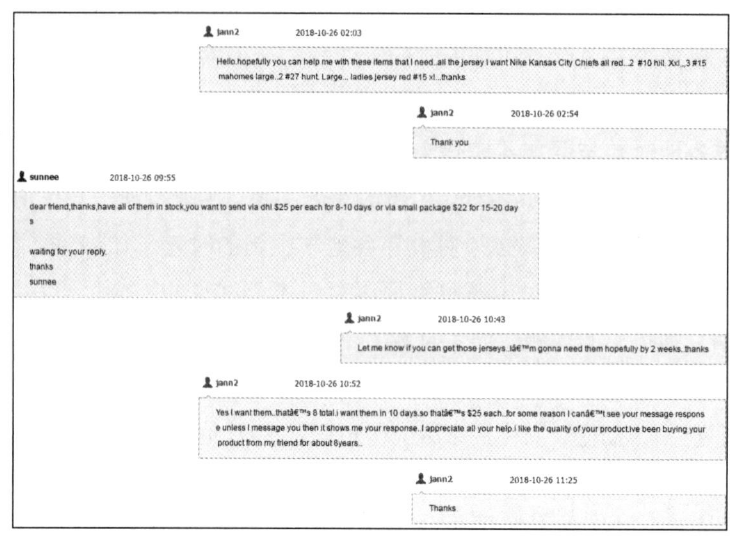

图 7-6

可见，要让一个买家的询盘成功地转化为订单，第一个重要的技巧就是卖家回复站内信的及时与否，同时也要注意回复要契合买家的需求。

2. 回复询盘信息时对买家的心理分析

读完买家的询盘信息之后，卖家心里必须有一个整体的概念，要分析买家的目的，并参考各种因素，给予买家一个准确的答复。

从买家的国家和地区因素考虑，我们知道欧美国家的卖家对质量要求比较严格，可以承受较高的价格，讨厌讨价还价。而印度、巴基斯坦等国的卖家对质量基本无要求，只要价格优惠，就可能做成生意。来自中东、拉美洲地区的买家对质量有一定的要求，同时对价格也较为挑剔，但可以承受比印度、巴基斯坦买家稍高一点的价格。来看一下这封站内信询盘：

Dear sir or madam,

I am Laurence from the UK. I need 2,000 post cards. The current price I can get in my local place is $1 per piece for 1,000 pieces. If you can offer me a lower price, please email me.

从该询盘中，我们发现该买家可能没有太多的采购经验，他的关注重点是价格，对质量没有做出明确的要求。在回复他的时候，卖家要核算自己的成本等各种费用，看能否达到低于买家提出的上述价格要求，以此来吸引买家下单。同时，对于采购经验不足的买家，他们有可能想跳出中间商自己采购，这时卖家就要扮演好买家的采购顾问，在沟通中要多向对方介绍企业与产品的关键技术和创新优势等，让对方感受到卖家的专业与诚恳，从而增强下单的信心。

从买家的类型角度来说，卖家应该确认对方是一个批发商、分销商或者是零售商，从而给予不同的维护力度以及维护方式。再来看一下这一封站内信询盘：

Dear sir or madam,

Our company is a wholesaler for soccer jerseys in Italy. We are interested in the products listed in your DHgate store, so please send us a catalogue and a price list for them.

在该询盘中，买家表明自己是一家批发商，要求卖家给予产品目录和价格供其参考。从中我们能够看出来，买家对于企业的产品不熟悉，希望了解产品目录和价格，从中看看有无其需要的产品。对于这样的买家，在回复的时候，可以先简单地向其介绍企业的实力，告知相关的产品线，再视对方的数量需求作出进一步的报价。

3. 回复买家信息时对自身产品的宣传

卖家在回复买家询盘时不要忘记适当地夸赞自家的产品。作为一个专业的卖家，用专业的词汇夸夸自家店铺里的产品很有必要，主要包括产品质量、工艺与色泽等方面。所以，卖家必须深入了解自己的产品，才可以详细地为买家提供全面的产品介绍，让买家确认这个产品正是自己所需求的。例如，卖家可以用到下面这些词汇来介绍产品与企业，见表 7-1。

表　7-1

中文名称	英文名称
质量上乘	superior quality
保质保量	quality and quantity guaranteed
品种繁多	a wide variety
款式新颖	attractive design
规格齐全	complete in specifications
性能可靠	dependable performance
工艺精良	sophisticated technology
加工精细	finely processed
誉满中外	to enjoy high reputation both at home and abroad
深受欢迎	to win warm praise from customers

知识点 3：回复未付款订单的技巧

平台卖家在查看后台订单的过程中，如果发现有了“买家尚未付款的订单”，这说明买家有意向购买该产品，然而由于各种不确定因素，买家并未立即付款。这时，卖家可以主动出击，尽快与买家联系，对订单的相关信息进行沟通确认，以促使买家尽快付款，成功达成交易。

1. 买家订单未付款的原因分析及对策建议

平台买家下单之后并未马上付款的原因有多种，卖家可以根据不同的情况采取不同的方法，敦促买家及时付款。

（1）买家对支付方式与付款流程有疑问。这种情况下，建议卖家告知买家平台现有的几种支付方式，耐心地指导他们一步一步地顺利付款。

（2）买家对卖家的产品库存与质量等缺乏信心。此时，卖家可以跟买家确认充足的产品库存，对店铺与产品品质做一番专业的描述，让买家坚定购买的信心。所以，一封向买家介绍未付款订单里的产品信息的站内信可以这么写：

Dear friend,

We have got your order of product item code ×××. It is one of the best selling products in our store, but your order is unpaid yet. If there is something we can help, please feel free to contact us. As soon as the payment is made, we will ship it in 24 hours.

Thanks in advance and have a nice day!

（3）买家对降低价格有一定的期待。在同等质量保证的情况下，希望获得更为优惠的价格是人之常情。很多的时候，买家会下单之后过一会儿再付款，就是出于对卖家会否在其付款之前修改价格的期待。可能卖家只是便宜了 1 美元的举动，对于买家来说却是一件愉悦的事情，也会因此开心地付款了。联系未付款订单的买家的一封邮件可以这么写：

Dear friend,

I just saw your order and gave you some discount. Could you pay for it please? So that we can ship out ASAP.

Thank you very much and looking forward to your reply!

（4）买家对货运方式与运费存有疑虑。目前，平台卖家大多支持 free shipping（包邮）模式，但是有时运费取决于买家对运输方式的选择。例如，买家选择或者卖家提供 DHL 与 e 邮宝的运费是不一样的，前者的邮资贵些。假如买家希望发 DHL，而卖家设置的包邮货运方式是 e 邮宝，这个时候卖家就必须和买家就运费与货运方式进行沟通并达成一致的意见，买家即愿意付款。

（5）买家对发货时间与收货时间不确定。一般而言，买家对于订单付款的态度也取决于发货时间与收货时间长短的预期。此时，假如卖家向买家作出当天发货或者尽快发货的表示，买家拖延付款的时间会立马缩短。特别是当遇到急单，发货与收货时间的保证对促成买家付款犹如一支强心针。

2. 未付款订单转化成付款订单的示例

示例内容请扫描右侧二维码获取。

知识点 4：购物车营销

购物车营销，旨在帮助平台卖家对已经加入购物车一段时间但未成交的潜在买家进行分析和挖掘，通过降价等促销方式，借助 DHgate 平台的购物车营销、站内信等通道触达潜在客户或召回现有客户，以促成交易。

1. 购物车营销的流程

登录到“我的 DHgate—推广营销—促销活动—购物车营销”，按照如下 6 个步骤操作。

（1）从产品列表中选择产品，如图 7-7 所示。

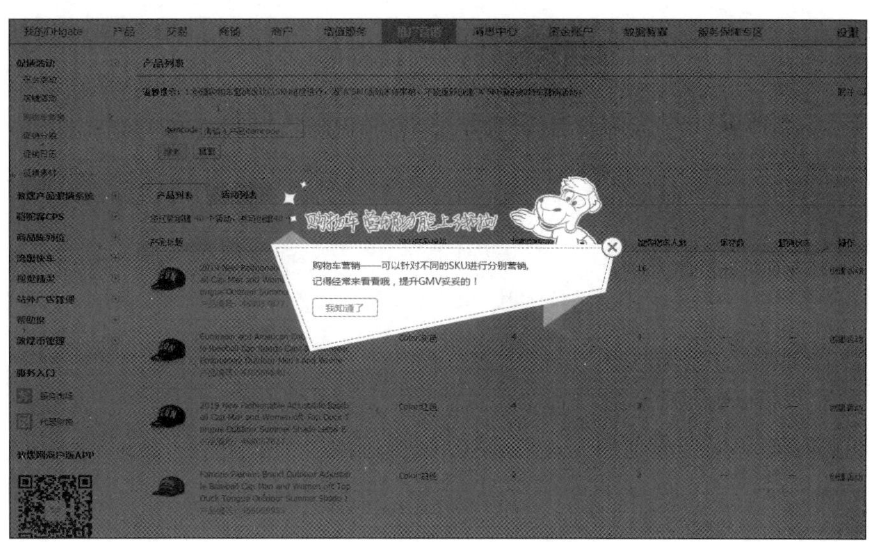

图　7-7

（2）针对所选产品创建活动信息，如图 7-8 所示。

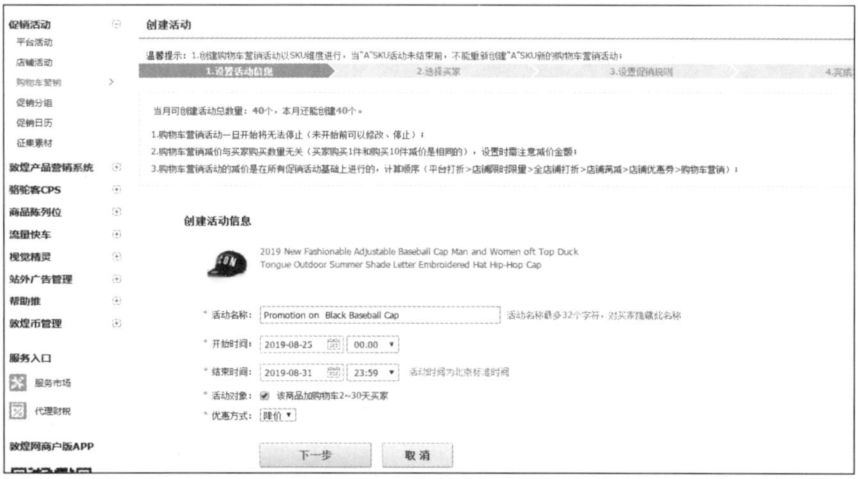

图　7-8

（3）选择买家。卖家可以了解加购人群的基本特征，包括买家类型、好评率、加入购物车国家与备货所在地等维度，以便更好地开展营销活动，如图 7-9 所示。

创建活动

温馨提示：1.创建购物车营销活动以SKU维度进行，当"A"SKU活动未结束前，不能重新创建"A"SKU级的购物车营销活动；

1.设置活动信息 2.选择买家 3.设置促销规则 4.完成

当月可创建活动总数量：40个，本月还能创建39个。

1.购物车营销活动一旦开始将无法停止（未开始前可以修改、停止）；
2.购物车营销减价与买家购买数量无关（买家购买1件和购买10件减价是相同的），设置时需注意减价金额；
3.购物车营销活动的减价是在所有促销活动基础上进行的，计算顺序（平台打折>店铺限时限量>全店铺打折>店铺满减>店铺优惠券>购物车营销）；

已选择 16 个

全选	买家用户名	12个月好评率	加购物车国家	备货所在地
✔	karim2744	100.0%	西班牙语站	中国
✔	Pitshoulboko	–	法语站	中国
✔	benyahialindaa	–	法语站	中国
✔	Clementine Pépin	–	法语站	中国
✔	Lucrezia Innocente	–	意大利语站	中国
✔	sergito9124	–	西班牙语站	中国
✔	KIELaimaco950	–	西班牙语站	中国
✔	Salvo Di Mauro	100.0%	意大利语站	中国
✔	oxslow64	–	法语站	中国
✔	peppe12585	100.0%	意大利语站	中国
✔	Evaldo Prado	–	葡萄牙语站	中国

图 7-9

（4）设置促销规则，如图 7-10 所示。

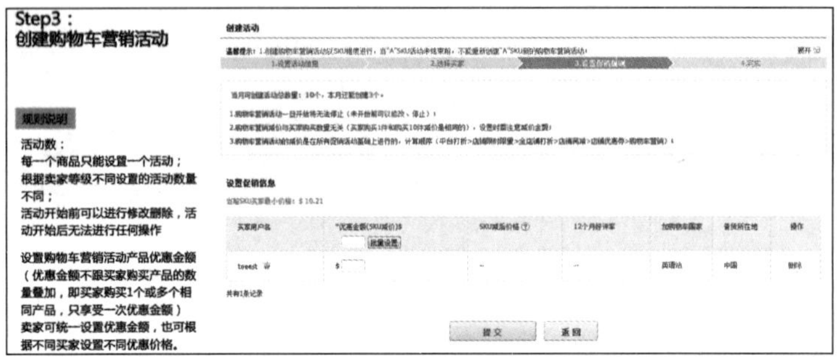

图 7-10

（5）完成购物车营销活动的创建，如图 7-11 所示。

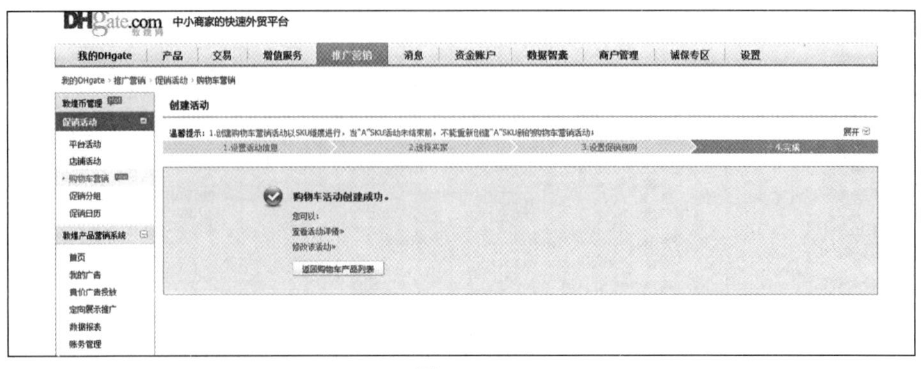

图 7-11

（6）在活动列表中查看活动的基本数据及运行状态，获得活动产品的具体详情和已成单信息等，如图 7-12 所示。

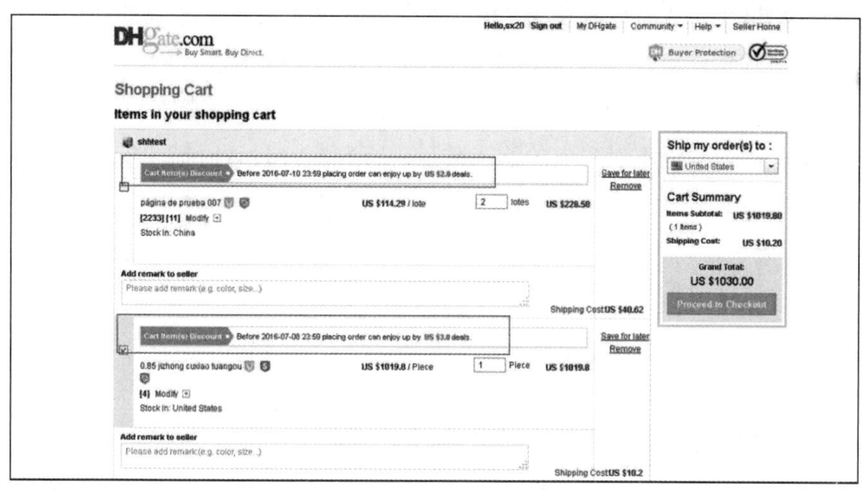

图　7-12

2. 使用购物车营销的技巧

（1）收费结算要一目了然。据统计，将近 1/3 的消费者最终放弃购物车内的商品，是因为在结算时发现加上运费和其他费用后，需要支付的总消费额增加了。因此，平台卖家如能将预估运费和处理费在购物车中写清楚，或在买家进入结算页面之前就标清楚，可以免除买家在结算时产生费用大增的不愉快心理。免运费是进行购物车营销时的行之有效的策略，可以吸引更多的消费者，如卖家鼓励买家消费满 50 美元就可以享受免运费。

（2）创建“稍后结算”或“添加到收藏清单”的选项。即使对网站产品非常感兴趣，买家可能也没做好立即付款购买的准备，下单之前仍会犹豫一番。卖家若能在购物车营销时设置“稍后结算”或“添加到收藏清单”选项，给与买家去别处逛逛的自由，等他货比三家并仔细考虑之后，就会回来购买原先加购的产品了。

（3）借助“提醒邮件”，友善提醒并再定位买家。在 DHgate 平台上，卖家失去了与买家成交的机会，除了买家持观望态度之外，有时仅仅因为他们忘记了购物车里的商品。因此，卖家可以采用邮件营销的方式，经常向买家发送提醒信息，并附送诸如免运费或折扣码的优惠，促使客户去查看购物车，促使买家爽快地付款结账。事实证明，假如卖家提供折扣，54% 的购物者会为购物车里的商品付款。

（4）提供即时客户服务。找不到卖家的联系方式，会让加入购物车产品的买家很抓狂，从而导致购物车弃置。卖家应该确保店铺的联系方式对买家便利可得，同时提供即时聊天方式，为买家在做出最终的购买决定之前解答有关产品的任何疑问。

3. 使用购物车营销的注意事项

平台卖家在创建购物车营销活动时，要注意以下几点。

（1）卖家创建购物车营销活动以 SKU 维度进行，当“A” SKU 活动未结束前，不能重新创建“A” SKU 新的购物车营销活动。

（2）每次发起活动的最低时长为 24h，单个活动最长不能超过 168h。

（3）购物车营销活动的减价是在所有促销活动的基础上进行的，计算顺序为：平台打折 > 店铺限时限量 > 全店铺打折 > 店铺满减 > 店铺优惠券 > 购物车营销。

（4）购物车营销减价不对买家的购买数量进行判断，设置时需注意减价金额。

（5）每月可以创建的购物车营销活动是有数量限制的，应该根据卖家账户级别的不同有不同的活动数量。

（6）卖家可以针对不同的买家设定不同的减价金额。

学习任务 2　维护平台现有买家 

1. 了解 DHgate 平台买家会员体系。
2. 掌握维护 DHgate 平台买家的技巧。
3. 熟悉 DHgate 平台店铺买家管理 SCRM 工具。

1 学时。

企业情景引入

二八定律是小李上大学时学到的一个重要的专业理论。小李觉得，跨境电商企业的客户关系管理领域依然逃不脱这个定律。相比于挖掘潜在客户，维护现有客户对于维持店铺稳定的利润至关重要。除了借助平台的买家会员体系了解买家的基本情况，小李发现 DHgate 平台 2019 年刚上线的一款店铺买家管理 SCRM 工具，或许可以帮他解决客户关系管理的问题。

客户，向来被现代企业视为最重要的资产，对于跨境电商企业来说也是如此。客户关系管理（Customer Relationship Management，CRM）是企业运营的一项重要的工作内容，它赋予企业更完善的客户交流能力，最大化客户的收益率。DHgate 平台卖家在运营的过程中，除了熟悉平台的买家会员体系划分之外，也应该掌握维护买家的技巧，以增强买家对店铺的黏性，使其成为店铺的忠诚客户。

知识点 1：熟悉平台买家会员体系

DHgate 平台于 2016 年推出了新的买家会员体系，旨在与平台卖家携手更有针对性地服务好平台买家。新的会员体系对买家等级进行了重新划分，根据经验值将之前的 VIP 和非 VIP 两个级别划分为更细致的 6 个等级，各级买家享受到差异化的服务。新会员体系的 6 个等级划分标准如图 7-13 所示。

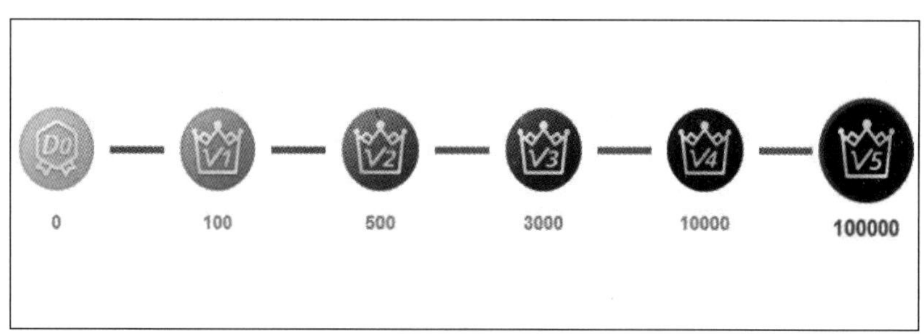

图　7-13

如图 7-14 所示，DHgate 平台对买家的等级划分基于买家的三项经验值，即下单数量、下单金额与给订单留评价。不同等级的会员享受不同的权益，级别越高，享受的权益越多。原有的 VIP 买家主要集中在 V4、V5，平台卖家可借此甄别优质买家，重点关注这两类买家。其中，针对第三项经验值，在每一笔交易完成之后，卖家可以鼓励买家多给订单好评，在为他们提供优质的售后服务的同时，也帮助买家升级到下一级买家行列。

Loyalty Score Breakdown

Factor	Description
Purchase History	The value of completed orders
Frequency of Orders	The number of purchase orders made
Product Reviews	The addition of reviews to purchased products

图　7-14

目前，DHgate 平台也在不断增加更多的权益吸引买家升级中，帮助平台卖家提高买家对店铺的黏性，最终提升买家的整体平台购物体验。

知识点 2：维护平台 B 类买家的技巧

除了依据买家的经验值设立买家会员体系之外，DHgate 平台又根据买家的性质将买家分为 B 类买家与其他类型买家两大类。B 类买家是 Business Buyer 的意思，即有长期合作意向的海外零售商或公司采购型买家，他们有稳定和长期的采购需求，在人均交易额贡献、人均下单量、平均客单价和活跃度方面均高于其他类型买家。因此，维护好此类买家会给卖家带来源源不断的回头客和大额订单。以下是维护管理 B 类买家的一些技巧：

（1）良好的沟通：B 类买家因订购量或客单价较高，订购频次更高，建议卖家关注此类买家的询盘及站内信，与之建立良好的沟通，从而在与其他店铺的比较中取得优势，保障长期的合作。

（2）更多的折扣和优惠：B 类买家在下单时，可以予以一定的折扣或优惠券，增加买家的黏性，有利于培养成忠实客户。

（3）优质的物流：B 类买家会根据当地的实际情况采购商品，买家可以在成本允许的范围内升级买家所选择的物流方式，如升级为派送周期更短的物流方式，以便于买家在当地更为快速的销售与后期的持续采购。

（4）及时的货物跟踪：货物发出后，卖家需要及时监控物流派送情况，如遇有延误或者扣关等异常，主动联系买家告知物流更新信息，合力寻求最佳的解决方案。

（5）纠纷的及时处理：由于 B 类买家在平台的交易量较大，对平台的政策也较为熟悉，当与 B 类买家发生纠纷后，申请平台介入协助处理的周期会缩短。因此，建议卖家以积极的态度与该类买家沟通，双方尽量在协议纠纷阶段达成一致，以免纠纷进一步升级。

知识点 3：了解平台店铺买家管理 SCRM 工具

2019 年 7 月 5 日，DHgate 平台上线了一款店铺买家管理 SCRM 工具。该工具主要涵盖四大主要功能：买家标签分组、店铺营销拓展、营销活动统计以及店铺会员分级，如图 7-15 所示。

图　7-15

（1）买家标签分组功能：平台卖家可以全方位关注在其店铺进行加购、店铺浏览、收藏等潜在的客户群体行为，并掌握店铺成交客户的特点，创建 20 种更精准的共性客户分组，如图 7-16 所示。

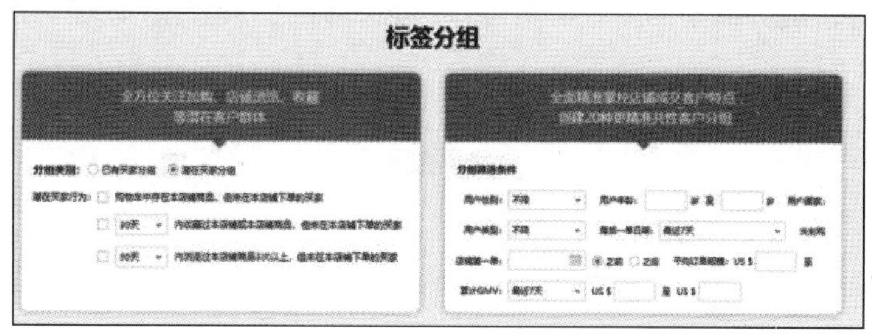

图　7-16

（2）店铺营销拓展功能：平台店铺的优惠券可以精准触达绑定买家账户，智能选择结算，如图 7-17 所示。

图　7-17

（3）营销活动统计功能：平台卖家可全面掌握优惠券、活动预告信息发送时间、发送量、关注人数等，如图 7-18 所示。

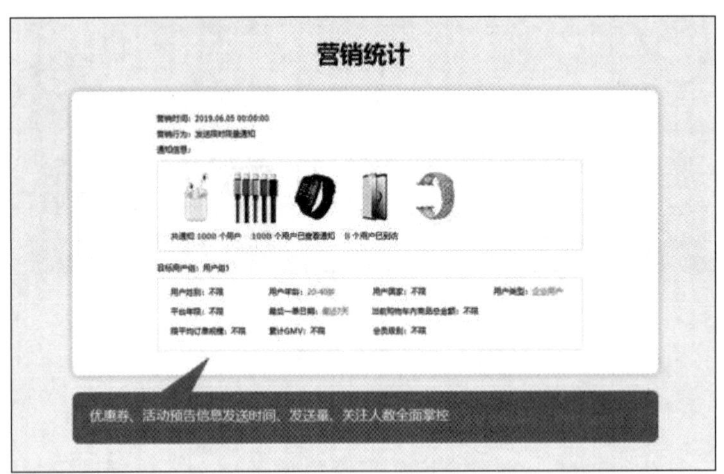

图　7-18

（4）店铺会员分级：店铺可依据成交买家的历史购物 GMV、购物频次等筛选挖掘高价值客户。可针对价值贡献不同划分会员等级，提供店铺会员折扣，促进买家复购，如图 7-19 所示。

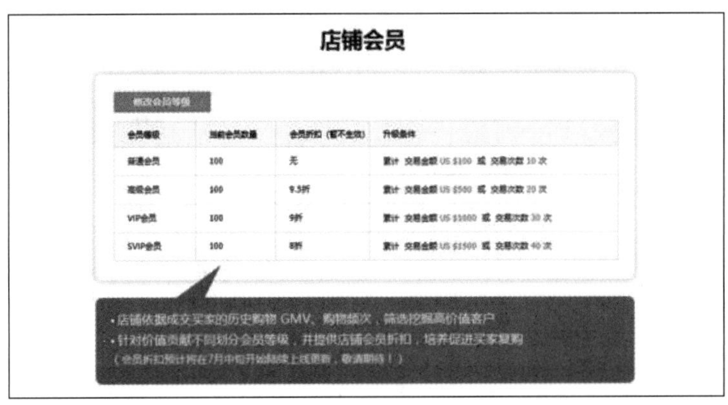

图　7-19

尽管 DHgate 平台推出店铺买家管理 SCRM 工具时间不长，但是对于平台卖家来说却是一款极具实用性的客户关系管理软件，有助于卖家开发潜在客户、维护现有客户。平台卖家可以充分利用这一工具，对买家开展有针对性的营销，助力店铺出单，提升买家对店铺的满意度与忠诚度。

成功故事分享

新模式、新商机，外贸品牌如何挖掘海外潜在客户

“DHgate 平台为 Ruby Red 娃娃提供面向海外的平台，能够更快地设立快捷的对外电子销售，这是一个非常好的模式，对我们这样的传统外贸企业的国际销售渠道将是一个很

好的补充和拓展。”Ruby Red 中国市场部的 Maggie 说。

Ruby Red 是一家颇有艺术气息，蕴含着深厚文化与时尚元素的企业。这里诞生的是 Ruby Red 娃娃，高端艺术收藏玩偶！除了为 BJDs（球关节娃娃）赋予复古而又时尚的独特魅力外，还有其他各类品牌娃娃，典雅、别致的、限量版时尚服装、假发、鞋子、首饰和配件系列。

“我们的娃娃不是小孩子的玩具，是定位于 18 岁到老一直陪伴和寄托感情的人偶，是生活和艺术的结合。”Ruby Red 中国市场部的 Maggie 说起自己工作多年的企业和生产的产品，如同展示自己的得意之作。Ruby Red 品牌于 2008 年在美国正式诞生，经过多年的努力，品牌已在欧美、东南亚等地区形成较大的市场网络，在世界各地致力于开展娃娃商品业务和探索一切有关的事项。“我们一直在努力为每一个娃娃迷和收藏家带来高质量的愉悦体验。”

在面对海外客户的销售经验上，Ruby Red 已拥有超过多年的经验。以诚待人是企业特别看重的经营之道。“古有‘三顾茅庐’，而我们的企业创始人为了获得一位非常值得的客户合作，曾有‘十顾德国’的经历。多年外贸市场奋斗的经验给我们最深的体会就是，与客户的用心沟通与交流很重要。所以 Ruby Red 特别注重实时的回询和所有订单细节的精细化严格要求。”从 Maggie 的介绍可以感受到企业从上而下对产品精益求精的态度。由于长期注重产品的高质量，并保证供货及有效的运送安排配合，Ruby Red 娃娃在国际市场上亨有相当的名气也是必然的。

Maggie 说，我们企业有一个与众不同的观点，别人认为最挑剔的客户是最好的老师，而我们认为，那个什么都不说就跑掉的客户其实是我们最好的老师，所以我们总是想方设法去问出他们的不满意在哪里，然后改进。

就是凭着这样一份韧劲与诚恳，Ruby Red 一点一滴地“磨”出了国际市场，如今，当互联网创新模式的商业大潮奔涌而来时，Ruby Red 对互联网电子商务平台产生了深厚的兴趣。通过一个外国友人的极力推荐，Ruby Red 成功注册成为外贸电商平台 DHgate 的卖家，开始探索新鲜的“触电”体验。

2008年

- 主营高端艺术收藏玩偶，还有典雅、别致的限量版时尚服装、假发、鞋子、首饰和配件系列产品，Ruby Red娃娃在国际市场上享有相当的名气
- 拥有超过30年的传统海外渠道销售经验
- 2008年创立“Ruby Red”品牌

2012年

- 当互联网创新模式的商业大潮奔涌而来时，Ruby Red对电子商务平台产生了深厚兴趣
- 通过一个外国友人的极力推荐，Ruby Red成功注册为DHgate平台的卖家，开始探索新鲜的“触电”体验

2013年

- Ruby Red公司正在向多元化发展，除传统的假发、娃娃工艺品之外，还在发展时尚服装与鞋类产品的设计与生产，已同许多著名的设计师合作，做高端定制服务
- 未来也将会有更多的产品“传”上敦煌，网“播”全球

“DHgate 平台为 Ruby Red 娃娃提供面向海外的平台，能够更快地设立快捷的对外电子销售，这是一个非常好的模式，对我们这样的传统外贸企业的国际销售渠道将是一个很好的补充和拓展。DHgate 平台提供的主要是外贸交易平台，在外贸电子商务领域已做得比较成熟，同时其抓住 Facebook、Youtube、Pintrest、Google+ 等做推广的“小区化营销”热门营销手段，也是电商与客户互动沟通、客户服务的新渠道。这些都很契合 Ruby Red 娃娃的推广方向和潜在客户挖掘的需求。”

“而且，随着 DHgate 平台在整合物流和海外仓库方面有更多、更及时的服务体系，如近期推出的‘仓库发货’和美国线国际 e 邮宝两项服务，使卖家在 DHgate 平台上的物流成本大幅降低，海外买家也能更快地收到货物，对参与其中的各方都有益处，这也是我们非常看重的。”随着 Ruby Red 娃娃在 DHgate 平台品牌专区进行良好的展示和推荐，开始获得很多认可高质量产品的买家的关注。

面对如今传统企业的纷纷转型，Maggie 认为，传统外贸企业应该去尝试不同的平台，Ruby Red 正在以学习的心态，去体会 DHgate 平台为企业带来的不同的市场空间、信息与服务，让更多的国外买家通过电子商务平台为Ruby Red娃娃找到真正懂得欣赏她的“主人”。

目前，Ruby Red 公司正在多元化发展，除了传统的高端 BJDs 娃娃、假发、娃娃工艺品之外，还在发展时尚服装与鞋类产品的设计与生产，已同许多著名的设计师合作，做高端定制的服务。未来也将会有更多的产品“传”上敦煌，网“播”全球。

资料来源：https：//seller.dhgate.com/story/c_28508.html#cms_storywaimao-list-15。

一、选择题

1.DHgate 平台买家的类型有（　　）。

A. 个人消费者　　B. 中间商

C. 公司采购商　　D. 团购商

2. 买家在 DHgate 平台上购物时的担忧有（　　）。

A. 交易的安全性　　B. 退换货程序麻烦

C. 发错商品　　D. 运费高昂

3. 使用购物车营销时，平台卖家应该注意（　　）。

A. 每次发起活动的最低时长为 24h，单个活动最长不能超过 168h

B. 卖家可以针对不同的买家设定不同的减价金额

C. 每月可以创建的购物车营销活动是有数量限制的，应该根据卖家账户级别不同有不同的活动数量

D. 购物车营销减价不对买家购买数量进行判断，设置时需注意减价金额

4.DHgate 平台买家会员体系对平台买家的划分基于（　　）经验值。

A. 下单数量　　B. 下单金额

C. 差评率　　D. 给订单留评价

5.DHgate 平台店铺买家管理 SCRM 工具拥有（　　）功能。

A. 买家标签分组　　B. 店铺营销拓展

C. 营销活动统计　　D. 店铺会员分级

二、简答题

1. 平台卖家应该如何消除买家在 DHgate 平台上购物的担忧?

2. 平台卖家回复买家询盘信息的技巧有哪些?

3. 如何将平台买家的未付款订单转化为成交订单?

4. 平台卖家使用购物车营销时有什么技巧?

5. 平台卖家如何维护店铺中的 B 类买家?

三、案例题

周先生是 DHgate 平台上的一个服饰卖家，每日订单量不过百。前段时间，他的一个意大利老客户在店铺里下了一套西服订单。周先生像往常一样，以最快的方式备货，最迅捷的物流方式发货，一周之后买家顺利地收到了西服。刚签收没多久，该买家通过站内信投诉西服的码数偏小，希望周先生能重发一套。而周先生认为，该买家之前买过他家不少西服，对店铺里服饰的尺码大小很清楚，而且商品详情页上也标注了每套西服的具体尺码。

他觉得这位买家的要求有些无理，读完站内信后也未及时回复对方的信息。请分析：

（1）这位意大利买家的要求是否合理？

（2）周先生该如何处理双方之间的分歧，不至于最后失去这位老客户？

四、实训题

请应用 DHgate 平台店铺买家管理 SCRM 工具，对店铺中的买家进行分类分析，并总结开发新买家与维护老买家的技巧。

开发与维护 DHgate 平台买家考核评价表

序号	评价内容	得分 / 分			综合得分 / 分
		自评	组评	师评	
1	对开发平台潜在买家与维护现有买家技巧的掌握程度				
2	对购物车营销的掌握程度				
3	对 DHgate 平台店铺买家管理 SCRM 工具的了解程度				
合计					

注 综合得分 = 自评 ×30%+ 组评 ×30%+ 师评 ×40%。

学习项目 7　总结与评价

建议学时

1 学时。（用来总结本学习项目各任务的学习、总结等情况。）

总结与评价过程

一、汇报总结

序号	汇　报　人	值得学习的地方	有待改进的地方
1			
2			
3			
4			
5			
6			

二、综合评价

1. 专业能力评价

序　　号	项目名称	得　　分
1	学习任务 1	
2	学习任务 2	
综合得分		

注 综合得分为本学习项目中各学习任务得分的平均值。

2. 职业素养能力评价

序号	评价内容	评价标准	得分 / 分			综合得分 / 分
			自评	组评	师评	
1	平台的熟悉度	能否了解 DHgate 平台买家的购买行为				
		能否熟悉 DHgate 平台店铺卖家 SCRM 工具				
2	平台实操能力	能否将平台买家的询盘或者未付款订单转化为成交订单				
		能否熟练使用购物车营销				
3	学习态度	上课是否认真听讲、勤于思考、独立钻研				
		课后是否认真完成老师布置的各项任务				
4	团队合作能力	是否积极配合团队的成员				
		是否对团队做出积极的贡献				
综合得分						

3. 综合得分

学习项目 1 综合得分 = 专业能力评价得分 ×60%+ 职业素养能力评价得分 ×40%+ 创新素养能力评价得分。

注：创新素养能力是指学生在学习的过程中提出的具有创新性、可行性的建议的能力；创新素养能力评价得分，满分 10 分（由老师根据表现评定），为加分项。

学习项目 8 做好售后服务与纠纷处理

在跨境电商订单的执行过程中，卖家完成了发货，并不意味着交易已经结束。卖家还需要提供发货之后的一系列服务，如物流跟踪服务，以保证买家及时查询包裹信息、顺利收到货物，同时主动邀请买家收货之后留下评价，提升店铺账号的运营效果。纠纷在跨境电商交易中不可避免，DHgate 平台的卖家有必要了解平台的纠纷处理与退换货规则，积极响应买家发起的纠纷，并尽量把损失控制在最小范围内。

项目目标

1. 熟悉物流跟踪服务，了解物流异常状况。
2. 熟悉 DHgate 平台的买家评价体系。
3. 熟悉 DHgate 平台的纠纷处理规则与退换货处理规则。
4. 掌握处理与规避买家纠纷的技巧。
5. 了解信用卡投诉，防范信用卡拒付的交易风险。

4 学时。

学习任务 1　做好售后服务

任务目标

1. 熟悉物流跟踪服务，解决物流异常状况。
2. 熟悉 DHgate 平台的买家评价体系与申请修改买家评价流程。
3. 熟悉 DHgate 平台的纠纷处理规则。
4. 熟悉 DHgate 平台的退换货处理规则与流程。
5. 掌握处理与规避买家纠纷的技巧。

建议学时

2 学时。

企业情景引入

每年一度的圣诞销售旺季，是最令跨境电商卖家们激动的时候了。身为新手卖家的小李，打开自己负责的 DHgate 平台卖家账号，每天看到今日新单一栏里“嗖嗖”往上升的数字，心中升起一股满满的成就感。这个时候，经理提醒他，圣诞旺季订单量大增，更要注意售后服务，要及时跟踪订单的物流信息，避免买家发起不必要的纠纷。经理还让他多了解一下平台的纠纷处理规则，做到有备无患。

老师讲

知识点 1：提供物流跟踪服务

物流跟踪（Logistics Tracking）原是物流企业跟踪内部物品流向的一种手段，在跨境电商的大环境下成为免费向客户开放任其查询的一种增值服务。

1. DHgate 平台物流跟踪的渠道

发货后，平台卖家应该与买家随时保持沟通，确保买家能够及时查询自己的订单物流信息，顺利地收到包裹。平台卖家和买家跟踪物流信息主要有以下三种渠道。

（1）在订单状态中的已发货订单查看物流状态，并通过站内信告知买家，如图 8-1 所示。

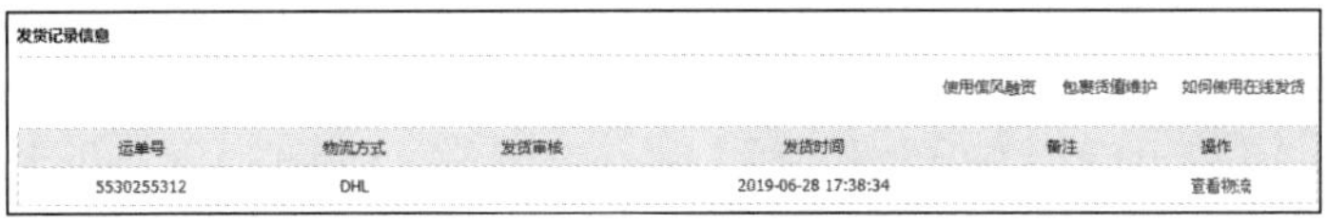

发货记录信息

使用信风融资　包裹货值维护　如何使用在线发货

运单号	物流方式	发货审核	发货时间	备注	操作
5530255312	DHL		2019-06-28 17:38:34		查看物流

图　8-1

（2）在货运公司的官网上查询，如某订单号在 DHL 官网的查询结果，如图 8-2 所示。

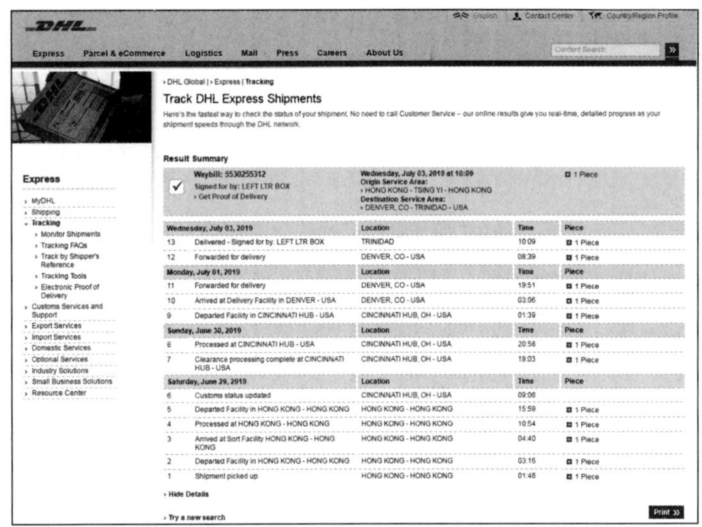

图　8-2

（3）在目的国的邮政官网上查询，如图 8-3 所示。

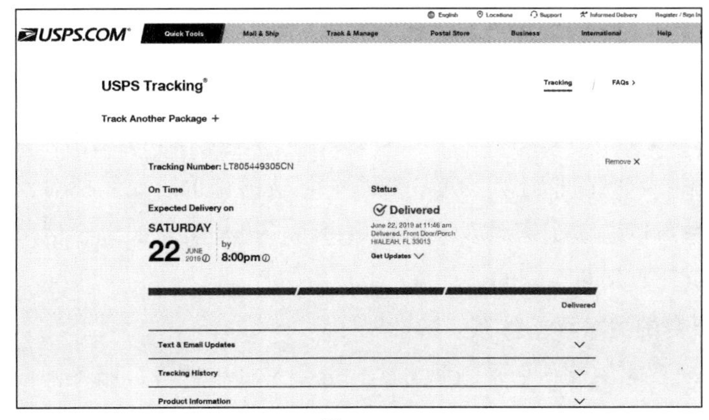

图　8-3

2. 平台卖家对物流异常的及时跟踪与解决办法

国际物流运输途中，常常会出现一些意想不到的状况，如某个国家近期遭遇了暴风雪灾害，导致许多当地物流派送延误。物流的快慢不仅影响平台买家的购物体验，还直接关系到平台卖家的店铺评分。因此，订单发货之后，卖家应该时刻关注物流动态，追踪物流信息，主动联系买家，将所获取到的最新物流信息告知买家，这么做是为了更好地服务于买家，而且可以避免因异常物流处理不及时导致买家不满意而产生纠纷、退款或者差评的情况，这样既影响卖家的店铺评分，又会造成一定的经济损失。当出现下列 6 种异常物流情况时，平台卖家应该及时采取相应的方法处理。

（1）包裹上网速度慢。正常的物流渠道从揽收货物到有第一条物流信息需要 1 ～ 2 天，具体还要看货代公司。如果上网速度慢，建议卖家及时更换物流企业，或者多对比几家，择优而选。

（2）货物被海关扣押。遇到海关加强管制，货物可能会停留在海关审查几天，这时卖家可以给买家发一封邮件说明情况并请求耐心等待，毕竟出关速度是不可控的因素。如果确认货物最后被海关扣押，应尽快做好重发或者退款的准备。

（3）天气、灾害等不可抗力因素。冬季由于各地可能遭遇暴风雪等自然灾害，导致出现航班取消、铁路封闭导致物流运输延误的情况，卖家需要及时通知买家并跟进后续物流动态。

（4）节假日物流延误。遇到春节、劳动节、国庆节等法定节假日，物流公司没办法及时揽收，要告知买家具体的放假时间以及上班时间，并表示假期一结束就发货。

（5）货物无故丢件。卖家可能会碰到包裹突然没有了物流信息更新的情况，在与物流公司核实丢包之后，应尽快联系买家，决定是重发还是退款。

（6）投递时间过久。物流公司需在一定的时间内提供包裹最后一程的投递信息，如果时间太久，卖家应及时联系买家处理，只要卖家的服务无可挑剔，就算再没耐心的买家也会理解的。

知识点 2：邀请买家评价与修改买家评价

客户评价（Review）是收到商品后买家对卖家的整体服务和所购买的商品做出的反馈，包括买家对整体服务、商品描述、沟通、物流、运费的评价，还包括对已购买产品的评价和反馈。评价体系可以通过买家对卖家的有效评价，提升卖家的综合信用水平，卖家也可以通过买家的评价分数判断买家的诚信度。

1. DHgate 平台的买家评价体系

DHgate 平台对买家的评价做了三种分类，分别是订单评价、服务评价与商品评价。

（1）订单评价。订单评价分为好评、中评、差评，根据三种评价分数计算好评率。

不同级别的买家，给出的评价加权计算，所有 VIP 买家的评分翻 2 倍计算。因此，VIP 买家的评价将会加倍地影响到卖家的好评率。好评率计算公式为

$$好评率=\frac{\text{VIP好评}\times 2+\text{普好评}\times 1}{(\text{VIP好评}+\text{VIP差评})\times 2+(\text{普好评}+\text{普差评})}$$

（2）服务评价。DHgate 平台根据买家对实物描述的相符程度、卖家的沟通容易程度、交付时间、运费，将服务评价分为 1 星、2 星、3 星、4 星、5 星（1 ～ 5 分）。主营行业判定标准以卖家成交额最高（以确认订单的成交额为准）的一级类目判定为主营行业。

服务评价行业平均得分（即行业平均得分）的计算规则如下。

1）当卖家的主营行业得分大于等于同行业平均分时，计算规则为：卖家的店铺得分 － 同行业平均分。

2）当卖家的主营行业得分小于等于同行业平均分时，计算规则为：同行业平均分 － 卖家的店铺得分。

平台将显示卖家的主营行业及其得分，同时显示卖家得分与行业平均值的差值，行业平均分数取 12 个月前的数据，每月刷新一次。

（3）商品评价。DHgate 平台将买家对卖家的商品评价分为 1 星、2 星、3 星、4 星、5 星（1 ～ 5 分）。商品评价是买家在订单完成后对所购产品的评价，包括对产品的打分（1 ～ 5 分）和一段简短的文字描述。商品评价是广大买家对所购产品的客观评价，能够帮助其他买家更加深入地了解产品，也是卖家查看产品反馈信息的重要途径，可以帮助卖家更好地调整自己的产品线，剔除反馈不好的产品，增加广受买家欢迎的产品。

2. DHgate 平台的评价规则说明

卖家在邀请买家给出订单评价或者对买家交易行为进行评价时，要熟悉 DHgate 平台的评价规则说明。

（1）在不同的订单状态之下，凡是买家确认收货、交易成功、交易关闭的订单，买家均可以留下评价，并计入评价分数。

（2）在买家给出订单评价后 30 天内，卖家也可以对买家针对此次交易行为进行评价。

（3）在买家给出商品评价后，买家可对买家给出的商品评价进行回复，但仅限订单确认收货后 120 天内，该回复内容也会显示在产品最终页，其他浏览产品的买家也可以看到。

（4）买家可在订单确认收货后 90 天内对卖家的商品和交易服务同时进行评价，超过 90 天订单评价系统默认为好评，但是商品评价不自动好评。

3. 对买家评价的修改

如果卖家对买家的评价不满意，或者有异议，可和买家协商，如买家同意，则可以单击“申请修改”按钮，系统向买家发送修改邀请。从卖家发起修改申请后的 15 天内，买家可以对已作出的评价进行修改或删除，超期则不允许操作，系统会有倒计时提示。

（1）修改买家评价的规则。每个评价只能修改一次或者删除一次，删除后不可恢复，

也不可再次评价，如以前回复过此评价，删除后回复内容随之被删除。订单评价只能从低级评价修改为高级评价，可有以下几种操作。

1）原评价为差评，修改为中评和好评。

2）原评价为中评，修改为好评。

3）原评价为好评，不可以进行修改。

买家进行评价修改时可以输入新评价的内容，覆盖原有评价。

（2）申请修改买家评价的流程。

1）卖家可以在店铺后台的“评价管理”页面，单击“申请修改”按钮申请修改评价，或者在订单的“详细信息”页面，选择“来自买家的评价”，单击“申请修改”按钮申请修改评价，如图 8-4 所示。

图 8-4

2）卖家在申请修改评价提交之后，系统将会发送站内信给买家确认是否同意修改评价，如图 8-5 所示。

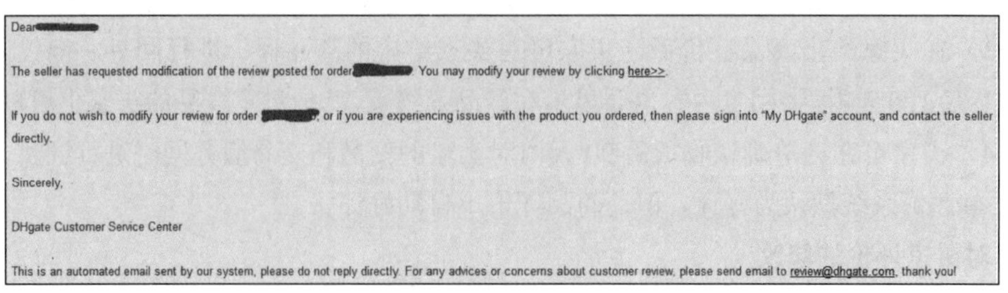
Dear [redacted]

The seller has requested modification of the review posted for order [redacted]. You may modify your review by clicking here>>.

If you do not wish to modify your review for order [redacted], or if you are experiencing issues with the product you ordered, then please sign into "My DHgate" account, and contact the seller directly.

Sincerely,

DHgate Customer Service Center

This is an automated email sent by our system, please do not reply directly. For any advices or concerns about customer review, please send email to review@dhgate.com, thank you!

图 8-5

3）买家登录后台“My-Orders—Reviews”找到相应的订单进行修改或删除，如图 8-6 所示。

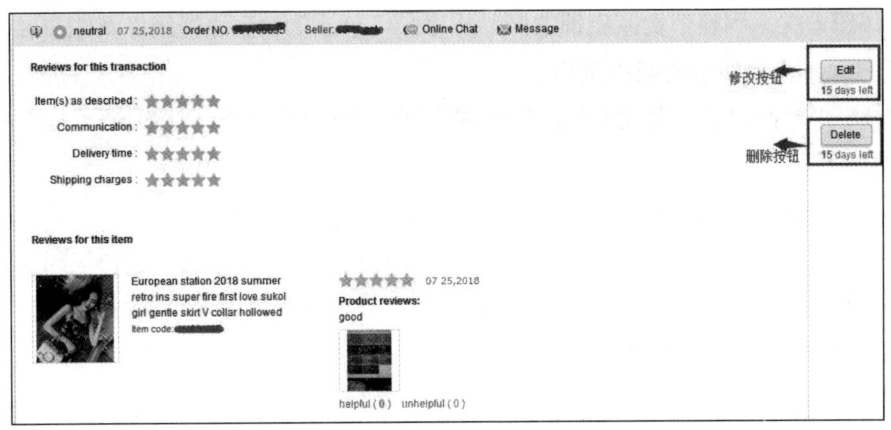

图　8-6

知识点 3：认识平台纠纷处理机制

纠纷是跨境电商企业在运营过程中面临的一大难题，卖家们唯恐避之不及。DHgate 平台卖家有必要清楚平台的纠纷处理机制，尽量避免买家发起平台纠纷。当买家发起纠纷时，卖家能够主动积极地去处理，将损失降到最小。

1. 平台纠纷的三个阶段

买家在 DHgate 平台交易过程中未收到货物或对于收到的货物不满意时，可提起退货或退款申请，纠纷随之产生。纠纷的处理流程分为以下三个阶段。

（1）协议纠纷：买家发起退货或者退换、退款申请后，买卖双方自主协商的纠纷。

（2）平台纠纷：买卖双方未协商一致，买家主动将协议纠纷升级或系统自动升级，由调解中心处理裁决的纠纷。

（3）售后纠纷：买家在订单完成放款后发起的纠纷，由 DHgate 平台纠纷调解中心处理裁决的纠纷。

2. 买家发起协议与纠纷对卖家账户的影响

在 DHgate 平台上，纠纷一旦处理不当，不仅会给卖家造成巨大的经济损失，整个店铺的经营也会大受影响。平台买家发起的协议和纠纷对卖家账户的具体影响如下。

1）当买家因没有收到货物或对产品不满意发起协议时，此阶段视为买卖双方协商解决的阶段，还不是平台纠纷，平台工作人员不会介入，也不会计算卖家纠纷率。卖家在此阶段要尽量和买家协商解决问题，避免协议纠纷升级为平台纠纷，进而影响卖家账号的纠纷率数据。

2）当买卖双方协议不成功，买家投诉到平台形成平台纠纷以后，平台纠纷专员将介入协助买卖双方解决问题，此阶段视为“纠纷阶段”，由此纠纷引起的退款将影响到卖家的退款率，其中纠纷专员判断责任方为卖家的会计算卖家的责任纠纷率。

3）纠纷率关系到整个卖家店铺的产品排序、订单放款、商户评级以及账户经营等。

3. DHgate 平台纠纷的裁决流程

DHgate 平台制定了一套完善的纠纷处理规则，不同的纠纷分类必须适用相应的裁决流程，具体如下。

（1）协议纠纷的裁决流程。

开启时间：卖家填写货运单号后的 5 ～ 90 个自然日内，买家可发起协议纠纷。

开启原因：“未收到货”“货物与描述不符”“虚假运单号”“无理由退货”。

开启方案：协议纠纷阶段，买家可提出的协议内容包含部分退款、全额退款、退货退款、重新发货等。

处理流程：买卖双方将有 10 个自然日协商解决方案，卖家须在协议纠纷开启后的 5 个自然日内对买家的退货 / 退款申请做出回应（同意 / 拒绝），如逾期未回应，系统将自动按照买家的申请执行退款。在协商期内，如卖家同意买家方案，即买卖双方协议达成，系统将按照协议内容执行；若卖家拒绝，需同时提交新的解决建议。如买卖双方未在 10 个自然日内达成一致，系统自动升级至平台裁决。

特殊状况：若卖家设置了承诺运达时间，则在承诺运达期内，买家无法开启“未收到货”的投诉。

（2）平台纠纷的裁决流程。

开启时间：VIP 买家可在协议纠纷开启后的 3 ～ 10 个自然日期间请求平台介入，非 VIP 买家可在协议纠纷开启后的 5 ～ 10 个自然日期间请求平台介入或协议阶段买卖双方未在 10 个自然日内达成一致，系统自动升级至平台介入裁决。

开启原因：“未收到货”“货物与实际描述不符”“虚假运单号”“无理由退货”。

处理流程：升级平台纠纷后，买卖双方需在 3 个自然日内上传有效的证据至纠纷系统，调解中心将根据买卖双方提供的证据内容判定责任方并出具裁决结果。若证据充足，则直接给出裁决结果；若证据不足，则限期双方提供补充证明，平台将根据双方提供的所有证明判定责任方并出具裁决结果。如任何一方未提供补充证明，平台会按照现有的证明给出裁决意见并进入申诉期。

特殊情况：假如开启原因为未收到货及虚假单号的订单，系统自动做出全额退款的预裁决，卖家可在 3 个自然日内同意或者拒绝，如未做任何操作，系统将自动执行退款；如卖家拒绝并且上传证据，该纠纷会升级至调解中心由平台做出裁决。买家请求平台介入的纠纷，在调解中心给出裁决意见前，买卖双方仍可进行协商。

（3）售后纠纷的裁决流程。

开启时间：买家可在订单完成放款后的 30 个自然日内发起纠纷（VIP 买家 60 个自然日内发起）。

开启原因：“其他原因（未收到货）”“货物与实际描述不符”。

处理流程：平台纠纷的裁决同样适用于售后纠纷。若卖家产品设置了售后服务条款，当买家发起纠纷时，调解中心将参考卖家售后服务条款进行裁决；若卖家所设置的售后服务条款与产品描述页的售后服务承诺不符，调解中心将以最有利于买家的条款执行；若卖家所设置的售后服务条款与平台纠纷处理细则相悖，调解中心将按照平台纠纷处理细则执行。

4. 退换货处理规则与流程

买卖双方主动达成退换货协议或平台做出退货、退款的处理结果后，双方须按照如下要求配合 DHgate 平台执行协议。

（1）卖家的配合义务。

1）卖家应在收到平台处理结果后的 5 个自然日内提供真实、有效的退货地址，如逾期未提供，平台将按照卖家后台设置的“默认退货地址”执行操作；如逾期未提供退货地址且未设置默认退货地址，平台将默认卖家不需要买家退货，自动执行退款。

2）买家提供有效的退货货运单号后，卖家有 30 个自然日的时间跟踪并查收退件。如卖家未在 30 个自然日内反馈未收到货或货物存在问题等情况，系统将默认卖家收到退货且需按照协议内容执行。

3）如退货后重新发货，卖家需在确认退货后或者系统默认卖家收到退货后的 7 个自然日内，重新发货并提供有效的货运单号。否则系统将默认卖家放弃协议并全额退款给买家。

（2）买家的配合义务。

1）买家根据协议约定或平台的处理结果操作退货时，需要在卖家提供了退货地址后的 7 个自然日内提供有效的退货货运单号；否则系统默认买家放弃协议并关闭纠纷。

2）如退货后重新发货，在卖家提供有效的重新发货货运单号后，买家可在 90 个自然日内确认收货。

3）如买家未在卖家提供重新发货货运单号后的 90 个自然日内反馈未收到货或者货物存在问题等情况，系统将默认买家收到货物并在卖家重新发货的 90 个自然日后关闭纠纷。

（3）退换货费用承担。退换货费用包括退换货运费、清关费用及其他在货运途中可能产生的一切费用。退换货过程中所产生的风险和费用，原则上由平台裁决的责任方承担；如买卖双方均有责任，双方应按照责任的划分承担退货风险和费用；如因任意一方的不配合，或者证据不充分影响调查，DHgate 平台有权裁决不配合方为责任方。

知识点 4：避免与处理买家纠纷的技巧

买家提起纠纷，主要基于两大原因，即未收到货和货物与描述不符。作为平台卖家，根据买家投诉的主要原因和下单各阶段可能产生的纠纷点，可以采取不同的处理办法，成功应对这两大原因引起的纠纷。下面分别针对两种不同的纠纷原因，为平台卖家顺利处理与规避纠纷提供一点建议。

1. 当买家以未收到货为由发起纠纷时

首先，卖家对物流的选择很关键。选择快递方式时，务必权衡交易中的风险与成本，尽可能选择可提供实时查询货物跟踪信息的快递公司。特别需要注意的是，卖家应该杜绝虚假运单号。对于买家来说，长时间无法收到货物或者长时间不能查询到物流更新信息将会直接导致其提起纠纷。

其次，卖家要与买家及时、有效且顺畅地沟通。对买家出现的不满情绪，应该马上做出回应，与买家进行友好协商。若是买家迟迟未收到货物，在可承受的范围内可以给买家重新发货或采取其他的替代方案。同时，注意沟通技巧，关注买家的心理变化。

最后，保存有效的发货证据。对于交易过程中的有效信息，都要保存下来。万一出现纠纷，底单可以作为证据来帮助解决问题。

卖家应对买家未收到货物的纠纷时，具体建议如图 8-7 所示。

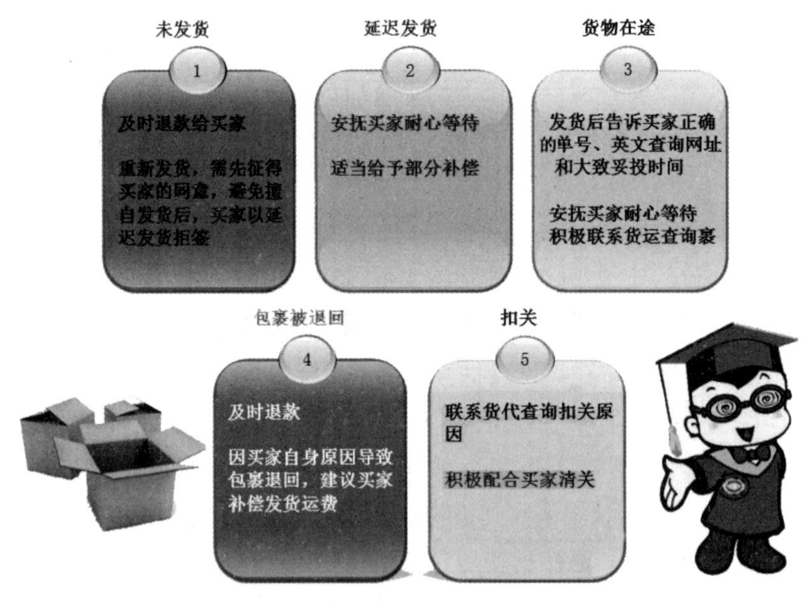

图 8-7

2. 当买家以货物与描述不符为由发起纠纷时

遇到买家投诉货物与描述不符的纠纷时，卖家应该提供真实、详细的产品描述。在买家反映收到的产品与描述不符的情况下，一定要积极响应买家的质疑，了解买家反馈的问题，核实是否有误会，尽量给买家一个满意、有效的解决方案，提高买家的购物体验。同时，调整产品展示页，避免类似情况的发生。一般来说，卖家的产品描述应该做到以下几点。

（1）产品的图片接近实物，尽量上传在自然光下拍摄的实物图，无盗图、P 图的现象。

（2）产品属性真实有效，长短描述一致，尽可能保证产品描述详细、全面，让买家了解产品的真实属性，展现自己的专业，并让买家感受到我们的用心。

（3）对于个性订制类的产品，页面展示尽可能详细地展示产品的特性。买家下单后，要及时地与买家沟通产品细节，避免双方理解有偏差；发货前，拍照让买家先看下成品，得到买家的首肯之后再将货物以最快的方式发出。

平台卖家在处理买家货物描述不符的纠纷时，具体对策如图 8-8 所示。

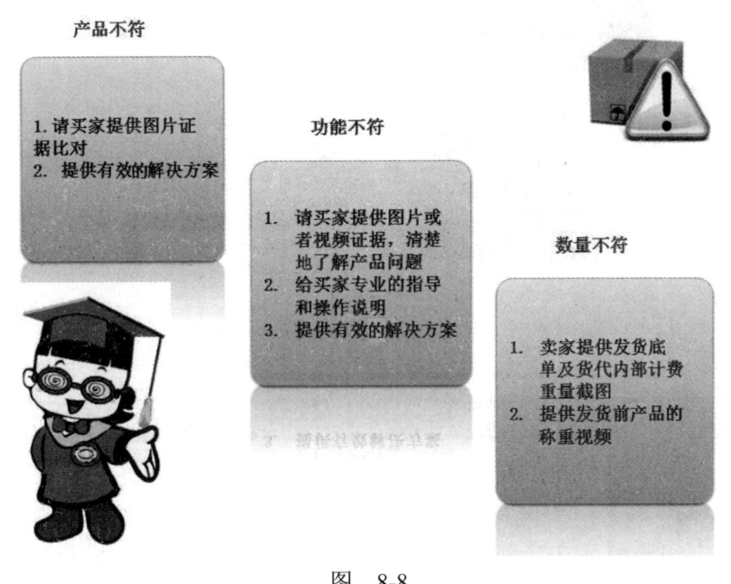

图　8-8

3. 当买家纠纷处于不同阶段时

在与买家的协议纠纷阶段时，平台卖家应该在 5 天内及时地响应买家协议，主动、积极地去解决问题，以避免纠纷升级为平台纠纷。协议纠纷要求卖家 5 天响应，是指卖家必须在 5 天内在订单纠纷中对买家的提议进行回应，如果超过 5 天未响应，系统将会自动按照买家提交的协议内容执行订单。卖家可以通过以下三种方式作出响应。

（1）同意买家提交的协议。

（2）拒绝买家的协议，提交新的协议内容。

（3）在纠纷详情中上传证据。

在证据审核阶段，卖家应该在 3 天内上传相应的证据，以供平台审核后作出对应的裁决，同时要及时关注纠纷发送的留言信息。

在裁决阶段，卖家必须及时关注退货退款，应在 5 天之内填写退货地址，在第 30 天系统自动确认收货，应在此之前反馈退货问题。

平台卖家处理不同时段的买家纠纷，具体建议如图 8-9 所示。

买卖协商阶段

•5天内响应买家协议
•积极解决问题，避免纠纷升级

证据审核阶段

•3天内上传相应的证据
•及时关注纠纷发送的留言

裁决阶段

关注退货退款的关键节点：

•5天填写退货地址并通知买家
•30天系统自动确认收货，若有退货问题需提前反馈
•买家无法主动关闭售后，若同意关闭需联系纠纷人员

图 8-9

知识点 5：平台卖家成功处理买家以货物品质缺陷为由提起的纠纷的案例

作为跨境电商的卖家，不能只是纸上谈兵，要从与国外买家打交道的过程中，学会掌握如何处理买家纠纷的技巧，慢慢总结经验教训，尽量避免买家提起纠纷。下面我们来看一下 DHgate 平台上的一个电子烟卖家如何顺利地处理一个买家因货物品质缺陷发起的纠纷。

1. 卖家处理买家因货物品质缺陷发起纠纷的详细过程

详细过程请扫描右侧二维码。

2. 本纠纷案例带给平台卖家的启示

从上面的案例中，我们可以看到该卖家成功地做到了安抚买家的情绪，使纠纷得以顺利解决，实现了买卖双赢，皆大欢喜。本案例带给平台其他卖家的启示体现在以下三个细节。

（1）积极并及时回应买家。从买卖双方沟通记录的时间来看，只要买家有提出问题，卖家总是在第一时间回复。这样能让买家感受到卖家是在真心帮他解决问题。

（2）清楚地了解问题所在，并请买家针对问题提供相应的视频证据。

（3）提供有效的解决方案。根据买家提供的视频证据，卖家承认投诉属实，并给到买家重新补发货物的建议。同时，提前告知买家因为春节假期可能导致货物发送延迟，并希望能发送一个小礼品给买家来表达自己的歉意。

学习任务 2　认识信用卡投诉

任务目标

1. 了解信用卡投诉的分类与一般流程。
2. 熟悉 DHgate 平台买家发起信用卡投诉的原因与卖家相应证据的提交。
3. 掌握应对平台买家信用卡投诉的技巧，防范信用卡拒付的交易风险。

建议学时

1 学时。

企业情景引入

经理提醒小李注意买家纠纷才没几天，这日，小李发现 DHgate 平台卖家后台显示有两个纠纷中的订单，其中一个买家直接发起了信用卡拒付，他的心一下子提到嗓子眼上。之前小李听同事提起过平台的信用卡纠纷流程复杂，要提交申诉书和各种材料，否则信用卡公司裁决卖家胜诉的概率很小。小李赶紧打开抽屉，整理了最近发货的订单运单材料，结合与该买家的站内信，针对该买家的拒付理由，开始着手写一份申诉书。

老师讲

当前，欧美国家的信用体系制度已经建设得非常完善，信用卡消费与人们的生活息息相关，使用信用卡消费关系到人们的信用记录。信用卡协会有一条规定，只要是信用卡拒付，就必定会在持卡人的信用记录上记上一笔，无论是否为恶意拒付。

根据信用卡协会的统计，信用卡拒付率仅为万分之三。假如仲裁结果是持卡人败诉，这个过程产生的所有费用都由持卡人承担，同时银行也会在持卡人的信用记录上留下污点记录，这对持卡人以后的贷款、买房、买车、医疗、工作等都会产生影响。正是因为拒付的代价比较大，所以正常的交易，持卡人一般是不会拒付的。

知识点 1：信用卡投诉

1. 信用卡查单与信用卡拒付

信用卡投诉是持卡人通过其发卡行对已经完成的交易提出质疑，分为信用卡查单和信用卡拒付两类。

信用卡查单是指买家付款完成后，为确保买家和卖家的交易安全，银行对交易资金有可疑的付款进行不定期调查或持卡人不能辨认账单上交易时，他们会向发卡行索要一份交易详情，以确定该笔交易是否是他们所为。

信用卡拒付，又称为撤款，英文是 Chargeback，是指买家要求其信用卡公司撤销一笔已结算的交易。买家可根据信用卡协会的规定与时限，向其发卡方提出撤销款项的申请。一般的情况是持卡人在收到信用卡账单日起的 180 天内，均可发起。关于拒付，必须要了解一个概念，即持卡人不等于买家。

信用卡拒付的类型有盗卡类、货物类与其他情况，具体的拒付原因见表 8-1。

表　8-1

拒付类型	拒付原因	定　　义
盗卡类	未经授权的信用卡使用	持卡人的信用卡被盗用或受欺使用
货物类	未收到货物	持卡人没有收到货物或者未在约定时间内收到货物
	货物与描述不符	持卡人收到的物品与卖家的产品描述不符
	未收到退款	持卡人未收到退款或者曾取消订单
其他	重复扣账	持卡人对同一产品付了两次款项
	金额不符	持卡人的付款金额与产品的实际金额有出入

2. 信用卡投诉的一般流程

一般来说，信用卡投诉要经过以下 4 个步骤。

（1）持卡人在收到信用卡账单日起的 180 天内，可以向银行申请拒付账单上的某笔交易。

（2）如果银行受理，就要把从持卡人扣除的钱，退还给持卡人。

（3）如果商户不同意，会有一个调单处理，就是银行要商户提交交易的证据，由银行转交至持卡人，如果持卡人不认同，那么依然拒付。

（4）这时候，商户不服的话，可以申请第三方仲裁，由仲裁机构判定商户和持卡人到底是谁有理谁无理。

以 VISA 信用卡为例，DHgate 平台上买家发起信用卡纠纷的具体流程如图 8-10 所示。

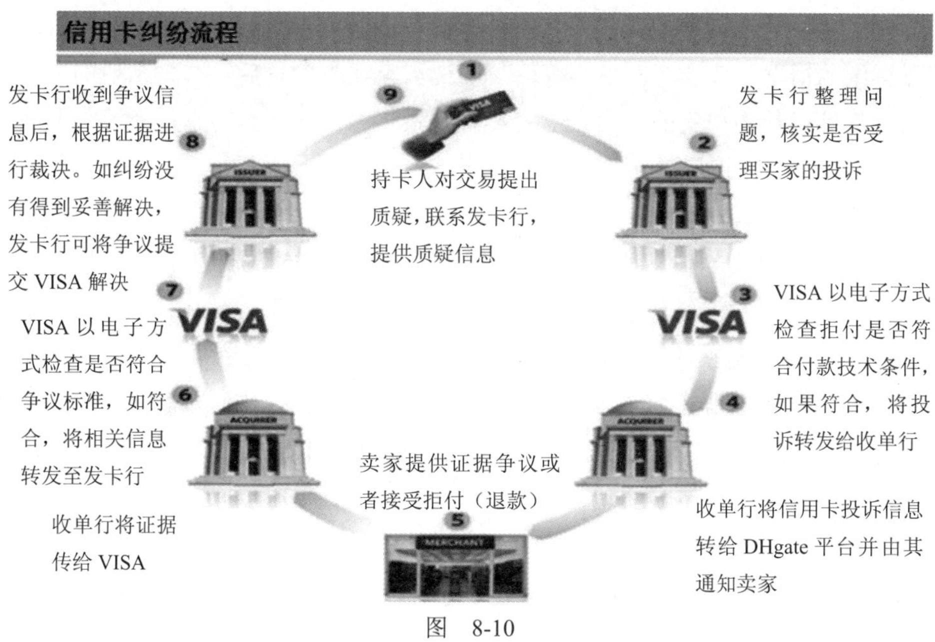

图 8-10

知识点2：平台买家发起信用卡投诉的原因与卖家相关证据的提供

当买家发起信用卡投诉时，常见的原因主要有5种：描述不符或者货不对版、未收到货、付款未授权、重复付款、退款申请未处理等。针对买家的每一条投诉理由，平台卖家可以按照DHgate平台的要求提交相应的资料，见表8-2。

表 8-2

查单、拒付理由	建议提交材料
未收到货	发货底单、买家签收单，收件人的确认收货留言或邮件
退款申请未处理	发货底单、买家签收单。如果有退款需要进行说明
未授权	发货底单、买家签收单
重复付款	发货底单、买家签收单。如果另外一笔已经发货，请同时提交两笔订单的相关资料
描述不符	产品质量认证、品牌公司授权证明、质量检测证明、此订单买家对产品满意或认可的截图，同时提供英文退货地址，平台会协助退货

1. 当买家投诉货物描述不符时

建议卖家提供各种认证证书，如CE认证、ISO质量认证、该买家对产品的好评，其他第三方质量检测证明以及买家对产品表示认可的聊天记录等。如果卖家经和买家核实确认自己的产品确实有质量问题等，可以劝说买家先退回货物，避免货款全失。

2. 当买家投诉未收到货或者退款申请未处理时

货物妥投的，建议卖家提供清晰、完整的发货底单，发货证明或者货运公司出具的签

收证明；货物在途的，建议卖家提供发货底单及发货证明，同时通过站内信等方式联系买家，告知买家详细的情况，建议买家耐心等待，劝说买家在收到货后及时联系他的信用卡公司关闭信用卡投诉；货物扣关的，卖家也要及时联系买家，确定其愿意重新等待发货，同时让其联系信用卡公司撤销拒付。

3. 当买家投诉重复扣款时

有的订单买家确实是付了两次，这种情况财务部会及时发现，平台会跟信用卡公司说明情况，与买家协商是按退款不发货还是不退款发货处理。现实中，一般卖家跟买家沟通不退款，然后按卖家赊账处理或者给买家发等值的货物抵消重复付款，这样就减少了退款率对卖家店铺可能造成的影响。对于买家非重复付款的订单而投诉重复扣款，建议卖家找到两个或者三个一样金额、一样产品的订单，并提供相应的发货证据，平台会协助卖家将证据提供给信用卡公司。

4. 当买家投诉付款未授权时

卖家遇到这种情况，首先要排除买家是恶意欺诈。如果是买家的信用卡被盗刷引起的，此时持卡人并非买家自己。如果卖家已发货，建议卖家提供发货底单等发货证据，并尽量按照提起拒付的订单上的地址信息联系并非买家的持卡人，看其是否愿意退货等，以减少卖家的损失。

知识点3：平台卖家成功申诉买家以未收到货为由提起的信用卡拒付纠纷的案例

某买家在 DHgate 平台卖家的店铺中支付了两个订单共 772 支电子烟。随后，该卖家按照买家下单的收货地址很快通过 DHL 物流发货。买家在收到货物后，却以未收到货物为由发起信用卡拒付。随后，该卖家向 DHgate 平台提交了申诉书。交易过程、申诉流程，请扫描右侧二维码获取。

分析：DHgate 平台调解中心在收到该卖家的申诉书与相关证据之后，立即转发给该买家信用卡所属的卡公司。该信用卡公司根据买卖双方提供的证据，发现该买家提供的证据有瑕疵，裁决该买家未收到货的信用卡投诉理由不存在，支持平台卖家的申诉内容，最终卖家顺利地收回货款，挽回了经济损失。

知识点4：平台卖家防范信用卡拒付交易风险的技巧

首先，在订单交易的过程中多与买家沟通，如果是正常的客户问题和诉求，如没收到货或者收到的货物有问题，应积极帮助买家解决问题，从而避免买家担心款项遭受损失而将订单纠纷升级为信用卡拒付。

其次，在交易的过程中，假如发现买家的可疑行为和不合理的要求时，如付完款后立刻要求更改发货地址是战乱和高危的国家，或者订单购买的产品与要求发货的产品不一致等，卖家要及时发邮件到 DHgate 平台风控部门进行举报，请求平台协助调查，做到发货前进行自我防范。

再次，如果买家收到货后发起了信用卡拒付，卖家要第一时间按照拒付的类型提交所有的证据进行申诉，申诉书和其他材料说明必须是英文的，证据越充分，胜诉的概率越大。

最后，卖家可以根据自己的资金预算、结合订单的旺季，考虑对某段时期的订单进行拒付投保。

成功故事分享

稳扎稳打落户敦煌，一凌宸飞用质量和服务成就批发商之路

2017 年，DHgate 平台“王牌卖家计划”启动，获得了各行业卖家的积极响应和参与。截至 11 月，经过 4 个月的运营，王牌卖家们均取得了优异的成绩。母婴产品、玩具作为 DHgate 平台提升速度较快的行业，本次王牌卖家期间，在平台流量扶持及行业经理和客户专员一对一的耐心指导下，涌现出多个优质的新卖家店铺，它们或是流量大幅提升拉动销售额，或是积累了自己固定的 B 类买家成功转型批发商。下面要介绍的北京一凌宸飞传媒科技有限公司（以下简称一凌宸飞）深受 D4/D5 买家青睐，迅速扎根 DHgate 平台的“神奇侠”。

一凌宸飞拥有强大的供应链资源、多年专业的母婴电商运营实战经验以及对母婴产品及用户购买习惯的独到见解。一凌宸飞在 2017 年 6 月 21 日入驻 DHgate 平台母婴玩具行业，入驻后迅速出单，短短两个月的时间赢得众多 D4/D5 买家的好评，目前店铺持续出单能力稳定，买家认可度高。

全新店铺在 60 多天的时间做到销售额稳步攀升，并且做到了零纠纷率。成功并不是偶然的，这一切都源于初心，是的，它们有一颗成为 DHgate 平台母婴类目品质大卖家的初心。

让不可能成为可能，让可能变为成功，一凌宸飞通过以下这些举动完成了蜕变。

1. 跟紧平台的政策和扶持

加入“王牌卖家计划”后，一凌宸飞积极地与行业经理沟通，遇到问题随时联系客户专员解决，大促期间积极配合提交产品，根据平台促销活动及时调整产品线和库存量；积极参与秒杀专场，成功地打造了店铺爆款产品，极大地提升了店铺的转化率。

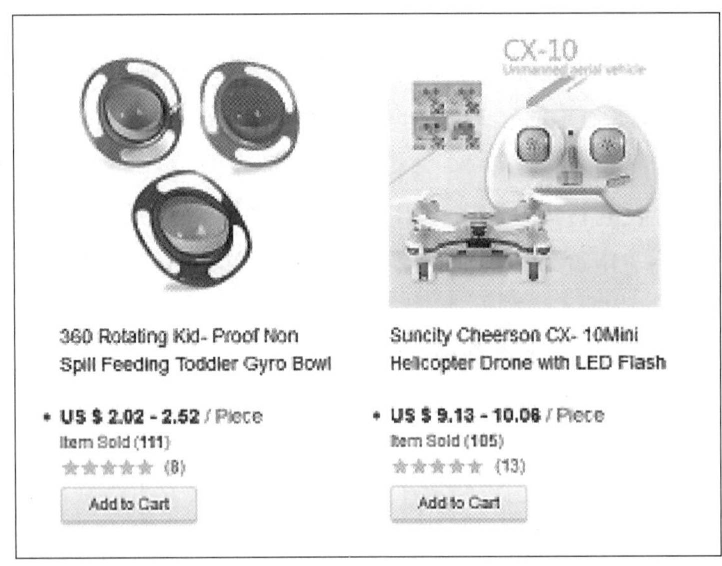

2. 定位明确，团队专业，供应链完备

公司深耕母婴全系列产品线，已整合母婴四大品类，即母婴用品、玩具、孕产、童鞋。专业线上运营人员通过多种模式，将设计创新、功能创新和营销创新的优质中国制造母婴产品推向世界，店铺美工设计精美高清，吸引了大量的买家。目前，公司拥有 200 多家供应商、多个母婴产业带，并与多个国内知名母婴品牌独家合作。

3. 细致的品质控制获得 D4/D5 买家的认可

产品把控是一凌宸飞非常重视的环节，从产品本身的质量到包装、说明书和保修卡，都能让买家感受到真心和诚意。产品包装里可以直接找到卖家的联系方式，方便问题解决，避免纠纷发生。

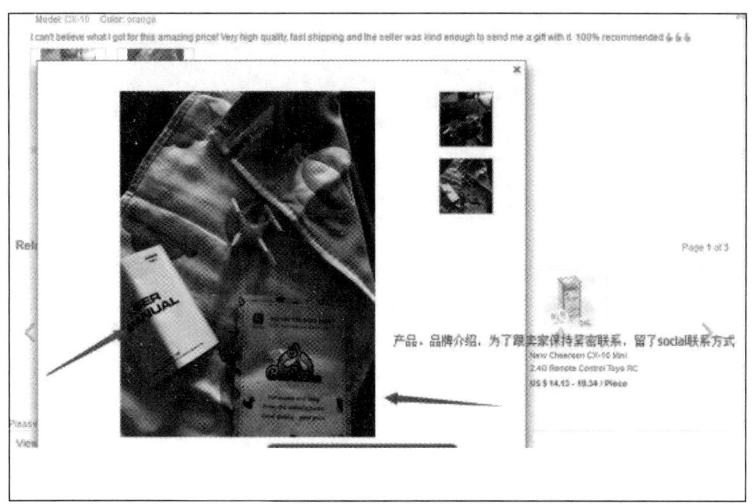

4. 优质的售后服务促进店铺转化率

公司入驻至今零纠纷率和退款率，促进了店铺转化率的稳步提升。

（1）及时回复买家咨询，保证实时效率。

（2）购物车产品在沟通时打折销售，促进更多的成单。

（3）已售出产品及时联系买家，了解买家收货后的满意度，促进买家留好评。

相信在不久的将来，一凌宸飞一定会凭借自身实力与优质服务，获得更广阔的海外发展空间。DHgate 平台也会给予更多新卖家发展与提升的空间，挖掘更多的潜力卖家，力争让王牌卖家队伍更加壮大，助力每一位王牌卖家都成长为行业的佼佼者。

资料来源：https://seller.dhgate.com/story/c_40899.html#cms_storywaimao-list-5。

一、选择题

1. 平台卖家为买家提供的物流跟踪渠道主要有（　　）。

A. 在物流信息跟踪网站上查询

B. 在订单状态中的已发货订单查看物流状态，并通过站内信告知买家

C. 在所选择的货运公司的官网上查询

D. 在目的国的邮政官网上查询

2. DHgate 平台的纠纷分为（　　）阶段。

A. 协议纠纷　　B. 平台纠纷

C. 售中纠纷　　D. 售后纠纷

3. 纠纷率对平台卖家账户的影响有（　　）。

A. 订单放款　　B. 账户经营

C. 产品排序　　D. 商户评级

4. 当平台买家发起协议纠纷时，卖家在 5 天之内及时响应的方式有（　　）。

A. 同意买家提交的协议

B. 拒绝买家协议，提交新的协议内容

C. 在纠纷详情中上传证据

D. 等待买家将纠纷升级为平台纠纷

5. DHgate 平台买家发起信用卡投诉时的常见原因有（　　）。

A. 未收到货　　B. 描述不符

C. 未授权付款或者重复付款　　D. 退款申请未处理

二、简答题

1. DHgate 平台卖家如何解决已发包裹的物流异常问题？

2. 当买家将协议纠纷升级为平台纠纷时，具体的裁决流程是什么？

3. 当订单处于退换货阶段，平台卖家的配合义务有哪些？

4. DHgate 平台对退换货费用的承担有什么规定？

5. DHgate 平台卖家如何防范买家信用卡拒付的交易风险？

三、案例题

孙先生在 DHgate 平台上从事跨境电商贸易 5 年了，从最初的单打独斗，到前年组建了一个 10 人的公司团队，创办了户外产品的独立品牌，成为平台上的一个超级卖家。目前，公司在平台上的几个卖家账号运营较为顺利，但平台买家发起的信用卡投诉仍然是孙先生的最大困扰。一旦买家发起信用卡拒付，卖家基本上处于被动的地位，就算按照平台要求

提交了各种资料证据，最后信用卡公司还是有可能裁决卖家败诉。意识到信用卡拒付导致货款两失的结果对公司的打击巨大，近日孙先生组织公司员工进行了一场讨论，号召员工们主动了解信用卡投诉常识与平台的信用卡纠纷处理流程，分析总结公司这 5 年来处理信用卡纠纷的经验与教训。因为新一轮的圣诞旺季就要到来，他希望员工们能够做好充分的准备，为公司的年终利润再上一个台阶贡献力量。请分析：

（1）DHgate 平台的信用卡纠纷处理规则对平台卖家有何好处？

（2）孙先生的团队如何结合 DHgate 平台处理信用卡纠纷规则中对卖家的有利之处，利用团队多年运营平台卖家账号的经验，提高信用卡拒付胜诉的概率？

四、实训题

登录 DHgate 平台卖家账号，查看当前的纠纷中订单情况与最近半年的纠纷订单，分析所采取的纠纷处理办法的实际效果，并总结平台卖家避免买家纠纷的技巧。

做好售后服务与纠纷处理考核评价表

序号	评 价 内 容	得分 / 分			综合得分 / 分
		自评	组评	师评	
1	对已发包裹物流异常状况的熟悉与处理				
2	对 DHgate 平台纠纷处理规则的掌握				
3	对信用卡投诉知识与规避信用卡拒付交易风险的熟悉				
合　计					

注 综合得分 = 自评 ×30%+ 组评 ×30%+ 师评 ×40%。

学习项目 8 总结与评价

建议学时

1 学时。（用来总结本学习项目各任务的学习、总结等情况。）

总结与评价过程

一、汇报总结

序号	汇 报 人	值得学习的地方	有待改进的地方
1			
2			
3			
4			
5			
6			

二、综合评价

1. 专业能力评价

序 号	项目名称	得 分
1	学习任务 1	
2	学习任务 2	
综合得分		

注：综合得分为本学习项目中各学习任务得分的平均值。

2. 职业素养能力评价

序号	评价内容	评价标准	得分 / 分			综合得分 / 分
			自评	组评	师评	
1	平台的熟悉度	能否熟悉平台的纠纷处理规则与退换货规则				
		能否熟悉平台的信用卡纠纷流程				
2	平台实操能力	能否熟练解决物流异常状况				
		能否妥善处理买家发起的信用卡投诉，防范信用卡拒付的交易风险				
3	学习态度	课上是否认真听讲、勤于思考、独立钻研				
		课后是否认真完成老师布置的各项任务				

续表

序号	评价内容	评价标准	得分 / 分			综合得分 / 分
			自评	组评	师评	
4	团队合作能力	是否积极配合团队的成员				
		是否对团队做出积极的贡献				
综合得分						

3. 综合得分

学习项目 1 综合得分 = 专业能力评价得分 ×60%+ 职业素养能力评价得分 ×40%+ 创新素养能力评价得分。

注：创新素养能力是指学生在学习的过程中提出具有创新性、可行性的建议的能力；创新素养能力评价得分，满分 10 分（由老师根据表现评定），为加分项。

参考文献

[1] 敦煌网 . 关于我们 [EB/OL].[2019-1-27].

http：//seller.dhgate.com/news/sf1.html#hp-foot-1.

[2] 敦煌网 . 个人身份认证操作流程及注意事项 [EB/OL].[2019-10-2].

https：//seller.dhgate.com/help/c0102/339401.html#university-helpCont-2.

[3] 中国国际贸易学会商务专业培训考试办公室 . 跨境电商操作实务 [M]. 北京：中国商务出版社，2015：141-262.

[4] 断奶的猫 . 带你解锁八种最全亚马逊选品法 [EB/OL].[2019-2-7].

http：//www.cifnews.com/article/36329.

[5] 开淘 . 速卖通选品策略之四大选品雷区和六大选品方向 [EB/OL].[2019-2-7].

https：//www.kaitao.cn/article/20181222202141.htm.

[6] 跨境知道 . 大量数据显示，2019 年的产品应该这样选才会爆 [EB/OL].[2019-2-7].

https：//www.ikjzd.com/a/13376.html.

[7] 敦煌网 . 敦煌网店新手怎么写产品标题 [EB/OL].[2019-2-17].

http：//seller.dhgate.com/university/c_12148.html#cms_ 写标题 -list-3.

[8] 敦煌网 . 敦煌网产品内容描述——产品关键词功能解密 [EB/OL].[2019-3-8].

http：//seller.dhgate.com/university/c_13283.html.

[9] 敦煌网 . 产品设置关键词误区 [EB/OL].[2019-3-8].

http：//seller.dhgate.com/university/c_30299.html#cms_ 关键词 -list-5.

[10] 敦煌网 . 如何使用优质的产品标题和图片 [EB/OL].[2019-3-8].

http：//seller.dhgate.com/university/c_29950.html#cms_ 如何上传优质产品的图片 -list-2.

[11] 敦煌网 . 撰写优秀的标题和描述 [EB/OL].[2019-3-8].

http：//seller.dhgate.com/university/c_12959.html#cms_ 产品简短描述 -list-9.

[12] 敦煌网 . 上传产品过程中如何对产品进行描述 [EB/OL].[2019-3-8].

http：//seller.dhgate.com/university/c_13293.html#cms_ 产品简短描述 -list-5.

[13] 敦煌网 . 外贸电商：如何让产品描述更易“吸睛”[EB/OL].[2019-3-8].

http：//seller.dhgate.com/university/c_12958.html#cms_ 产品描述 -list-5.

[14] 敦煌网 . 做跨境，物流很重要 [EB/OL].[2019-3-15].

http：//seller.dhgate.com/university/c_39870.html#cms_ 潩疪 ?list-3.

[15] 敦煌网 . 敦煌网发布 2019 海外新流量战略 , 本土化运营成为发力点 [EB/OL].[2019-3-15].

https：//seller.dhgate.com/industry-trends/c_43023.html#cms_ 敦煌 DTC-list-2.

[16] 敦煌网 . 最实用的展示计划实用技巧讲解 [EB/OL].[2018-6-8].

https：//seller.dhgate.com/university/c_41280.html#cms_universitymarketingtool-list-5.

[17] 敦煌网 . 如何实用网红智能营销 [EB/OL].[2019-7-24].

https：//seller.dhgate.com/help/c8011/377601.html.

[18] 敦煌网 . 订单价格修改指导 [EB/OL].[2019-3-28].

http：//seller.dhgate.com/help/c7102/342609.html#university-helpCont-6.

[19] 敦煌网 . 交易及其他违规处罚 [EB/OL].[2020-4-8].

http：//seller.dhgate.com/policynew/c_5000016.html.

[20] 敦煌网 .DHgate 卖家如何防范交易风险？ [EB/OL].[2018-10-9].

https：//seller.dhgate.com/help/c8801/15443.html#university-helpCont-5.

[21] 敦煌网 . 卖家账户放款规则 [EB/OL].[2019-11-14].

http：//seller.dhgate.com/policynew/c_5001011.html.

[22] 敦煌网 . 敦煌网跨境电商平台海外买家行为分析 [EB/OL].[2018-7-2].

https：//wenku.baidu.com/view/2bc75d94804d2b160a4ec0be.html?fr=search.

[23] 敦煌网 . 有询盘但不出单，是你没做对这 6 点 [EB/OL].[2015-5-30].

https：//seller.dhgate.com/university/c_41256.html#cms_universityguidezhanghu-list-6.

[24] 敦煌网 . 如何参加购物车营销？ [EB/OL].[2019-8-14].

https：//seller.dhgate.com/help/c8103/382001.html.

[25] 亿邦动力网 . 敦煌网买家管理工具：可帮店铺挖掘潜在买家 [EB/OL].[2019-7-5].

http：//www.ebrun.com/20190705/340588.shtml.

[26] 搜狐网 . 物流异常如何及时追踪和解决 [EB/OL].[2018-12-19].

https：//www.sohu.com/a/283021881_120045466.

[27] 敦煌网 . 纠纷开启及升级处理流程 [EB/OL].[2020-3-17].

http：//seller.dhgate.com/help/c0902/140404.html#help_php-listmiddel-3.

[28] 敦煌网 . 卖家如何避免纠纷 [EB/OL].[2019-3-18].

https：//seller.dhgate.com/help/c0903/140402.html#cms_ 纠纷 -list-16.

[29] 敦煌网 . 拒付 chargeback 这件事儿，您怎么看 [EB/OL].[2018-9-20].

http：//seller.dhgate.com/university/c_41517.html.